Eva Maria Berke / Helmut Kirchmeyer
Kompendium Musiker-Anekdoten
Dritter Band 1835-1842
Kritische Ausgabe

Erratum zu I/45[68]:
statt >dieser Schönheiten< lies >dieser wahren Schönheiten<.

Vignette Außentitelseite:
Wiener Allgemeine Musik-Zeitung II/157, Samstag 31.
Dezember 1842, S. 632[a]
Auflösung s. Wiener Allgemeine Musik-Zeitung III/5,
Donnerstag 12. Jänner 1843, S. 23qu

Eva Maria Berke / Helmut Kirchmeyer

Kompendium der in den deutschsprachigen
Musikzeitschriften 1798 bis 1911
veröffentlichten
Anekdoten, mit einer Auswahl an Kuriositäten
und zeitgenössisch auffallenden
Merkwürdigkeiten

Kritische Ausgabe

III. Band
1835 bis 1842

Bibliografische Information der Deutschen Nationalbibliothek:
Die Deutsche Nationalbibliothek verzeichnet diese Publikation
in der Deutschen Nationalbibliografie; detaillierte bibliografische
Daten sind im Internet über http://dnb.dnb.de abrufbar.

Verlag: BoD · Books on Demand GmbH, Überseering 33,
22297 Hamburg, bod@bod.de
Druck: Libri Plureos GmbH, Friedensallee 273,
22763 Hamburg

ISBN: 978-3-8192-2551-2

Vorwort

I

Der Zeitraum 1835-1842 des III. Bandes ist weitgehend deckungsgleich mit Robert Schumanns journalistischer Tätigkeit als verantwortlicher Redakteur der in Leipzig erscheinenden ‚Neuen Zeitschrift für Musik‘, die sich in Opposition zur ehemals Rochlitzschen, jetzt Finkschen, ebenfalls in Leipzig erscheinenden ‚Allgemeinen musikalischen Zeitung‘ als Sprachrohr der ‚Neuromantik‘ in einer Zeit versteht, in der unsere heutigen Stilbegriffe noch nicht selbstverständlich geworden sind und Romantik weitgehend mit den Merkmalen der ‚Klassik‘, vor allem der Musik Beethovens, besetzt ist, den E. Th. A. Hoffmann deshalb einen ‚Romantiker‘ (gemeint ist: nicht gefühlsbestimmt, sondern planvoll überlegt gestaltend) nennen darf. Neuromantik ist für Schumann das, was wir heute, ebenfalls unscharf, als ‚Hochromantik‘ bezeichnen, und dabei die mit dem zeitgenössisch noch unbekannten Begriff ‚Biedermeier‘ für selbstgenügsame, vielfach aufgezwungene, streckenweise in die Engstirnigkeit führende Lebensbescheidenheit ausschließen.

Nur ein Jahr später, 1843, kommt es in der Musikzeitschriftengeschichte mit der Gründung der ‚Signale für die musikalische Welt‘ zu einer folgenschweren Veränderung in der Zielvorstellung, die zunächst nichts mit dem Sterben der belletristischen Blätter um 1848/49 als Folge des Wegfalls der einschränkenden Konzessionsauflagen zu tun hat.

Bis zum Aufkommen der ‚Signale‘ sind es die ‚Allgemeine musikalische Zeitung‘ und die ‚Neue Zeitschrift für Musik‘, die im Musikzeitschriftenbereich das Stimmrecht haben; die eine als korrespondenzengepanzertes, etwas schwerfällig gewordenes, aber grundsolides Nachrichten- und Wissenschafts-Blatt mit immer schärfer werdenden Spitzen gegen Schumanns Neuromantik, die andere als vorwärts stürmende Bewegung einer abweichend denkenden Künstlergruppe mit dem Versuch, mit zeitweise spöttelnden Vergleichen zu Lasten der altehrwürdigen Vorgängerin zu einer neuen, sprich: als zeitgemäß verstandenen Ästhetik zu gelangen.

Schumann vertritt deutsche Kulturansprüche gegenüber Frankreich, ohne Frankreich in Frage zu stellen; anders der gelehrte Fink, der sich ein Prinzip daraus macht, die vielen oberflächlichen Urteile unwissender, aber ruhmrediger französischer Journalisten und ihre deutschen Nachbeter bloßzustellen. Finks Angewohn- heit, statt von ‚deutsch' oder ‚Deutschland' etc. stets von ‚teutsch' oder ‚Teutschland' zu sprechen, wird erst von seinem Nachfolger Lobe aufgegeben.

Gottfried Webers ‚Caecilia' erscheint noch, ist wissen- schaftsorientiert und hält sich von den Tagesereignissen fern. Sie hat nach Webers Scharmützeln gegen und um Beethoven (s. Band II, Vorwort S. 11-12) viel an Strahlkraft verloren. Für den Anekdotenbereich ist sie unergiebig. Das gilt nicht für die 1841 hinzugekommene ‚Allgemeine Wiener Musik-Zeitung' des selbstbewußten, vereinsbegeisterten, um das österreichische Männerchorwesen verdienten ehemaligen Kassaoffiziers August Schmidt, mit der die 1824 erloschene ‚Allgemeine musikalische Zeitung mit besonderer Rücksicht auf den Österreichischen Kaiserstaat' von Friedrich August Kanne eine notwendige Neuauflage erfuhr. In den Jahren 1841 und 1842 wird sie weitgehend von Ignaz Lewinsky mitbestimmt, der offensichtlich Einblick in die früheren Jahrgänge der Rochlitzschen und ehemals Rochlitzschen Musikzeitung = ‚Allgemeine musikalische Zeitung' gehabt hat. Das Schmidt-Blatt hat sich immer empört gezeigt, wenn man ihr ohne Quellenangabe Nachrichten entnahm. Sie selbst hat es in ihrem reichlich vorhandenen Anekdotenkomplex anders gehandhabt: die meisten ihrer Anekdoten sind ohne Quellenangabe nacherzählt, in vielen Fällen aus der alten Rochlitzzeitung wörtlich und zwar so ausgeschrieben, daß man verräterische Hinweise auf den Ursprungsort kappte.

Was hier, jetzt allgemein gesprochen, historisch verbrieft, unter dem schlichten Titel ‚Anekdote' oder ‚Merkwürdigkeit' festgehalten wird, erlaubt einen Einblick in die allgemeine Musikgeschichte unter anderen als den herkömmlichen Gesichtspunkten. Was vordergründig wie eine Kuriosität anmutet, legt unter einer scheinbaren Narrenkappe bittere Schicksale, üble Feindseligkeiten, dumme und dümmliche Akteure sowohl unter agierenden wie reagierenden Künstlern und Konzert- und Theaterbesuchern frei. Selbstbewusstsein wird zur Komik, Beifall zur Rohheit, Erfolg zum Zufall. Der im Rampenlicht strahlende Künstler überspielt Krankheit, innere Not, eigene und fremde Neidgefühle mit Witzen und Parolen, verliert aber unter dem Beifall zu oft auch die Beziehung zur Realität und unter Offenlegung seiner allzu menschlichen Marotten (s.III/154) seine idealisierte Sonderstellung. Sobald der Leser die Hintergrundinformationen entschlüsselt hat, wird für ihn aus einem Anekdotenbuch ein überaus ernsthaftes Geschichtsbuch besonderer Art.

„Beifall zur Roheit": Da ist die überaus erfolgreiche Jenny Lutzer. Sie hat ein anstrengendes Konzert zu Ende gesungen. Sie wird gerufen, nicht einmal, nicht zweimal, sondern wieder und immer wieder, am Ende sind es achtzig Hervorrufe, denen sie Folge zu leisten hat. Die Notiz steht in der ‚Neuen Zeitschrift für Musik', also in einem Blatt, das keine Finten verbreitet. Zusammen-

gerechnet muss die Frau eine Wegstrecke von mindestens anderthalb bis zwei Kilometer zurückgelegt haben. Der Erfolg wird zur Tortur, die Rücksichtslosigkeit des Publikums kennt keine Grenzen, sie scheint zum fröhlichen Sport geworden zu sein; kommt die Künstlerin dem nicht nach, muss sie nach der Sitte der Zeit mit Folgen rechnen, die sie sich nicht leisten kann (s. III/124). Die unter III/126 verzeichneten Benachteiligungen dokumentieren noch deutlicher, worum es für den seriösen Künstler geht. Um ein Konzert geben zu können, muss er (sofern ihm nicht ein besonderer Ruf vorausgeht) mangels anderer Werbemöglichkeiten bei einflußreichen Personen vorsprechen, also von Haus zu Haus gehen (‚antichambrieren‘), um Eintrittskarten (Billetts) anzubieten. Erhält er genügend Zusagen, kann er einen Saal, einen Begleiter, vielleicht sogar ein kleines Orchester mieten; wenn nicht, muss er in die nächste Stadt weiterreisen, um dort sein Glück zu versuchen. Im Falle III/126 kauft man ihm nur ein einziges Billett ab (was ihm so gut wie nichts bringt), rächt sich also für die vermeintliche Missachtung der Wünsche eines ‚vornehmen‘, in Wirklichkeit kenntnislosen, aber einflußreichen Familienverbundes.

Berichte über ein aus irgendeinem Grund enttäuschtes und daraufhin vandalisch randalierendes Publikum sind zwar nicht an der Tagesordnung, aber auch nicht selten. Ein Beispiel dafür ist eine Meldung in der ‚Allgemeinen Wiener Musik-Zeitung‘ von 1839 (III/97). Es soll sich um eine kleine Arie gehandelt haben, die ein Sänger nicht hatte wiederholen wollen (seine Gründe dafür werden nicht angegeben), woraufhin das Publikum damit begann, die Theatereinrichtung zu zerschlagen.

Im Mittelpunkt der öffentlichen Vorliebe stehen zwei Instrumentalisten: der von Krankheiten geschundene italienische Geiger Niccolò Paganini (1782-1840), dessen irrational befremdliches (gewollt oder vorgetäuscht exzentrisches) äußeres Auftreten in Verbindung mit seiner von niemandem übertroffenen, ins Unbegreifliche hineinreichende Geigenspielkunst Vergleiche mit einem ‚Hexenmeister des Teufels' nahelegte, und dem nach Blutrecht österreichischen (nicht: ungarischen) Pianisten Franz Liszt (1811-1886), dessen wohltuende Vornehmheit ihn in Verbindung mit seiner ebenfalls unbegreiflichen Klavierspielkunst zum bevorzugten Liebling der gebildeten Welt machte. Paganini wie Liszt schrieben sich mit unterschiedlicher historischer Bedeutung auch als Komponisten in die Musikgeschichte ein, grenzten sich aber grundlegend im Spielverhalten ab. Paganini komponierte so gut wie keine anderen als Violinwerke, spielte ausschließlich eigene Kompositionen und ließ zu seinen Lebzeiten nur wenige davon veröffentlichen. Liszt bediente (fast) die gesamte Breite des kompositorischen Handwerks und beschränkte sich in seinen Konzerten keineswegs auf seine eigenen Klavierwerke. Mit seinen Konzertparaphrasen förderte er zeitgenössische Komponisten einschließlich Meyerbeer, war schriftstellerisch (vorwiegend auf französisch) sowohl sozial- wie musikwissenschaftlich mit bedeutenden Arbeiten tätig und schuf mit der aus der Ouvertüre abgeleiteten ‚Symphonischen Dichtung' eine in die Zukunft weisende, wenn auch zeitgenössisch umstrittene, historisch bedeutsame neue Gattung. Als umschwärmter Frauenliebling machte Liszt Schlagzeilen bis in die Klatschspalten und Karikaturen der Boulevardpresse hinein. Paganinis außermusikalisches Aufsehen begrenzte sich auf die Skandalberichte über eine angebliche Entführung einer Miss Clara Loveday (s. dazu III/87), die frei erfunden ist, sowie auf die öffentlichkeitswirksamen Geschehnisse um seine Beerdigung (s. III/292, 316).

Öffentlichkeitswirksam sind nach wie vor auch Berichte über die therapeutische Wirkung von Musik auf Kranke, vor allem Geisteskranke, ein Thema, das schon in der Antike alltäglich war, und über die Musikalität von Tieren.

II

Im Original gesperrte Textstellen sind durch Unterstrichelung (T̲e̲x̲t̲s̲t̲s̲t̲e̲l̲l̲e̲), Textstellen in anderer Schrift durch Unterpunktung (T̤ex̤tst̤st̤el̤lȩ), gesperrte Textstellen in anderer Schrift durch Unterstrichelung und Unterpunktung im Wechsel (T̲e̲x̲t̲s̲t̲e̲l̲l̲e̲) angezeigt. – Druckfehler im Original wurden nicht stillschweigend verbessert, sondern durch Unterwellung (Textstelle) kenntlich gemacht. Die scheinbar überflüssige Kennzeichnung von Druckfehlern weist auf die Sorgfalt der meist außerredaktionellen Korrektoren hin. Ein ähnliches Verfahren gilt für Wörter, Silben oder Buchstaben, die aus der Sicht der jeweils zeitgenössischen Orthographie unrichtig sind. Man schreibt vor allem in den ersten Jahrzehnten des Jahrhunderts mitunter in demselben Text dasselbe Wort anders, etwa >wohl< neben >wol<, >bloss< oder >bloß< neben >blos'<, >ging< neben >gieng< u.a. Verben werden bis ins Jahrhundertende ohne Dehnungs-e wiedergegeben. Findet sich ein Dehnungs-e, ist es aus der Sicht des Schreibenden ‚falsch', etwa >concertiẹren< statt richtig >concertiren<. Die zeitgenössisch übliche, von unserer heutigen abweichende Orthographie, etwa >y< statt >i< (‚bey' statt ‚bei', u. a.), das >h< hinter vor allem >t< (‚Thätigkeit' statt heute ‚Tätigkeit', u.a.; aber auch in Kombinationen mit >-mal< = >einmahl<, >damahls<), die Majuskel-Umlautschreibung >Ae< statt >Ä<, ergibt sich aus dem Text selbst und muß in der Regel nicht eigens vermerkt werden. Dasselbe gilt für Besonderheiten wie >eilf< statt >elf<, aus heutiger Sicht ungewöhnliche Mehrzahlbildungen (>Fagotten< statt >Fagotte<, >mehrer< statt >mehrerer<) oder Genera [>das< statt >der< Chor] oder Kleinschreibungen nach Satzzeichen oder Datierungspunkten (>1836.< statt >1836<). Nicht immer dargestellt (ausgenommen bei nicht unterstrichelten, sondern ausgeschriebenen Sperrungen) wird der zeitgenössische Brauch, bei gesperrten Texten >ch< oder >ck< je nach Verfasser mit oder ohne Ligatur zu schreiben, also >ch< und >c h< oder >ck< und >c k<. Die in den ersten Jahrgängen der ‚Allgemeinen musikalischen Zeitung' noch gebräuchliche ß-Schreibung mit einem Sonderzeichen aus einer Art langem >s< in Verbindung mit einem kurzen >s<, der im heutigen Zeichensatz nicht vorhanden ist (im Nachdrucktext mit einem unterstrichenen >ß< (ß) gekennzeichnet), gibt es nicht mehr. Man schreibt durchgängig >ss< oder >ß<. – Beachtenswerte Satzeigentümlichkeiten finden sich in Schmidts österreichischer Musikzeitschrift ‚*Allgemeine Wiener Musik-Zeitung*, etwa die Doppel-n-Endung (>Königinn< statt Königin<, >Köchinn< statt >Köchin<). – Bei Auszeichnungen in der ‚Allgemeinen musikalischen Zeitung' wird das >a< mit einer anderen Type geschrieben. – Zeilenbrechungen werden durch den einfachen Schrägstrich (/) vermerkt (sofern sie sich nicht von selbst ergeben), wobei die Zeilen in Fünfereinheiten durch eine Hochzahl vor dem Schrägstrich (^{5}/, ^{10}/, ^{15}/ usw.) angegeben sind (Überschriftsziffern werden nicht mitgezählt); Spaltenbrechungen mit einem eckig geklammerten Doppel-Schrägstrich (//) in Verbindung mit der Spalten-Angabe ([1 // 2]) bei Spaltenzählung beziehungsweise mit redaktionellem Zusatz bei Seitenzählung mit Spaltendruck ([1a // 1b]). Der Einzelbuchstabe >q< hinter einer Spaltenangabe ([1-2q]

bzw. ([1a-bq)] steht für einen spaltenübergreifenden Quersatz, meist im originalen Anmerkungsbereich. – Nennungen im Vorwort werden im Register unter >Vw< zusammengefasst.

III

Die für die Kommentare benutzten Hilfsmittel außerhalb der benannten, inzwischen dankenswerterweise überwiegend im Netz zugänglichen Quellen beschränken sich auf Robert Eitners Biographisch-Bibliographisches Quellenlexikon, Gerbers Tonkünstlerlexikon, den Ausgaben des Riemann-Lexikons, MGG I und Wikipedia-Eintragungen. Für seine Hilfen bei der Übertragung der italienischen Texte haben wir Herrn Studiendirektor Hans-Hubert Schieffer zu danken, langjährigem Lehrbeauftragten für Opern-Italienisch an der Robert Schumann-Hochschule Düsseldorf, für Einsichten in Vorgänge der Bachzeit Herrn Prof. Dr. Hans-Joachim Schulze, langjährigem Leiter des Bach-Archivs in Leipzig, für akustische Hinweise dem Informatiker Herrn Dr. Christian Uhrig.

Neue Zeitschrift für Musik II./4, 13. Januar 1835, S. 14a-14b

R a n d g l o s s e
zu der Stelle im Plutarch de vita Agis:

. . . . .

Du lobst nicht nur den Ephor Ekprepes, welcher mit einem /
Messer dem Musiker Phrynis zwei Saiten von neunen /
abschnitt, sondern auch diejenigen, welche mit dem Timo- /
theus auf ähnliche Art verfuhren.

——————— [5]

Es ist historisch bekannt, daß die Spartaner den- /
jenigen Musikern, welche auf einer 9saitigen Kithara /
spielten, zwei Saiten von dem Instrumente schnitten, und
/ solche Virtuosen, wenn nämlich das darüber
vorhandene / Document echt ist, wohl gar aus der Stadt
verwiesen. 10/ Als ich, ein junger Mensch von 16 Jahren,
auf dem / Gymnasio nach Prima versetzt ward, und der
Lehrer zu der / oben erwähnten Stelle des Plutarchs
kam, beschäftigte mich / die Sache sehr. Der Herr
Magister, ein kritischer Philo- / log, dem es mehr um die
Wörter, als um den Sinn der 15/ Worte zu thun war, rief
mir zu: H, was ist πράξαντας? – / Ich, plötzlich aus
meinen Gedanken geweckt, antwor- / tete, da mir von der
Frage die letzte Sylbe τας nur noch / im Ohre tönte: Es ist
der Artikel generis femini und / zwar im Accusativo
pluralis. Wa – wa – was? 20/ - Wie? – fuhr der Herr
Magister auf, der Artikel? / – Unkluge Antwort! – Ist doch
sonst nicht auf den / Kopf gefallen! Kann, wenn er will,
wohl gescheit antwor- / ten! Hat sich gewiß mit andern
Dingen beschäftigt. – / Woran hat er gedacht? – Mir,
erwiderte ich, fiel das 25/ harte Verfahren des Ephorus

auf; wer schneidet einem / Künstler gleich zwei Saiten ab! Ei, fiel der Herr Magister / ein, das ist ganz recht! Wenn ich könnte, wie ich wollte, / so schlüge ich allen Musikanten die Instrumente entzwei, / und jagte sie aus der Stadt. Rings um einen herum [30]/ wird jetzt gegeigt und gepfiffen, so daß man nicht eine ein- / zige gelehrte Hypothese vernünftig zu Papiere bringen / kann. – Der Folgende, was ist πράξαντας? – – –

Als ich neulich im Concerte war, worin sich ein jun- / ger Virtuose mit modernen Compositionen auf dem Pia- [35]/ noforte hören ließ, kam folgende Stelle vor:

[14a // 14b]

Während dieser Passage sagte mein Nachbar, der sich / wahrscheinlich langweilte, mir in's Ohr: Neulich soll ein / Instrumentmacher ein Fortepiano von 7 Octaven verfer- / tigt haben. Sogleich fiel mir jene Stelle des Plutarchs [40]/ und mein Herr Magister ein. Diesem Meister, war / meine Antwort, möchte ich wohl, wenn die Macht dazu / in meinen Händen läge, sein Instrument zerschlagen / und ihn aus Stadt und Land exiliren. Wie so? – / fragte der Nachbar hastig. Ei, der allzugroße Tonum- [45]/ fang dieses Instruments verlaßt Ohrenpein. Wenn man / eine solche bandwurmähnliche Figur, wie sie so eben der / Virtuose dort vortrug, und wie sie in den modernsten / Compositionen auf jeder Seite wenigstens einmal mit / kleinen Abänderungen vorkömmt, nur drei Octaven hin- [50]/ durch hört, so wird einem schon miserabel; nun bedenken / Sie aber: durch 7 Octaven! Bald aufwärts! bald ab- / wärts! Da muß doch in dem Ohre ein Schmerz ent- / stehen, der dem Gewühle des Bandwurms in den Ein- / geweiden ähnlich ist! – – – [55]

Wenn ein Phrynis, Timotheus [etc.] jene berühmten / Virtuosen der alten Griechen ihre neunsaitige Kithara zu / läppischem und fadem Geklimper und Geklingel gemiß- / braucht haben, dann ist die Handlungsweise der Ephoren / vollkommen gerechtfertigt. [60]

Göttingen.   Director Dr. H e i n r o th.

Nicht nur in Sparta war die Musik staatstragend, weil sie nach dem griechischen Pädagogik-Modell als Mittlerin zwischen dem als Ord-nung (= Kosmos) begriffenen Sternengefüge (aus Jupiter, Mars, Mond, Neptun, Saturn, Sonne, Venus) und dem menschlichen Ver-halten gedacht wurde. Keiner anderen Kunst wurde diese Rolle zuge-standen. Die Dreiteilung ‚Harmonie des Kosmos‘ (ἁρμονία τοῦ κόσ-μου), ‚Harmonie der Seele‘ (ἁρμονία τῆς ψυχῆς), und als vermittelnde Institution ‚Harmonie der Werkzeuge‘ (ἁρμονία ἐν ὀργάνοις), worun-ter sowohl Stimme wie Instrumente zu verstehen sind, wurde bei den Römern als ‚musica mundana‘ (‚Himmelsmusik‘), ‚musica humana‘ (‚Seelenmusik‘) und ‚musica instrumentalis‘ aufgenommen und in der Renaissance als ‚Sphärenmusik‘, ‚Vokalmusik‘ und ‚Instrumentalmu-sik‘ missverstanden und für lange Zeit verschüttet. Ein Musikinstru-ment mit mehr als sieben, sich auf die sieben Sterne beziehenden Saiten bildete einen Störfaktor und löste polizeiliche Maßnahmen aus. – s. dazu die einschlägigen Kapitel bei Rudolf Schäfke: Ge-schichte der Musikästhetik in Umrissen, Max Hesses Verlag, Berlin 1934. – πράξαντας (práxantas) von griechisch πρράσσειν (prássein), neu-attisch πρράττειν (práttein) = tun, bewerkstelligen, handeln etc. – Ephor = spartanischer Aufsichtsbeamter. – [etc.] als (tironisches) Si-gel. – >verlaßt< = >ver[an]laßt<.

III
2

Neue Zeitschrift für Musik II./14, 7. Februar 1835, S. 58b   *[Vermischtes]*

(34) ein Wiener Mechaniker hat ein Instrument / ››Phonomine‹‹ erfunden, das dem Ton der menschlichen / Stimme ganz nahe kommen soll. (Echo de Vaucluse). / Es wird doch damit nicht wie mit der Paganini'schen / Viole sein? – [5]

Paganinische Viole = s. II/287, II/288.

III
3

Caecilia XVII./66, [März] 1835, S. 142   *[–]*

Der Weg zum Himmelreich geht
durch die Sünde.

So paradox dies Motto auch scheinen mag, in *Oswald:* / „Analogie der geistlichen und weltlichen / Geburt," finden wir die Wahrheit desselben folgender / maßen bestätigt.

„Der Mensch ist geistig, animalisch, materiell. Wir [5]/ „bezeichnen diese Dreyeinheit, in vorstehender Reihefolge, / „durch die vollkommene Trias 8. 5. 3., deren Basis, die 1, / „den Heiland darstellt. Durch die Sünde sinkt die 8 / „herab zur 7, die 5 zur 4, und die 3 zur 2. Da nun / „nach dem ewigen Grundgesetz der reinen, aus der Na- [10]/ „tur genommenen, Harmonie, die 7 allein sich wieder / „zur 8 wenden kann, die 4 jedoch herunter in die 3, und / „die 2 zur 1 treten muss, wodurch die 5 ausfällt; so sehen / „wir deutlich, wie der, die Sünde fliehende Mensch, das / „Animalische verliert, und zugleich mit dem Heiland selbst [15]/ „auf Einen Stuhl sich niedersetzt. Wer wollte nun nicht / „sündigen, um zu solchem Heil zu gelangen, das ohne / „sie nicht zu erringen ist!!"

Die Leipziger a. mus. Zeitung (1802, 654) gibt nähere / Kunde von der Sache, wiewohl sie dabey auch nicht un- [20]/ deutlich zu verstehen gibt, dass sie dergleichen thörigt / finde. Wir Oswaldianer hätten es jedoch gern gesehen, / wäre eine für unser ewiges Heil so wichtige Sache wei- / ter besprochen worden, die selbst unserm irdischen Fort- / kommen so ziemlich zusprechen will. Sollte desshalb [25]/ Jemand Lust haben, sich ferner noch damit zu befassen, / so verweisen wir ihn an den Aufsatz selbst, der die / Ueberschrift führt: Musik der Mystiker.

G.

Heinrich Siegmund Oswald: Analogie / der / Leiblichen und Geist-lichen / Geburt. Das Buch erschien 72 Seiten stark 1786 in ‚Breßlau, / bey Gottlieb Löwe. 1786.' – zu Oswald s. I/157.

III
4

Neue Zeitschrift für Musik II./27, 3. April 1835, S. 109b-110b   [–]

Beispiel krankhafter Thätigkeit des Gehörorgans.

Unter ähnlicher Ueberschrift lasen wir vor Kurzem in / den Piererschen medicinischen Annalen einen Bericht des / Dr. Greiner, den wir hier im Auszug mittheilen, zugleich / mit dem Wunsch, daß der Himmel vor dieser neuen Art / von Musik Jeden bewahren möge. [5]

Eine alte 72jährige, beinahe ganz taube Frau, bekam / im März v. J. besondre Gesichts- und Gehörserscheinun- / gen. Die Töne bildeten sich nach und nach zu ordentlichen Ge- / sängen. Die Wohnung der Frau liegt so, daß von derselben / die Straße aufwärts etwa 200 Schritte zum Markte und [10]/ doppelt soviel unterwärts bis zum Thore gerechnet werden / können. Nun hörte sie erst vom Markte her, dann von / dem Thore, also weit entfernt, einen deutlichen Gesang, / erst nur von einer Stimme, gleich dem Gesang des Nacht- / wächters, in der Folge vermehrten sich die Stimmen, [15]/ unter denen sie jedoch deutlich die höhere Discant- und / die tiefere Baßstimme unterscheiden konnte. Die höhere / Stimme war ihr durch ihre Schärfe, Höhe und langes / Aushalten besonders unangenehm. Die Gesänge selbst / bestanden nicht etwa in einem bestimmten Ertönen, son- [20]/ dern in deutlich abgesungenen Worten, aber in bunter / Abwechselung von Gesangbuchsliedern mit lustigen, be- /sonders in älterer Zeit gangbaren Liedern. Allmälig kam / die ganze singende Gesellschaft näher, bis vor die Haus- / thüre, wo nun mitunter Stunden lang ganze Lieder, [25]/ welche die Kranke wörtlich im Gesangbuche nachlesen / konnte, oder auch auswendig wußte, abgesungen wurden, / doch mit der Abwechselung, daß es ihr zuweilen so klang, / als wenn der ganze Trupp mit einem Geräusch und Lär- / men, als wenn viele Menschen und Pferde tappelnd fort- [30]/ liefen, sich eilig entfernte. Doch nicht lange dauerte es, / und Alle waren wieder vor der Hausthüre und fingen / ihre Gesänge von neuem an. Dabei blieb es noch nicht. / Nach wieder mehren Tagen zankten sich viele Menschen / mit heftigem verworrenen Geschrei unten im Hause, so [35]/ daß die Kranke im Anfange, ehe sie noch wußte, daß es

/ Täuschung war, einige Mal aus ihrer Stube an die Treppe / lief, um zu hören, was es unten gäbe. Endlich kam / dies Gelärme noch näher, denn wenn sie in der Stube / saß, so war es, als wenn vor der Stubenthüre großer 40/ Zank entstände, welcher gewöhnlich mit Poltern, Kratzen / und Scharren verbunden war und in welchem das laute / Schelten der Köchin über die Katze, durch das wieder- / holte Geschrei: Katz, Katz, Katz u. s. w. sich besonders / bemerklich machte. Leider vermehrte sich die Plage der 45/ armen Kranken aber noch immer. Wenn sie in der ne- [109b // 110a] benan befindlichen Schlafkammer auf dem Bette lag, war / die Stube voll Zank und Streit, mit demselben Kratzen / und Gelärme auf den Dielen und demselben unaufhör- / lichen Geschrei: Katz, Katz! Saß sie auf dem Sopha in 50/ der Stube, so stellte sich wenigstens das Kratzen und / Scharren hinter ihrem Rücken oder unter dem Sopha, / oder an einer Seite ein. Dabei aber hatte das Sing- / chor seine Thätigkeit nicht eingestellt, sondern es ertönte / dazwischen bald vor der Hausthüre, bald auf dem Markte, 55/ auch, wenn sich etwas mehr Ruhe einstellte, vor dem Thore. / Der Schlaf war dabei nicht ganz gestört, doch kürzer als / sonst und sogleich mit dem Erwachen, oft schon früh um / 4 Uhr, stellten sich auch die Lärm- oder Gesangscenen / wieder ein. Nachdem das Uebel bis zu der beschriebenen 60/ Form seine höchste Stufe erreicht hatte, schien es allmä- / lig wieder abnehmen zu wollen. Das Lärmen, Zanken / und Poltern und anderes Geräusch nahm ab und kam / seltener; das Singen beschränkte sich auf größere Entfer- / nung und fing meistens vor dem Thore an, von wo es 65/ allmälig bis vor das Haus näher rückte und nach einiger / Zeit wieder abzog. In der Stärke und Art des Sin- / gens blieb es übrigens noch immer sich gleich, besonders / in der widerlichen Höhe und dem langen Ziehen einzelner /

Stimmen und dem Wechsel der Lieder. Auch hierin aber [70]/ zeigte sich etwa in der Mitte Aprils die erste Spur der / Besserung dadurch, daß die Kranke mehr Macht des Wil- / lens über den Gesang bekam, was sie zufällig gewahr / wurde. Da nämlich einmal der Gesang auf dem Markte / wohl über eine Stunde lang gedauert und nur sogenannte [75]/ weltliche Lieder vorgebracht hatte, wobei besonders die hohe / und gellende Stimme sich auszeichnete und einen Refrain / so unaufhörlich wiederholte, daß die Kranke in ihrer Un- / geduld in den lebhaften Wunsch ausbrach, ››wenn ihr doch / nur statt des dummen Zeuges wenigstens ein gutes Lied [80]/ sänget,‹‹ so änderte sich augenblicklich Text und Melodie, / und anstatt, daß bisher unzählige Male ertönt hatte: ››ich / liebe dich, ich liebe dich, ich liebe dich von Herzen,‹‹ / erscholl nun der Choral: ››wer nur den lieben Gott läßt / walten‹‹ und führte das ganze Lied völlig durch. Die [85]/ Kranke war erfreut hierdurch und meistens gelang es in / der Folge ihrer Willenskraft, sich, wenn das anhaltende / Singen lustiger Lieder ihr endlich zuwider wurde, ein geist- / lich ihr bekanntes Lied zu bestellen.

Nach und nach verlor sich der Gesang mehr oder we- [90]/ niger, obgleich die Frau noch nicht völlig geheilt ist. / Merkwürdig war aber, daß ihr Gehör während jener / Gesangperiode merklich verbessert und reifer war, dann [110a // 110b] aber, als das Singen nachließ, die Schwerhörigkeit wie- / der in demselben, ja in einem Ohr in noch höherm Grade [95]/ sich einstellte, wie sie vor dieser Periode war.   22.

[Johann Friedrich] Pierer = „Allgemeine medizinische Annalen des Neunzehnten Jahrhunderts." Leipzig, F.A. Brockhaus, letzte Ausgabe 1830.

Neue Zeitschrift für Musik II./43, 29. Mai 1835, S. 175b-176a   *[–]*

M e m o r a b i l i e n.

Vor einigen dreißig Jahren domicilirte noch in Leipzig / ein Candidatus juris, Thomas geheißen, welchen aber / seine Pandecten weit weniger interssirten, als die herrliche, / freilich gegen ihn etwas stiefmütterlich gesinnte Musica, für / die er mit einer wahren Berserker-Wuth beseelt war, so daß [5]/ er sich in seinem Compositions-Fanatismus die unerhörte- / sten Aufgaben stellte. So schrieb er denn auch einmal, von / seiner bizarren Originalität erfaßt, einen Psalm, der gleich- / zeitig in sieben verschiedenen Zungen nehmlich: hebräisch, / lateinisch, griechisch, englisch, französisch, italiänisch und [10]/ deutsch abgesungen werden mußte. Dieser, an das Chari- / wari bei Babels Thurmbau gemahnende Chorus war außer / dem Bogen-Quartett von 4 Hoboen, 4 Clarinetten, 4 Fa- / gotts, 6 Hörnern, 6 Trompeten, 6 Pauken, Zinken, / Harfen, Trommeln, Cymbeln, Posaunen, Zithern et ce- [15]/ tera begleitet. (Abermals ein eclatanter Beweis, daß nichts / Neues unter der Sonne vorgeht, da unser musikalischer / Don Quixote in seiner Knalleffekt-Raserei gleichsam schon / die Zukunft anticipirte.) Die problematische Nebenaufgabe / aber war, das hier aufgezählte Instrumenten-Heer, sammt [20]/ dem 8stimmigen Septemvirat der Völkerschaften, Partitur- / gemäß unter einen Hut zu bringen, wozu leider auf dem / ganzen Erdenrund kein erklecklich ausreichendes Linien-Pa- / pier sich finden lassen wollte.

Indessen, das industriöse Genie weiß allenthalben Rath [25]/ zu schaffen. Zwei Imperial-Royal-Bogen wurden hori- / zontal aneinander geleimt, 42 Linien-Systeme darauf ge- / zogen, und das rückständig bleibende Restlein der blasenden, / trommelnden und kneifenden Cohorten im Nachtrag ein - / quartiert, Man denke sich nun die Total-Wirkung, wenn [30]/ die Germanier: ››Alle Völker loben den Herrn!‹‹ / intoniren, und auf demselben Streich des Sylben-Paars: / ››Völker‹‹ die Griechen: Παντες (Pantes), die Latei- / ner: Populi, die Britten: peoples (pipels), die / Italiener: popoli, die Gallier: peuples darin brüll- [35]/ ten. Dennoch blieb der Autor dieser sublim ausgeführten / Idee mit sich selbst unzufrieden, und bejammerte sein Miß- / geschick, in der guten Pleissestadt keiner Türken in natura [175b // 176a] habhaft werden zu können, welche ihm gerade eben zur / Completirung der Nationen-Musterkarte mangelten und [40]/ weßwegen er auch auf die imponirende Allah-Exclamation / der Moslims schmählicher Weise verzichten mußte. X – d.

Die Anekdote wurde bereits im II. Jahrgang Nr. 41 der ‚Allgemeinen musikalischen Zeitung mit besonderer Rücksicht auf den österreichi-schen Kaiserstaat' vom 10. Oktober 1818 (Sp. 383) mit einer Zeitan-gabe um 1798 erzählt (s. II/32) und ist vermutlich von dort ohne Quel-lennennung mit leichten Abweichungen übernommen worden. – Pan-decten (Pandekten) = eigentlich juristischer Sachbegriff für eine Sammlung von Gesetzen ursprünglich aus justinianischer Zeit, hier übertragen einfach als Sammlung zu verstehen. – Imperial-Royal-Bo-gen = großer Folio-Bogen. – Pleissestadt = Leipzig (an der Pleisse).

III
6

Neue Zeitschrift für Musik II./47, 12. Juni 1835, S. 192a-192b   *[–]*

Der Malibran Abschied von Venedig.

Madame Malibran-Garcia beschloß ihren hiesigen Auf- / enthalt mit einer wohlthätigen Handlung. Der

Eigen- / thümer des Theaters ›‹Emeronittio‹‹ hatte die große Künst-/ lerin ersucht, daselbst einmal zu singen. ›‹Ja – war ihre / Antwort: aber unter der Bedingung, daß von einem 5/ Entgelte keine Rede sei.‹‹ Der arme Familienvater war / gerettet. – Die Vorstellung fand am 8. April in der / Nachtwandlerin (Sonnambula) Bellinis unter ungeheue- / rem Zulaufe statt. Die Einzige entzückte in der Titelrolle. / Eine ganze halbe Stunde dauerte das Klatschen und Vi- 10/ vatrufen; aus allen Logen, aus dem Parterre, aus den / Soffitten begrüßte ein dichter Blumen- und Goldregen [192a //192b] die Unerreichbare; Sonette, Tauben und Kanarienvögel / flatterten umher, aus Tüchern aller Farben improvisirte / Fahnen winkten der Zauberin zu. Der Enthusiasmus 15/ steigerte sich zum Wahnsinn. – In ihrer Wohnung an- / gelangt, erwartete Madame Garcia eine ungeheure Volks- / menge. Eine Deputation derselben erbat sich von ihr einen / Handschuh und ein Tuch, beide wurden augenblicklich in / kleine Stücke zerschnitten und an die jubelnde Menge ver- 20/ theilt; nun erschien eine zweite Gesandtschaft mit dem / Ersuchen, die Gefeierte wolle aus dem ihr gebotenen Po- / cale Weines trinken – lächelnd nippte sie daraus; er / ward im Triumphe hinabgetragen und Hunderte in Rei- / hen gestellt, haschten mit Ungeduld nach dem Augenblick, 25/ der Regina del canto das Lebewohl zuzutrinken. Endlich, / es war drei Uhr Morgen, zerstreute sich die Menge; es / ruderten vier Gondeln vor das Fenster des Leon Bianco / – Männerstimmen ertönten aus selben, sie sangen Stan- / zen aus Tasso – Sie verstummten – Da erschien auf 30/ dem Erker eine weiße Gestalt, köstliche Melodie entquoll / ihren Lippen, Worte des Dankes, der Hoffnung des Wie- / dersehens ließen sich vernehmen – Süße Begeisterung / schuf den Abschiedsgruß der Scheidenden an die hohe Ve- / netia. – Das Theater Emeronittio heißt nun Theater 35/ Garcia. /

(Aus dem Mailänder Echo, Zeitschr. f. Lit. Kunst u. s. w.)

Maria Malibran (1808-1836), eigentlich Maria Felicia Sitches, (kurzzeitig mit einem bankrottierenden amerikanischen Bankier) verheiratete Malibran (danach Geliebte des Geigers Bériot), Schwester des bedeutenden Gesangs-Pädagogen Manuel Garcia und der ebenso bedeutenden Sängerin Pauline Viardot-Garcia, war eine französische Opernsängerin (Mezzosopran), die bei ihrem Publikum einen von den Journalen überschwänglich registrierten, ans Irrationale grenzenden Enthusiasmus auslöste und die erste ‚Diva‘ gewesen sein soll (Die Malibran = *La Malibran*). Nach einem Reitunfall im Londoner Hyde Park verweigerte sie eine ärztliche Behandlung und starb 5 Monate später, 28jährig, an dessen Folgen. – Regina del canto = Königin des Gesanges. – Torquato Tasso (1544-1595).

III
7

Neue Zeitschrift für Musik III./12, 11. August 1835, S. 48b [Vermischtes]

V e r m i s ch t e s.

(23) Der Mechaniker Masera hat dem Könige von / Sardinien die Modelle zweier merkwürdigen Maschinen / überreicht, das eines Pantofano, der an einer Orgel oder / ein Pianoforte angebracht, jedes Musikstück ausführt, das / der Erfinder auf eigene Weise aufgezeichnet hat, und das [5]/ eines Musicografo, der mit einer Orgel oder einem Piano- / forte verbunden, sogleich das auf selbem gespielte Musik- / stück in Noten setzt, die, wenn man sie an den Panto- / grafo bringt, von demselben auf dem Instrumente wieder / ausgeführt werden. – So steht wenigstens in Nro. 68. [10]/ des Mailänder Echo.

III
8

Neue Zeitschrift für Musik III./33, 23. Oktober 1835, S. 131a [–]

W a r n u n g.

Verehrte Redaction!

Ich habe erfahren, daß in verschiedenen Städten, na- / mentlich zu Leipzig, neuerlich verschiedene musikalische / Werke unter meinen Namen erschienen sind. Da es mir / nicht gleichgültig sein kann, daß das Publicum irre geführt / werde, und Compositionen für mein halte, von denen ich [5]/ nicht das Geringste weiß, so ersuche ich Sie, folgender / Erklärung in Ihrem geschätzten Blatte Platz zu gönnen: / Alle von mir bisher dem Stiche übergegebenen Compositio- /nen beschränken sich auf folgende: /

24 Cappricci oder Studien für die Violine, [10]
6 kleine Sonaten für Violine und Guitarre, /
6 Quartetten für Violine, Viola, Guitarre und /
Violoncello.

Jedes andere Werk, das meinen Namen trägt, ist / falsch und unterschoben, und Verfasser und Verleger der- [15]/ selben machen sich einer tadelnswerthen absichtlichen Täu- / schung des musikalischen Publicums schuldig.

Mit ausgezeichneter Achtung
Mailand am 18. September 1835.
N i c o l o P a g a n i n i.

Allgemeine musikalische Zeitung XXXVII/46, 18. November 1835, Sp. 761-763

[–]

D e r   m u s i k a l i s c h e   S t a a t.

Ein romantisches Potpourri.

Seit Nimrod's, des Gewaltigen, Zeiten bis hier- / her ist gar Manches gebaut und zerstört worden, / und das Zerstören soll immer leichter gewesen sein, / als das Bauen: aber die Klugen haben wieder ge- / baut, was die Einfältigen in der Wuth niederge- 5/ rissen haben. Man hat auch hin und her ein we- / nig Unsinn, z. B. Freiheit und Gleichheit, erbaut: / es ist aber von der Freiheit ein Feuer ausgegan- / gen, das die Gleichheit gleich wieder verbrannt / hat, gleich einem Strohwisch. So ist es ergangen 10/ bis auf diesen Tag. Und die Staaten sind geblie- / ben mit sammt den Ordensbändern und sind nur [761 // 762] um so nothwendiger geworden, je wilder der Ru- / mor gewesen ist unter den Menschenkindern. Um / solcher lehrreichen Exempel willen will es uns 15/ bedünken, als ob die Staaten bis an's Ende fein / lustig bleiben und sicher stehen würden, wie die / biblische Stadt Gottes, selbst alsdann, wenn das / doppelheilige St. Simonisten-Fleisch unserer neue- / sten Sittsamkeitsliebhaber die selige Idee der Eman- 20/ cipation der Frauen durchsetzen sollte. Staatskunst / und Tonkunst sind sich demnach in einer Hinsicht / wenigstens völlig gleich, und wenn auch Hr. Gustav / Nicolai noch einen zweiten Musikfeind schreiben / könnte, der witziger wäre als der erste; sie sind 25/ beide unvergänglich bis zur letzten Posaune. Ob / nun deshalb die Tonkunst wie die Bürgerlichkeit / sich in irgend einer Form eines Staates versinn- / bildlichen soll, mögen unsere getreuen Nachbarn / u. desgleichen verantworten, die nicht müde wer- 30/ den, vom

Dichterkönige und Grossversfürsten zu / reden, bis Etliche gekommen sind, die es selbst / gesehen haben, wie ihm der Elfenkönig seine ei- / gene Krone auf's Haupt gesetzt, ihn mit seinem / jüngsten Töchterlein vermählet u. zu seinem Nach- 35/ folger erkieset. Das ist Alles geschehen vor un- / sern Augen und noch viel mehr, was äusserst wich- / tig ist, bis in's Tageblatt, dass da schwindelt, wer / solches lieset. Wo so viel Zeichen und Wunder / geschehen, da wäre es doch nicht gut, wenn man 40/ nicht auch einen musikalischen Staat machen könnte. / Und siehe, Einer unserer fernen Freunde von Thule / hat ihn fertig gemacht! Er ist vollendet; die Gei- / sterwelt ist durchschritten, Odysseus ist zurückge- / kehrt und dies sein Schema vom musikalischen 50/ Staate zum Schrecken usurpatorischer Kinder:

Mozart, König.

Händel, Oberhaupt der Geistlichkeit.

Gluck, erster Minister.

Méhul, des ersten Ministers erster Secretair. 55

Haydn, Staatskanzler u. *des Königs Geh. Rath*.

Beethoven, Generalissimus.

Bach, Oberpräsident der Gerichtsbarkeit, in seinem Gefolge Richter, Advocaten, d. i. Theoretiker.

Cherubini, Obervorsteher der Akademieen etc. 60

Spontini, General der Artillerie.

Paer, Oberaufseher der Kön. Kunstsammlungen.

Spohr, Oberaufseher der Kammermusik.

C. M. v. Weber, Intendant der deutschen Oper. /

Rossini, Hofzuckerbäcker. 65

Weh! jetzt geht's Finale los! Gemurmel unterm / Volk. Man stösst in die Trompete; die Vasallen [762 // 763] empören sich; der alte König ist gestorben; die / Trommel wird gerührt; man übernimmt sich, ei- / nen neuen König zu wählen; es geht nicht; die 70/ Dissonanzen üben Gewalt und schlagen die Con- / sonanzen; die musikalisch-assyrische Monarchie ist / verschieden; sie zersplittert sich; man ertrommelt / und erobert die alten Kanonen; sie sind vernagelt; / man prügelt die Instrumente, dass sie schreien; [75]/ die Sänger schreien mit; die Hauptvorsteher der / Romantik geben ein Wasserfeuerwerk mit vielen / Schwärmern und Erdschlägen; die Parteien sehen / zu und gehen nach Hause. Morgen soll's wieder / losgehen. [80]

Ich rathe Euch: Lasst ab vom musikalischen / Staatmachen; haltet Euch mit Lust an die Klas- / sischen und lasst im besten Humor die theuern / Modegewalten der grossen Königin *Zeit* immer / wechselnde Hofnarren sein. *Dixi.* [85]

Der Artikel richtet sich gegen die von Fink bekämpfte konkurrierende Schumannsche ‚Neue Zeitschrift für Musik' und die dort vertretene ‚Neuromantik'. Unter Verzicht auf die Finksche Polemik wurde ein Ausschnitt daraus von der ‚Hamburger musikalischen Zeitung' im März 1838 (HmZ –/13, 28. März 1838, Sp. 102) ohne Quellennen-nung nachgedruckt, s. III/ppppp.

III
10

Allgemeine musikalische Zeitung XXXVII/52, 30. Dezember 1835, Sp. 868
[Mancherlei]

Jacob Adlung schrieb 1758 in seiner musik. / Gelahrtheit S. 199: Was hat doch die deutsche / Sprache gesündigt, dass man sich fremder Wör- / ter bedient? Thut uns wohl der Italiener die Ehre / an, nicht adagio zu sprechen, sondern *langsam?* [5]/ nicht da capo, sondern *vom Anfange?* Nimmer- / mehr. Der Franzos ist mit ihm gleiches Sinnes. / Und was hat man davon? Dass man den Unter- / gebenen sie doch erst deutsch erklären muss, da / dann die Ohren wehe thun, wenn oft weder der [10]/ Lehrer, noch der Schüler sie wissen recht auszu- /

sprechen. Mancher will dadurch für gelehrt ge- / halten
werden und kann es nicht lesen. Vanitas!

> Der aufgerufene historische Text steht im Zusammenhang mit dem aus
> dem Widerstand gegen Napoleon und die französische Über-fremdung
> wieder aufblühenden nationalen Selbstbewußtsein, die deutsche
> Sprache von Fremdwörtern zu reinigen, s. I/397, I/455, I/472. – Der
> Philologe und evangelische Theologe Jacob Adlung (1699-1762) war
> Organist und Lehrer (Gymnasium und Universität) in Erfurt. Seine
> Schriften sind für das Verständnis der Bachzeit von gro-ßer Bedeutung.
> Die ‚Anleitung / zu der / musikalischen / Gelahrtheit / . . .‘ erschien 1758
> bei J. D. Jungnicol in Erfurt.

III
11

Neue Zeitschrift für Musik IV./1, 1. Januar 1836, S. 4b [–]

C u r i o s a.

Die Capelle der Königin Elisabeth von England
bestand / (nach Glaubwürdigen) aus 6 Meistern, 6
Harfnern, 2 Vio- / linen, 2 Flöten, 6 Posaunen, 9 Minstrels
und 6 Sing- / knaben, übrigens noch aus 16 Trompeten.
– Die Zeit / geht im Kreise. –   (Werden fortgesetzt.) [5]

III
12 / 13 / 14

Neue Zeitschrift für Musik IV./3, 8. Januar 1836, S. 12a-12b [–]

C u r i o s a.

Adam und Eva, eine Oper von Theile, machte um /
1678 – 90 viel Aufsehn in Hamburg, weil die Men- /
schen nackt auf der Bühne erschienen. (Müllers
Aesthetik, / Bd. 2. S. 89.) – Hat sich bis auf das heutige

** sche / Hofballet vererbt, aber ohne noch Aufsehen zu erregen.

> Der Schützschüler Johann Theile (1646-1724) war Organist, Musik-lehrer, Hofkomponist in Gottof und Wolfenbüttel und Komponist geistlicher und weltlicher Werke. Das erste bürgerliche Opernhaus in Deutschland, die Oper am Gänsemarkt in Hamburg mit über 2000 Plätzen, wurde am 2. Januar 1678 mit seiner geistlichen Oper *„Der erschaffene, gefallene und auffgerichtete Mensch oder Adam und Eva"* nach einem Libretto von Chritian Richter eröffnet.

[————] [13]

Ludovici, Altist aus Stuttgart, aß Spinnen, wenn / er singen wollte (1690). – Aehnliche Kost wollte ein / Ungalanter oft auf Sängerinnengesichtern bemerkt haben. – [12a//12b]

[————] [14]

In Deutschland reisten einmal zwei Brüder, Blad, Oboen- / bläser, aus Spanien gebürtig. Da nun der junge in Lud- / wigsburg starb, warf der ältere seine Oboe weg und lief nach / Spanien, um dort zu sterben. – – Was ist dir auf / einmal, Eusebius? – 5

III

15 / 16

Allgemeine musikalische Zeitung XXXVIII/12, 23. März 1836, Sp. 190-191 [–]

Alte Wunderlichkeiten. /

Phil. Frdr. Bödecker, Organist in Stuttgart, / hinterliess einen Unterricht im Generalbasse, den / sein Sohn u. Nachfolger Philipp Jacob zum Drucke / beförderte unter folgendem Titel: *Manuductio nova / methodico practica.* Stuttgart, 1701. Darin ist die 5/ Zueignungsschrift gerichtet an *Gott den Vater*, als / die Prime oder Grundstimme; an *Gott den Sohn*, / als die Quinte oder vollkommenste Concordanz; an / *den heil. Geist*, als die

Tertie, so von der Prime / ausgehet im Aufsteigen und von der Quinte im [10]/ Absteigen.

Der deutsche Komponist, Organist, Gesangslehrer und Fagottist Philipp Friedrich Böddecker (nicht: Bödecker, 1607-1683) war nach Anstellungen in Darmstadt, Durlach und Frankfurt am Main Organist am Straßburger Münster (1642), dort auch seit 1646 Universitätsorganist und Musikdirektor, und zuletzt, seit 1652, wie vorher schon sein Va-ter, Stiftsorganist in Stuttgart. Sein Sohn Philipp Jakob (1642-1707) wurde 1686 sein Nachfolger.

[190 // 191]   [16]

In einer französischen Vorstellung der Auf- / erstehung kommt ein Engel zum ewigen Vater, / welcher eingeschlafen ist. Der Engel weckt ihn / auf und spricht so mit dem ewigen Vater:

> Ang. Père eternel, vous avez tort, [5]
> Et devriez avoir vergogne:
> Votre fils bien-aimé est mort,
> Et vous dormez comme un yvrogne.
> P. E. Il est mort? /
> Ang.   D'homme de bien. [10]
> P. E. Diable emport qui en savait rien.

[Engel. Ewiger Vater, du liegst falsch, / Und solltest dich schämen: / Dein geliebter Sohn ist tot, / Und du schläfst wie ein Betrunkener. / Ewiger Vater. Ist er tot? / Engel. Ein guter Mann. / Ewiger Vater. Der Teufel wurde mitgerissen, der nichts davon wusste.] – Der Text könn-te zu einem der mittelalterlichen Mysterienspiele passen, in denen es mitunter recht derb zuging.

III
17

Neue Zeitschrift für Musik IV./44, 31. Mai 1836, S. 184b   *[Vermischtes]*

V e r m i s ch t e s.

(92) Neulich lasen wir von einem ››Hauptmann van / Beethoven‹‹, der sich tapfer in den holländischen Colonieen / gegen die Wilden geschlagen, jetzt von einem schnellsegeln- / den Schiff ››Rossini‹‹, das von Havanna in Hamburg / angekommen. Es ist ein Sinn darin. – [5]

III
18

Neue Zeitschrift für Musik IV./46, 7. Juni 1836, S. 190a-190b   *[–]*

…..Drei Jahre später beging der Herr von Globig, / auf seiner prachtvollen Villa bei Loschwitz, ohnweit Dres- / den, das Fest der Weinlese. Reichvergoldete Gondeln mit / bunten, langen Wimpeln glitten über die Elbe hin und / wieder, die vornehmen Gäste landend, welche der Fest- [5]/ geber eingeladen.

Der Glanz – ja die Verschwendung, womit man / alles angeordnet, war des Günstlings und Vertrauten des / Grafen von Brühl, vollkommen würdig! Nichts fehlte: / was der raffinirteste Geschmack zu ersinnen vermochte, [10]/ war herbeigeschafft, um auch die eigensinnigsten Forderun- / gen seiner Gäste zu befriedigen.

Der Wirth mühte sich fast über seine Kräfte ab, der / Versammlung die honneurs zu machen; um so seltsamer / war es wohl, daß Niemand ihn sonderlich beachtete und [15]/ alle Aufmerksamkeit seiner Gattin zugewandt schien, welche, / obwohl höflich und würdevoll, doch durchaus theilnahmslos / sich bezeigte.

Die Dämmerung war hereingebrochen, farbige Lam- / pen wurden in den Gängen des Garten angezündet, Pech- 20/ pfannen brannten vor den Thoren der Villa auf hohen / Candelabern.

Mehre Musikchöre ließen sich abwechselnd und zu glei- / cher Zeit hören, die schimmernden Gestalten der Herren / und Damen wirbelten bunt und lustig durcheinander, 25/ alles schien Freude, Wonne, – jede Sorge verbannt.

Als die Gesellschaft in den Sälen versammelt war. [190a // 190b] stellte der preußische Gesandte der Frau vom Hause einen / wohlaussehenden noch jungen Mann als den zweiten / Sohn des großen Sebastian Bach, Philipp Emanuel, vor.

Die Baronesse eröthete leicht und fragte nach eini- 30/ gem Hin – und Wiederreden: ››Wo lebt Ihr älterer Bru- / der jetzt?‹‹

››Wir wissen es nicht! ‹‹ versetzte Philipp wehmüthig, / ››Friedemann verschwand am Todestage unseres Vaters / aus Leipzig und keins von uns hat ihn wieder gesehn.‹‹ 35

Die Baronesse wandte sich, ohne etwas zu erwiedern, / bei Seite.

An ihrer Statt trat der Baron hinzu und sprach / gar schmeichelnd: ››Sie haben wohl die Gewogenheit, mein / verehrter Herr Concertmeister, uns vor Tafel noch ein 40/ kleines – nur ein ganz kleines Stückchen zum Besten / zu geben; meine Gäste freuen sich gar zu sehr darauf, / den berühmten Monsieur Bach einmal zu hören. Um / Ihr göttliches Spiel desto herrlicher strahlen zu lassen, / hab' ich mir den Scherz gemacht, einem armen halbver- 45/ rückten Musikanten von dem Prager Chor, welches im / Dorfe zum Tanz aufspielt, zu erlauben, daß er im Ne- / benzimmer vorher sich hören läßt – die Thüre wird auf- /

gemacht, aber er bekommt kein Licht hinein, denn er sieht / aus wie ein Lump.‹‹ [50]

Indem tönten vollgegriffene Accorde aus dem Neben- / zimmer, ein Bedienter öffnete die Thüre und im Hell- / dunkel des Zimmers sahen die Herzutretenden einen, so / viel sich erkennen ließ, ärmlich und nachlässig gekleideten / Mann am Flügel sitzen, mit dem Rücken der Thüre zu- [55]/ gewandt.

Einen Schwank hatte die Gesellschaft vermuthet, denn / der Baron hatte es Jedem der Anwesenden in's Geheim ver- / traut, was er vorhabe, – aber es kam anders! Denn wun- / derbar ergreifende Harmonieen – bald zürnend – bald [60]/ klagend, wußte der arme fremde Spieler dem Instrumente / zu entlocken – Alle waren bewegt, die Baronesse aber / und Philipp standen todtenbleich und sahen einander zwei- / felnd forschend an. Plötzlich, bei einer kühnen Wendung / des Spiels, flüsterte die Baronesse: ››er ist's‹‹ und Phi- [65]/ lipp rief auffahrend: ››Er ist's! es ist mein Bruder! / Friedemann!‹‹

Da wandte sich der Spieler, sprang auf, und auf / Philipp zu! doch die Baronesse erblickend, trat er mit / dem Schrei: ››Natalia!‹‹ jäh zurück. – [70]/

Die Baronesse sank ohnmächtig nieder. Friedemann / stürzte, sich einen Weg durch die Menge bahnend, aus / dem Saal.

(Ende der zweiten Abtheilung.)

B u r m e i s t e r – L y s e r. [75]

Johann Peter Lyser, eigentlich *Ludewig Peter August Burmeister* (1804-1870), war ein deutscher Zeichner, Dekorationsmaler und Schriftsteller, der trotz seiner seit 1818 zunehmenden Taubheit her-voragende Musikkritiken vor allem für Schumanns Zeitschrift schrieb. Er führte ein unglückliches Leben und geriet in Schuldhaft, aus der ihn Mendelssohn befreite. Lyser starb völlig verarmt in Altona. – Die von Lyser erzählte romanhafte Geschichte verarbeitet eine von Fried-rich Rochlitz 1800 in der ‚Allgemeinen musikalischen Zeitung' (II/50, 10. 9 1800, Sp. 862-863) bekannt gemachte Anekdote (s. I/121) und ist ein

III
19

Neue Zeitschrift für Musik V./21, 9. September 1836, S. 86b   *[–]*

Ein Neapolitaner fragte vor kurzem Lablache, wie er's / denn in London aushalten könne und ob er sich nicht nach sei- / ner schönen italiänischen Sonne zurücksehne. „Caro amico,"/ erwiederte Lablache lachend, eine Börse voll Gold in die Höhe / haltend, „ecco il vero sole Inghilterra!" 5

ecco il vero sole Inghilterra = das ist die wahre Sonne Englands. – Luigi Lablache (1794-1858) war ein in Europa vor allem auch als Dar-steller Rossinischer Partien gefeierter italienischer Opernsänger.

III
20

Neue Zeitschrift für Musik V./28, 4. Oktober 1836, S. 112b-113b   *[–]*

Betrachtungen und Träume nach der Fis-Moll-Sonate von Florestan und Eusebius.

I.

....

II.

Hoffmann zeichnete eine Fratze, Raphael pfiff sich ein / Liedchen, Beethoven machte Parforcemärsche, wenn die / Phantasie das Winterquartier bezogen hatte. . . . [112b /// 113b] . . .

I. F. E. S o b o l e w s k i.

III
21

Neue Zeitschrift für Musik V./28, 4. Oktober 1836, S. 114b   *[Vermischtes]*

* * * Nach dem Journal des Debats hätte die Aache- /
ner Garnison auf Befehl des Königs vor der Malibran /
das Gewehr präsentirt. –

III
22

Neue Zeitschrift für Musik V./42, 22. November 1836, S. 169a-170a   *[–]*

Die Sprache der Tonkunst.

Durch die früher mitgetheilte Aufzeichnung des bra- /
ven Dorfküsters Wedel in Nr. 3. d. Z. wurde ich an eine /
Zeit erinnert, wo man mit lobenswerthem Eifer alles /
Ausländische aus Sprache und Kleidung auszuscheiden
und / seine Deutschheit, wo nicht überall durch
Gesinnungen, [5]/ doch durch schwarzen Sammet,
gepuffte Aermel und spitzige / Verzierungen, Barret,
lange Haare , offne Brust u. s. w. / zu beurkunden
suchte. Es war die Zeit (1814), da es / Deutschland
gelang, sich von den fremden Mächten, die / es bis auf
das innerste Mark ausgesogen, nach vieljähri- [10]/ gem,
schwerem Kampf zu befreien und endlich als Sieger / zu
glänzen. Jetzt verstand, wie noch nie vorher – und /
vielleicht auch nicht später – ein jeder Deutsche des /
deutschen Sängers Worte: /

›Nie war, gegen das Ausland [15]
›Ein anderes Land gerecht, wie du!
›Sei nicht allzugerecht. Sie denken nicht edel genug,
›Zu sehen, wie schön dein Fehler ist!
›Einfältiger Sitte bist du, und weise,
›Bist ernstes, tieferes Geistes. Kraft ist dein Wort, [20]

›Entscheidung dein Schwert. – –
›Ich sinne dem edlen, schreckenden Gedanken nach,
›Deiner werth zu sein, mein Vaterland.
›Mein ganzes Herz verachtet dich,
›Der's Vaterland [25]
›Verkennt, dich Fremdling! und dich Thor!

Der Deutsche fühlte seit langen Jahren zum ersten- / mal seine Größe wieder und eine allgemeine Umwälzung / in Sitten, Gewohnheit, Sprache stand bevor. Alles, / was nur entfernt an das Ausland, insbesondere an Frank- [169a [30]// 169b] reich erinnerte, war dem neuerwachten Volke, wenigstens / für wenige Augenblicke, schon ein Gräuel. Hauptsächlich / sollte die <u>Sprache</u> wieder rein deutsch werden, und zu / einer völligen Reinigung und Ausscheidung alles Fremd- / artigen derselben wurde eilig geschritten. [35]

Ist hier nicht der Ort, die verdeutschten Gegenstände, / die im gewöhnlichen Leben bis dahin mit ausländischen / Namen bekleidet waren, näher anzuführen, so dürfte doch / ein Verzeichniß der musikalischen Kunstausdrücke, wie sie / in jener so beweglichen Zeit in <u>vollem</u> Ernste vorge- [40]/ schlagen wurden, nicht ganz ohne Interesse sein, obgleich / manche Bezeichnung zwar ungewöhnlich <u>klingt</u>, aber / aus diesem Grund noch nicht ganz verwerflich sein möchte. / Auch das <u>jetzt</u> Gewöhnliche war einst neu und in der / Neuheit der Worte und Wendungen allein liegt kein [45]/ zureichender Grund ihrer Verwerflichkeit. Das Verzeichniß / fand ich unter Notizen, die vor einigen zwanzig Jahren / ein Kunstfreund sammelte. Finden sich darin für einen / Gegenstand öfters verschiedene Bezeichnungen, so mag sich / wohl der Notizensammler diese Verdeutschungen, die von [50]/ Verschiedenen entworfen und öffentlich mitgetheilt wur- / den, z. B. in der Leipz. musik. Zeit. Bd. 17., geordnet / und zusammengestellt haben. Uebrigens waren die Ton- / künstler solchem Verfahren nicht entgegen und besonders / Beethoven war, im eigentlichen Sinne des Wortes, [55]/ ein echter Deutscher mit Leib und Seele. Der lateini- / schen, französischen und italiänischen Sprache vollkommen / mächtig, bediente er sich dennoch, wo es nur immer an- / gehen mochte, am liebsten seines vaterländischen Idioms. / Hätte er seinen Willen durchsetzen können, alle seine [60]/ Werke würden mit deutschen Titelblättern gedruckt erschie- / nen sein. Sogar das fremde Wörtlein: Pianoforte, fand / Anstoß bei ihm und er schrieb seine große Sonate Op. 101. / nicht für dieses Instrument, sondern für das Ham- / merclavier. Hier folgt nun die Zusammenstellung [65]/ der Kunstausdrücke selbst, die wenigstens eine kleine Un- / terhaltung gewähren dürfte.

Arie, Luftsang, Einsang. Baß, Grundsang. / Canon, Kreisfluchtstück. Chor, Vollsang. Cla- / vier, Tastenspiel, Hammerklangwerk. Composi- [70]/ teur, Tonsatzwerker. Concert, Tonstreitwerk-Ver- / sammlung, Tonstreitwerk, Tonkampf. Concertgeber, / Tonstreitwerksunternehmer. Concertmeister, Ton- / streitwerkmeister, Tonkampfmeister. Dilettant, Kunst- / Zeitvertreib-Liebender. Fantasie, Launenspiel. Fuge, [75]/ Tonfluchtwerk, Fluchtstück. Instrument, Klangmach- / werk, Zeug, Klangwerkzeug. Kapellmeister, Ton- / künstlermeister, Tonmeister, Obertonmeister. Musik, / Tonwerkerei. Musikalisch, Tonkünstig. Musik- / director, Tonwerkordner, Tonvorsteher. Oper, Sing- [80]/ werk. Orchester, Tongerüst, Tonkünstlerbühne, Ton- / werkerschaar. Symphonie, Zusammenklangwerk. So- / nate, Klangstück. Trompete, Schmettermessing, [169b // 170a] Schmetterrohr. Trompeter, Schmettermessingwerker. / Violinenquartett, Geigenvierstück [etc.] [85]

Diesem Verzeichniß fügte der Notizensammler noch / folgende Bemerkung hinzu: Sind auch einige Benennun-

/ gen etwas lang, so gilt bei Titeln gewöhnlich die Länge /
zugleich für die Höhe; und dann haben wir auch sonst /
lange Titel, welche das mit ihnen verbundene Amt nicht
90/ so richtig bezeichnen, als obige. Man denke nur an /
Oberleibbüchsenspanner, Oberhofthierarzt [etc.]   Br.

Dorfküster Wedel = Pseudonym für Anton Wilhelm von Zuccalmaglio
(1803-1869). – Beethoven war keineswegs der lateinischen Sprache
‚vollkommen mächtig'; die Hammerklaviersonate trägt die Opuszahl
106, nicht 101. – [etc.] als (ironisches) Sigel. – Der Bezugsartikel, auf
den der Verfasser anspielt, erschien unter dem Titel „Sprachreini-gung"
am 3. Mai 1815 in Nr. 18 der Rochlitzchen ‚Allgemeinen musi-kalischen
Zeitung' (XVII/18, Sp. 406-407, s. I/469; dazu Prof. Wendt I/472). Er
enthält nur einen Teil der angeführten Verdeutschungen. Von den
Zusätzen dürften viele aus Spaß nachgebildet sein (was man
möglicherweise auch für ‚Wedel' annehmen könnte). Der
Schlußabschnitt ist wörtlich dem Orginal entnommen (I/469[64-69]). – Zum
stichwortgebende Artikel ‚Wedels' s. ‚Aufzeichnungen des Dorf-küster
Wedel', Neue Zeitschrift für Musik IV./3, 8. Januar 1836, S. 9a-10a
(Schluß) [Kopfartikel]. Zuccalmaglio spricht in seinem dreiteiligen
Aufsatz das Sprachreinigungsproblem nicht an, sondern lobt an Hand
von Liedbeispielen das ‚gesangreiche' eigene Volk.

III
23

Neue Zeitschrift für Musik V./49, 16. Dezember 1836, S. 198a   *[Vermischtes]*

* * * [Hübsche Anekdote.] In Berlin circulirt gegenwär- / tig
eine Anekdote, welche an jene von einem Königsber- /
ger Studenten erinnert, der im J. 1728 eine Bittschrift / an
Friedrich Wilhelm I. richtete, der Noth seiner Uni- /
verstität abzuhelfen und worin es heißt: »Indessen malen
5/ wir den Braten an die Wand und reiben grobes Brod /
mit allen Kräften daran.« Es ist nämlich ein kleines /
Mädchen, die Tochter braver aber armer Eltern in einer /
kleinen Stadt Westpreußens, ihrem unüberwindlichen /
Triebe zum Musiklernen nachgebend, auf das ihrem Her- /
10/ zen ehrende Auskunftsmittel gefallen, gerade zu an

den / Landesvater zu schreiben und ihn um ein Instrument zu / bitten. In dem Briefe der Kleinen soll der Eingang also / lauten: »Geliebter König, da ich höre, was für ein mil- / der, wohlthätiger Mann Sie sind« – nun folgt die [15]/ Bitte und am Schluß wird Sr. Majestät empfohlen, / »ja den Eltern nichts davon zu sagen, denn nur Bertha / wisse darum.« Es wird hinzugefügt, daß dem naiven / Kinde seine zutrauliche Bitte auf das Vollständigste ge- / währt worden sei. (Lpzgr. Zeitg.) [20]

---

mittlerer Asterisk tief gestellt.

III
24

Neue Zeitschrift für Musik VI./5, 17. Januar 1837, S. 20b [Vermischtes]

* * * [Grisi.] Die Grisi wollte sich wegen eines Form- / fehlers im Ehecontract von ihrem Gemahl scheiden lassen, / ist jedoch mit ihrem Gesuch zurückgewiesen worden. Ue- / brigens, setzen französische Zeitungen hinzu, liebte sich das / junge Ehepaar nach wie vor, und hätte nur ganz sicher [5]/ sein wollen wegen des Contractes. –

---

mittlerer Asterisk tief gestellt. – Giulia Grisi (1811-[auf der Rückfahrt aus St. Petersburg]1869 in Berlin) war eine von Rossini, Donizetti und Bellini gleicherweise hochgeschätzte italienische dramatische Koloratursopranistin, die viele Uraufführungspartien sang. Ihre 1836 geschlossene Ehe mit dem Vicomte Auguste-Gérard de Melcy zer- brach nach kaum drei Jahren (geschieden 1856), nachdem sie im Juni 1839 den Tenor Giovanni Matteo de Candia (1810-1883), ge-nannt Mario, kennen lernte, mit dem sie sechs Kinder hatte.

III
25

Neue Zeitschrift für Musik VI./8, 27. Januar 1837, S. 32a   *[Vermischtes]*

* * * [Pest.] Einen Begriff von der Heftigkeit der Pest / in Constantinopel zu geben, führt man das traurige Beispiel / an, daß von dem unter dem Capellmeister Donizetti (nicht / dem bekannten) stehenden 50 Mann starken Musikcorps / nur 13 übrig geblieben sind. – [5]

mittlerer Asterisk tief gestellt. – Donizettis Bruder Giuseppe (1788-1856) wurde im Osmanischen Reich oberster Militärkapellmeister und begründete dort die Aufnahme der westlichen Musik-Kultur. Be-graben wurde er in einer Gruft der Istambuler katholischen Heilig-Geist-Kathedrale.

III
26

Neue Zeitschrift für Musik VI./9, 31. Januar 1837, S. 38b   *[Vermischtes]*

* * * [Hugenotten.] Meyerbeer's Hugenotten sind, Zen- / surrücksichten wegen, sowohl in Wien und Berlin, von / der Aufführung zurückgewiesen worden. –

mittlerer Asterisk tief gestellt.

III
27

Neue Zeitschrift für Musik VI./10, 3. Februar 1837, S. 41b-42a   *[–]*

R ü g e.

Ein Mann meines Schlags, der den ganzen Tag / über sich in Musikstunden abzuquälen, und der noch jeden / Abend hinter dem Basse seine Noten zu fressen hat, /

würde gewiß nicht die Feder ergreifen, wenn es ihm nicht / Noth thäte, wenn es hier nicht Alles, d. h. den Beutel, [5]/ gälte. Ein sicherer Herr Wedel hat nämlich ein Gebre- / chen zur Sprache gebracht, das auf mich wie so manchen / andern Bruder in der Kunst drückt, und das gewiß der / Berücksichtigung verdiente. Der Umstand nämlich ist der, / daß die Herren Musikverleger unter die Noten immer [10]/ weißes oder buntes Papier mischen und diese sich für be- / drucktes bezahlen lassen. Da Herr Wedel nun nach / meinem Bedünken den Uebelstand zu flüchtig besprochen, / so will ich etwas ins Einzelne gehen und die Wahrheit / seiner hingeworfenen Worte erweisen. So liegt z. B. [15]/ jetzt ein Heftlein der bluettes musicales von Franz / Hünten (es heißt, glaub ich, verdeutscht Musikalische Korn- / blümlein) mir vor, das Nro. 4422 der Söhne Schott's / auf seinem Aushängeschilde trägt und Variationen über / ein Thema von Caraffa enthält. Diese Kornblumen be- [20]/ zahle ich nun den Bogen zu 4 Gr. (5 Sgr.), was drei / Bogen stark, schon ein ziemlich gesalzenes Sträußchen / ausmacht, welches dazu leicht verwelklich, obschon es dem / Titel nach, ins Archiv der Union eingetragen ist, und / also halb schon die Unsterblichkeit verassecurirt hat. Für [25]/ mein Geld habe ich aber nun, da ich die Blüthen durch- / suche, vier Seiten, die darnach aussehen, d. h. mit Noten- / passagen verziert sind, die übrigen aber bilden schmucke / weiße Blätter und vielversprechende rosenrothe und weiße / Aushängeschilder, so daß ich über die Hälfte des Preises [30]/ dem zurechnen muß, was für mich keinen Werth hat. [41b // 42a] Aber nicht allein Schott's Söhne sind so sehr auf so- / lide Umschläge und solide weiße Wäsche für ihre ausge- / statteten Kindlein bedacht; sondern an Breitkopf'schen und / andern Modekindern schauen und bezahlen wir die näm- [35]/ liche Eleganz, den nämlichen Ueberfluß. Man könnte / zwar sagen, die Werke des Herrn Hünten gehören nicht / der Kunst, sondern einem musikalischen Luxus an, und / verhalten sich zur ersteren wie etwa ein Nürnberger Ham- / pelmann zur Bildhauerkunst, es liege daher wenig daran, [40]/ ob ein Papierüberschuß dabei sei, ob der Käufer ein paar / Gulden mehr zahle, oder ob (wie Wedel will) das Druck- / jahr auf dem Titelblatte stehe; solche Sachen kämen / schnell aus der Mode, und müssen also geschmiedet wer- / den, so lange sie noch warm, oder besser der Schmied [45]/ müsse bezahlt werden so lang die Waare noch warm, / und Jahrzahl dürfe der Verleger nicht darauf drucken; / um Gotteswillen nicht! daß nicht nach Jahr und Tag / die Schöngeistei rufe: ums Himmelswillen Herr, was / soll ich mit dem alten Zeug vom vorigen Jahre thun, [50]/ etwas Neues geben sie mir! wie? sie glauben, ich wolle / etwas von François Hünten noch spielen oder von dem / altfränkischen Herz; nein! wenn sie nichts von X haben, / so –. Ich sage, das könnte man alles sagen, trotz Ein- / tragung in Unionsarchive und andern, aber wir arme [55]/ Nürnberger Trichter und Meister müssen doch auch jene / Werke uns anquälen und mit an dieser Luxussteuer zah- / len, daher die Herren Verleger billiger denken sollten. / Gilt aber dies einmal von flüchtigen Spreusachen, was / soll ich dann erst von dem Kern sagen, von Compositio- [60]/ nen für Orgel, die doch meist all für Käufer berechnet, / die, wie ich, nicht in den glänzendsten Vermögensver- / hältnissen stehen, und doch sieht es in den betreffenden / Verlagsartikeln fast ebenso bunt aus. Nehmen wir z. B. / Sebastian Bach's sämmtliche Werke, Heftweise von Has- [65]/ linger in Wien herausgegeben, so finden wir, daß unter / zwölf Seiten jedesmal sechs weißes Papier, welche Legie- / rung dem verehrlichen Verleger gewiß das seinige abwer- / fen wird, für uns arme Organisten aber nur weißes Pa- / pier bleibt, das uns so schnöde vorkommt als die berüch- [70]/ tigte Mehl- und Kalk-Mischung der Griechen in den [42a //42b] Kreuzzügen. Mögen die Herren doch lieber diesen Pa- / pierüberschuß auf Orchestermusik verwenden, ich spreche / hier als Baßgeiger, und einen Mann bedenken, der seines / Tages Last getragen, und nun Abends beim Schwalch der [75]/ Lampen hinter seinem Instrumente steht, und eine neue / konterbunte Oper herunter geigt. Aber hier ist es wieder Herr / Schlesinger in Paris, der uns blind machen will, damit er ein / paar Quadratzoll an Papier gewinne, und dies jetzt noch in / Zeiten, wo Nachdruck immer beschränkter, verrufener, und [80]/ das Schrifteigenthum immer sicherer und anerkannter / wird. Mögen daher genannte Herren, die ich ohne Groll, / weil ihre Schriften nur vor mir lagen, anführte, wie / alle andere, die sich des Versehens schuldig finden, in sich / gehen, uns guten Druck, kein überflüssiges, zu bezah- [85]/ lendes Papier liefern, und bei Sachen von Werth auch / den Datum liefern, dies wünschen mit dem Unterzeich- / neten fast Alle.   E i ch n e r , Contrabassist. –

Den Trick, leere Blätter einzuschmuggeln, kannte nicht nur der Schottverlag. Man arbeitete damit noch im 20. Jahrhundert und hatte dafür (vorgeschobene) Gründe. Dasselbe galt umgekehrt für Stimmensätze mit zu eng gedruckten Noten, um Papier zu sparen. – verassecuriren; assecuriren (assekurieren) = versichern.

III
28

Neue Zeitschrift für Musik VI./23, 21. März 1837, S. 94b   [Vermischtes]

* * * [Lißt und Thalberg.] Kaum hatte Lißt ein Con- / cert zum 12ten dieses angekündigt, als auch Thalberg / seines zu demselben Tage ansetzte. Letzterer wollte früh / im Saal des Conservatoirs, ersterer Abends in dem der /

großen Oper spielen. Das letzte große Nordlicht wäre 5/
somit hinlänglich erklärt. /

---

mittlerer Asterisk tief gestellt.

III
29

Neue Zeitschrift für Musik VI./28, 7. April 1837, S. 114a-114b   *[Vermischtes]*

* * * [Liszt und Thalberg.] Nach der Gazette de Paris /
hatte Thalberg in seinem Concert am 12ten abermals /
großes Furore gemacht. Lißt hatte schon vorher ange- /
zeigt, daß er sein zuerst an demselben Tag angesetztes /
Concert acht Tage später gäbe. (Neueren Nachrichten 5/
nach war Lißt's Concert in der großen Oper nicht min-
[114a // 114b] der glänzend ausgefallen. Thalberg hatte
sein zweites und / letztes Concert zum 2ten angesagt –
dann geht er nach / England. Lißt ihm nach. –)

---

mittlerer Asterisk tief gestellt.

III
30

Neue Zeitschrift für Musik VI./31, 18. April 1837, S. 126b   *[Vermischtes]*

* * * Man hat das prächtige San Carlo Theater / in
Neapel in Brand stecken wollen, ist aber den Schuf- / ten
zeitig genug zuvorgekommen.

---

mittlerer Asterisk tief gestellt.

III
31

Neue Zeitschrift für Musik VI./32, 21. April 1837, S. 130b   [Vermischtes]

* * * [Musikfest in Cassel?] Alle Zeitungen berichten, daß /
mit dem Casseler Musikfest, um das sich Spohr durch /
seine Vorbereitung so verdient gemacht, wahrscheinlich
nichts / werden würde. Höchsten Ortes hätte man die
Erlaubniß / verweigert. Ist das Kunstsinn? – [5]

---

mittlerer Asterisk tief gestellt. – In keiner Musikzeitung gibt es einen
Bericht über ein Musikfest in Kassel.

III
32

Neue Zeitschrift für Musik VI./35, 2. Mai 1837, S. 142a   [Vermischtes]

* * * [Paganini.] Einige Blätter theilen eine artige /
Anekdote mit: Paganini habe während seines letzten /
Aufenthaltes in Marseille des Abends, als er eben stu- /
dirt, im Kamin etwas wie knistern hören. In der Mei- /
nung, es gälte nur eine Katze zu vertreiben, hätte er [5]/
Feuer im Kamin machen lassen. Wie groß war aber / sein
Erstaunen, als etwas Menschenähnliches aus dem /
Kamin zu seinen Füßen stürzte und ihm gestand, er wäre
/ ein armer Musikus, Namens Abarti, der ihn (P.) ver- /
göttere und nebenbei von ihm lernen wolle, und daß er,
[10]/ ihn in der Nähe zu hören, schon einigemal durch den /
Schonstein geklettert. Der Meister sei von diesem hals- /
brechenden Enthusiasmus so sehr gerührt gewesen, daß
/ er ihm seinen ordentlichen Unterricht angeboten und ihn
/ auch mit nach Amerika genommen hätte [etc.] – [15]

---

mittlerer Asterisk tief gestellt. – [etc.] als (tironisches) Sigel.

III
33

Neue Zeitschrift für Musik VI./47, 13. Juni 1837, S. 190b [Vermischtes]

* * * [Gusikow.] In Brüssel hat ein Sprachlehrer, / Rosenstein mit Namen, Gusikow's Strohinstrument / zu stehlen gewußt und ist auf und davon nach Amerika. / Besser hätte er gleich Gusikow mitnehmen sollen: ohne / ihn bleibt es Holz. Gusikow soll indeß untröstlich über ⁵/ den Verlust sein. –

mittlerer Asterisk tief gestellt. – Michael Joseph Gusikow (1806-1837) war ein jüdischer Volksmusiker (Klezmer), der keine Noten lesen konnte und früh an der Schwindsucht starb (während eines Konzerts in Aachen). Im Jahre 1831 baute er sich ein ‚Holz- und Stroh-Instru-ment', ein Xylophon in Cymbalform von zweieinhalb Oktaven Um-fang, dessen hölzerne Klangstäbe auf Strohrollen lagen. Seine virtuo-se Handhabung dieses Instrumentes brachte ihm in Westeuropa Be-wunderung ein. Liszt nannte ihn den ‚Paganini der Boulevards'.

III
34

Allgemeine musikalische Zeitung XXXIX/24, 14. Juni 1837, Sp. 395-396 [–]

Hr. Liszt über die Rede des Hrn. Fétis.

Habe ich in No. 21 d. Bl. die Dissertation des / Hrn. Professors gegen Hrn. L. erzählt, so muss ich / auch der Erwiderung des angegriffenen kritischen Piano- / forte-Virtuosen gedenken, die in No. 20 der Gazette / mus. beinahe 7 volle Spalten einnimmt. Wird man ⁵/ auch viele unserer eingeklammerten Bemerkungen gegen / manche geschichtliche Ansichten des Hrn. Prof. in Hrn. / L.'s langer Vertheidigungsrede nicht lesen, so liest man / dafür nicht wenig gewandte Anzüglichkeiten, aus deren / Speerwalde folgende Spitzen und Nichtspitzen hervor- ¹⁰/ ragen: Hr. L. zerlegt den Angriff seines „honorabeln / und gelehrten Antagonisten" 1) in die Prologomenen, / worin Hr. F. mit Bescheidenheit an seine frühern und / nachfolgenden Thaten die Welt erinnern will; 2) in / eine Entwickelungsgeschichte (?) des Vorherrschenden [15]/ in jeder Kunstepoche; 3) Uebersicht der Geschichte des / Piano, worin sich W e b e r durch seine Abwesenheit / bemerkbar macht und Kalkbrenner „durch seine bewun- / dernswürdige Aptitude beider Hände" (!); 4) in eine / biographische Skizze des jungen Liszt, „sehr empfeh- [20]/ lenswerth durch die Erfindung"; 5) in das Programm des / Vortrags und der Composition des Hrn. Thalberg, „des- / sen Ehre Hr. Fétis mit Fug und Recht ganz allein auf / sich nehmen kann"; 6) in ein Réquisitoire gegen L. ’s / Artikel über Thalberg, „worin es aufrichtiger gewesen [25]/ wäre, statt der abgedroschenen Wendung einer redend / eingeführten Person geradehin das werthe Ich des ge- / lehrten Hrn. Professors hinzustellen." Von jetzt an / führt Hr. L. oft die eigenen Worte des Hrn. F., den / er einen wetterwendischen und böswilligen Magister [30]/ nennt, parodienartig an und dreht den Spiess um. So- / gar der ami véritable muss dem Hrn. F. die Wahrheit / sagen, wie früher der gewünschte dem Hr. L., trotz / der abgedroschenen Wendung. Dieser sagt nun dem / Hrn. Prof., Thalberg werde der Erste sein, der über [35]/ solche Beweise der Unwissenheit in den Fortschritten / des Klavierspiels der letzten 10 Jahre lachen müsse; / fragt ihn, was er denn mit seiner singenden und bril- / lanten Schule des Piano wollte? Ob er etwa bei Th.’s / neuer Schule (?) Arpeggien und melodische Daumen- [40]/ passagen im Sinne habe, was schon seit Gelineck be- / kannt sei? warum er nicht herausgesagt habe: Thal- / berg ist der Inbegriff aller Vollkommenheit, das schöne / Ideal, über alle Kritik erhaben: Liszt dagegen nichts / als Unordnung, Krampf, phantastischer Alp etc. ? „Sie [45]/ sind ein gelehrter Professor, aber ihre Schlüsse sind /

keine und ihre Behauptungen ohne Gewicht." – Dann / vertheidigt Hr. L. sein Richteramt der Compositionen / Th.'s, so gut es gehen will; von der Art seiner Kritik / sagt er nichts und thut daran wohl, sobald er künftig 50/ es sich stillschweigend zur Lehre nimmt und ein wenig / anders kritisirt. Endlich beklagt er sich, dass man ihn [395 // 396] für neidisch hält, was freilich schlimm ist; hat aber Muth / und nennt dies Prüfungen, die nur diejenigen umbringen, / die nicht zu leben verdienen. – Uebrigens wäre mir es 55/ am erwünschtesten, ich hörte die Herren Liszt und / Thalberg spielen; das Andere gäbe sich von selbst.

Der Erzählende.

Prologomene = Vorbemerkungen als Einleitung. – Aptitude = hier im Sinne von Geschicklichkeit. – Réquisitoire = Anklage. – Der 1786 zum Priester geweihte und mit Haydn, Mozart und Beethoven be-kannte Josef Gelinek (nicht Gelineck, 1758-1825) war der zu seiner Zeit wohl populärste und beliebteste Komponist von Phantasien und Variationen über bekannte Themen, die er neben seiner priesterli-chen Tätigkeit in einer geradezu unbegreiflichen Menge und auch auf Bestellung hervorbrachte. Alfred Einstein charakterisiert sie in seinem Riemann-Lexikon von 1929 als ‚inhaltslos'. – Sigismund Thalberg (1812-1871), illegitimer Sohn des Fürsten Franz Joseph von Dietrich-stein und der dem ungarischen Landadel entstammenden Julia By-deskuty, war als Komponist (von Liszt abgewertet) dem italienischen Stil verpflichtet, als Pianist (von Liszt bewundert) finanziell erfolgrei-cher als Liszt und vom zeitgenössischen Musikpublikum (nicht von Berlioz, Chopin und anderen Fachleuten) als Liszts gleichwertiger Konkurrent angesehen. – Bezugsartikel: „Die Herren Thalberg und Liszt" (Allgemeine musikalische Zeitung XXXIX/21, 24. Mai 1837, Sp. 329-338 [Kopfartikel]).

III
35

Neue Zeitschrift für Musik VII./3, 11. Juli 1837, S. 12a-12b [Vermischtes]

* * * [Druckfehler.] Im Bd. 74. S. 127 der Cäcilia [12a // 12b] liest man von einer „Scene im Erzgebirge", die in einer / Berlioz'schen Symphonie vorkommen soll. –

---

mittlerer Asterisk tief gestellt. – Gemeint ist vermutlich die 3. Szene „*Scène aux champs*" (Szene auf dem Lande) der sogenannten ‚Symphonie fantastique', eigentlich „*Épisode de la vie d'un artiste, symphonie fantastique en cinq parties*" (Episode aus dem Leben eines Künstlers, fantastische Sinfonie in fünf Teilen).

III
36

Neue Zeitschrift für Musik VII./7, 25. Juli 1837, S. 28b [Vermischtes]

* * * [Guts- und Gehirnbesitzer.] Ein Verwandter Beet- / hoven's, der zuweilen Unterstützungen von ihm genoß, / hatte sich ein Paar Acker Land angeschafft, und unter- / schrieb sich seitdem „Gutsbesitzer". – Es war ihm zu- / letzt so zur Gewohnheit geworden, daß er es einmal in ⁵/ einem Briefe an Beethoven that. Dieser antwortete ihm: / „Mein Lieber, Deinen Brief vom 6. habe ich richtig / erhalten, und daraus ersehen, daß Du ein großer Esel / bist. Dein Louis van Beethoven, Gehirnbesitzer". (A. d. / Nürnb. Corresp.) – ¹⁰

---

mittlerer Asterisk tief gestellt.

III
37

Hamburger musikalische Zeitung –/2, Mittwoch 4. Oktober 1837, S. 8c   *[–]*

Witzworte von G. M. Saphir.

Ein Quasi-Compositeur wurde einst er- / tappt, als er silberne Löffel gestohlen hatte; / der Redacteur des Humoristen sagte dar- / auf: „Der Mann wusste gewiss nicht, dass / es *Silber* war, - er hielt sie für *Compo-* 5/ *sition.*" /

Moritz Gottlieb Saphir (1795-1858), eigentlich Moses Saphir, zu sei-ner Zeit Gottlieb Moses Saphir, war ein viel zitierter österreichischer Satiriker.

III
38

Hamburger musikalische Zeitung –/3, Mittwoch, 11. Oktober 1837, S. 11c [–]

A n e c d o t e.

A und B, Musiker, beide an derselben / Capelle angestellt, begegneten sich auf der / Strasse. B schlüpfte hastig vorüber. „Halt, / halt," rief ihm der Andere nach und fasste / ihn am Arme, „weisst Du nicht, dass wir 5/ Dienst haben?" – „Heute?" fragte B. / verwundert. „Das ist mir fatal und ich / bitte Dich, mich zu entschuldigen. Es fin- / det in einem Hause, wo ich Unterricht / ertheile, ein kleines Familienfest statt: eine 10/ Schülerin von mir hat so eben Probe von / einer Sonate, welche sie dabei schlagt." / „Gut," erwiderte A, „ich werde es mel- / den; aber Du solltest Dich doch schämen, / im neunzehnten Jahrhundert zu sagen: sie 15/ schlagt eine Sonate; das würdigt ja die / ganze Kunst herab!" – „Oh, über Euch / Sprachverbesserer," lachte der Getadelte, / „Du hast Recht, es ist schrecklich – [11c // 12a] ein wahrer Frevel von mir, denn freilich [20]/ hätte ich sagen solle: meine Schülerin / *schlägt* eine Sonate!" – –-

III
39

Neue Zeitschrift für Musik VII./33, 24. Oktober 1837, S. 132b   [Vermischtes]

* * * Einem Erlaß des Erzbischofs von Paris zu / Folge darf in den Kirchen seiner Diözese keine Instru- / mentalmusik mehr gemacht werden. Der Unfug, daß / man in den meisten Kirchen so oft Opernstücke auf- / führte, schein die Veranlassung dazu zu sein. – [5]

mittlerer Asterisk tief gestellt. –

III
40 / 41

Neue Zeitschrift für Musik VII./37, 7. November 1837, S. 147a-147b   [–]

. . . // . . . Zwei Ankedoten / verdanken diesem Concert ihre Entstehung. Der Ver- / anstalter fordert einen unserer ersten Contrabassisten zur / Mitwirkung auf, – dieser refüsirt den Antrag.

„Aber warum wollen Sie nicht spielen?" [5]

Antw. „Für solch Gesindel spiele ich nicht!"

Fr. „Haben sie nicht aber erst vor Kurzem für die / verwahrloseten Kinder gespielt?"

Antw. „Ja von Kindern ist auch noch etwas zu / hoffen, für alte Spitzbuben thu' ich's aber nicht. [10]

Und er that's nicht. /

[————] [41]

Die andere ist noch komischer. Ein Freund des Herrn / Bach soll nämlich geäußert haben, es wäre nicht sehr / zu verwundern, daß die Kirche so leer, denn im Pau- /

lus, wo es so voll gewesen, hätten sich die Leute so /
sehr gelangweilt, daß sich eine gewisse Furcht vor neuen
5/ Oratorien verbreitet. – Solch einen Freund möcht' ich /
wohl zum Feinde haben. –

Bei den beiden Anekdoten handelt es sich um einen Ausschnitt aus
dem ersten Teil eines Berliner Korrespondentenberichtes vom An-fang
Oktober 1837, der sich unter anderem auf zwei Konzerte in der
Garnisonkirche bezieht. Das eine Konzert vom 13. September brach-te
die Berliner Erstaufführung von Mendelssohns Oratorium ‚Paulus' und
war gut besucht, das andere das Oratorium ‚Bonifatius' des nicht mit
Johann Sebastian Bach verwandten Berliner Musikdirektors August
Wilhelm Bach (1796-1869) auf einen Text von August Kahlert als
Wohltätigkeitsveranstaltung für den Fonds zur Besserung der
Strafgefangenen vor fehlendem Publikum in einem fast leeren Saal.

III
42

Neue Zeitschrift für Musik VII./38, 10. November 1837, S. 151a-152a   [–]

Verbot gegen das Blasen von Jagd- oder Par-
forcehörnern „Trompes de Chasse" innerhalb
Paris.

Seit dem 1sten October ist an allen Enden und /
Ecken von Paris eine Polizei-Verordnung angeschlagen,
/ die nicht ohne Interesse für unsere Leser sein wird:

Nous Conseiller d'état, préfet de police, considé- /
rant, que des plaints nombreuses nous parviennent 5/
journellement contre le bruit du Cor, dit Trompe de /
Chasse, que les sons éclatans de cet instrument trou- /
blent d'une manière grave la tranquillité publique, oc- /
cassionnent des rixes fréquentes et nuisent au repos des
/ malades – 10

Ordonnons ce qui suit:

Il est defendu de sonner du cor, dit Trompe de /
Chasse, à quelque heure et dans quelque lieu que / ce
soit.

Les contraventions aux dispositions de la présente 15/
ordonnance seront constatées par des procès verbaux. /
qui nous seront adressés pour être détérés au Tribu- /
nal de la police municipale. [151b // 152a]

Le Chef de la police municipale, les Commissaires /
etc. sont chargés de l'exécution de la présente or- 20/
donnance.   Signé D é l e s s e r t.

Es wird zwar viel musikalischer Scandal auf den /
Pariser Straßen, wie in den Pariser Salons getrieben / –
nichts beleidigte aber je so das Ohr, als die erwähn- / ten
musikalischen Instrumente, gegen die voranstehen- 25/
des Verbot gerichtet ist. In einem Artikel im Natio- / nal
„La musique des rues" habe ich vor einiger Zeit / diese
Wuth, ein barbarisches Instrument auf Kosten der /
öffentlichen Ruhe zu spielen, schon gerügt – und viel- /
leicht hat dieser Wink auch sein Theil zu erwähnter 30/
Ordonnanz beigetragen. – Man hat keinen Begriff, zu /
welcher Gemeinheit die Musik herabsinken kann, wenn /
man diese Dilettanten nicht gehört hat, die üblichen /
Jagdsignale und Jagdstücke zu erlernen. Meisthin lie- /
ßen sie vom entresol (Zwischengeschoß) aus ihr Talent
35/ bei offenen Fenstern los, damit die Vorübergehenden
ja / die Feinheit ihres Spiels gehörig bewundern konnten.
/ Oft fand man sie an den Ufern der Seine, wo sie von /
einem Ufer zum andern Gespräche führten, gleich denen
/ in den Eklogen Theokrit's und Virgil's. Zum größten 40/
Mißvergnügen der Bewohner der Quai's sagten sie sich /
aber seit Jahren stets dasselbe. Noch häufiger aber /
versammelten sie sich in Weinhäusern, wo sie derma- /
ßen in das Horn stießen, daß man es meilenweit hören /
konnte, und sie selbst sich fast die Lungen sprengten. 45/
Diese Musik, die man die Weinhausmusik nennen /

möchte, stand auf der letzten Stufe der Erniedrigung; / es ist unmöglich, aus musikalischen Instrumenten scheuß- / lichere Töne hervorzubringen. – Solche Töne jagt man / billig aus den Thoren; draußen im Freien und auf ho- 50/ hen Bergen und in Ur-Wäldern mögen sie immerhin ih- / ren musikalischen Unfug treiben. –

J o s e p h   M a i n z e r .

[Nous Conseiller . . . = Wir Staatsrat, Polizeipräfekt, bedenken, dass uns täglich zahlreiche Beschwerden gegen den Lärm des Horns, be- kannt als Trompe de Chasse, erreichen, dass die lauten Klänge die-ses Instruments die öffentliche Ruhe ernsthaft stören, häufige Schlä-gereien verursachen und den übrigen Kranken schaden. Die Übertre-tungen der Bestimmungen dieser Verordnung werden protokolliert und uns zur Aufbewahrung beim städtischen Polizeigericht zuge-sandt. Der Chef der Stadtpolizei, die Kommissare usw. sind für die Ausführung dieser Anordnung verantwortlich.] – Ekloge = antikes Hir-tengedicht.

III
43 / 44

Hamburger musikalische Zeitung –/11, Mittwoch, 6. Dezember 1837, S. 44a

[–]

A n e c d o t e n.

Lesueur stammt in gerader Linie von / dem nicht minder berühmten *Maler* glei- / ches Namens ab.

In seiner Jugend komponirte Lesueur / oft Nachts. Herr von Champagny, nach- 5/ maliger Herzog von Cadore, bei dem der / junge Musiker im Hause war, hatte ihm / das Arbeiten bei Licht verboten, um seine / Gesundheit zu schonen. Der junge Kom- / ponist liess sich nun Feuer im Kamin machen, 10/ legte sich platt auf den Boden und kompo- / nirte bei dem Scheine der Flammen rüstig / fort.

Herr von Champagny, der trotz seines / Verbots, die Fenster Lesueur's erleuchtet 15/ sieht, steigt zu ihm hinauf, und frägt ihn / was er mache – „Je fais ma Caverne," / war die Antwort Lesueur's der seine Stel- / lung nicht im geringsten veränderte.

„La Caverne" war bekanntlich sein [20]/ Meisterstück. 1804 schuf er seine „Barden," / die Napoleons Beifall erhielten.

Als Napoleon hörte, dass Lesueur kein / Vermögen besass, sandte er ihm eine gol- / dene Dose mit der Inschrift: „Der Kaiser [25]/ der Franzosen dem Schöpfer der Barden."

In der Dose lagen zwölf Kassenbillets, / ein jedes von Tausend Franken. Die kleine / Tochter des Künstlers erhielt noch über- / diess von der Kaiserin eine ungeheure [30]/ Schachtel mit Bonbons, und eine grosse / schöne Puppe. Einige Tage später wurde / Lesueur von dem Kaiser zum Ritter der / Ehrenlegion ernannt.

Der französische Kirchenmusikkomponist Jean-François Lesueur [Le Sueur] (1760-1837) gilt als Vorläufer von Hector Berlioz. – Je fais . . . = Ich mache meine . . .

[44]

Zu einem enthusiastischen Verehrer / Rossinischer Musik sagte Jemand: „Wollen / Sie es auch gut heissen, dass in der „die- / bischen Elster" der Podesta einen Walzer / zu singen hat, in dem Augenblick, da er [5]/ der Ninette das Todesurtheil ankündigt?" / „Das gerade ist ein feiner charakteristischer / Zug „antwortete jener; „durch falschen / musikalischen Ausdruck ist das Falsche des / Urtheils bezeichnet."

Hamburger musikalische Zeitung –/13, Mittwoch, 20. Dezember 1837, S. 52c

[–]

A n e c d o t e.

Unlängst gab ein fremder Künstler in / Berlin ein grosses Konzert, zu dem sich / eine grosse Zuhörermenge, besonders weib- / lichen Geschlechts, eingefunden hatte. Wie / nur zu häufig geschieht, unterhielt sich kaum [5]/ die Hälfte der Zuhörerinnen mit Anhören / der Musik, die Mehrzahl war im eifrigen / Konversiren begriffen. Besonders eine / Gruppe schien Dinge von grosser Wich- / tigkeit abzuhandeln: man sah sie mit den [10]/ Nachbarinnen die Köpfe zusammenstecken / und ihre Worte mit lebhaften Bewegungen / begleiten. Ein Musikstück, dessen rau- / schender Charackter gewöhnliche Sprach- / laute ganz zu übertäuben geeignet war, gab [15]/ den Damen vollkommene Redefreiheit und / man zögerte auch nicht davon Gebrauch / zu machen. – Aber das malitiöse Mu- / sikstück hatte in seiner Mitte einen Takt / Schweigen, der gerade auf ein Fortissimo [20]/ eintrat, und eine Hauptschwätzerin liess / sich, wie man sagt, auf der That erwi- / schen. Als plötzlich die Instrumente ver- / stummten, hörte man in der stillen Ver- / sammlung bloss ihre Stimme: „Ne ick [25]/ koche se immer mit Bollen!" Das darauf / folgende Gelächter übertönte noch den wie- / dereintretenden, kräftigen Accord.

(Aus dem Humoristen.)

In Konzerten zu reden, bei Veranstaltungen (auch Opernaufführun-gen) zu spät zu kommen oder unter Störgeräuschen zu früh wieder zu gehen, war nichts Ungewöhnliches. Für Dresden ist noch für die vierziger Jahren das Mitbringen von Hunden bezeugt, so dass sich dort ein ‚Anti-Concert-Hundeverein' bildete. Gustav Mahler machte sich um die Jahrhundertwende als Operndirektor zusätzlich unbe-liebt, als er bei

Opernaufführungen mit Beginn des 1. Aktes die Türen schließen und Zuspätkommende bis zum Ende des Aktes im Foyer warten ließ. Das Schwätzen während eines Konzertes war kein Vor-recht ausschließlich weiblicher Besucher.

III
46

Hamburger musikalische Zeitung –/1, Mitt[e]woch, 3. Januar 1838, Sp. 5   [–]

A n e c d o t e.

Französische Blätter erzählen, dass im Jahre 1817, als / *Rossini* die Oper: „La Gazza ladra", in Mailand schrieb, er / sich mit seinem ersten Bassisten, *Galli*, eines Liebesverhältnis- / ses wegen, entzweit hatte, das dieser mit einer Sängerin ange- / knüpft, welcher Rossini ebenfalls den Hof machte. Die Sängerin [5]/ zog indess Galli vor, und Rossini beschloss, sich an diesem zu / rächen. Er kannte Galli's Stimme sehr genau und wusste, dass / in derselben zwei oder drei Töne waren, die der Sänger nicht / aushalten konnte, ohne zu detoniren. In einem Recitativ, das / Galli als Fernando in jener Oper zu singen hatte, brachte Ros- [10]/ sini gerade diese drei Noten an (bei den Worten: „Sciagurato / e guida, e colla spada già, già m'è sopra"). Galli sang und / detonirte, wie zu erwarten stand. Die Sängerin verzieh ihm / dieses musikalische Versehen nicht, und Rossini hatte das Ver- / gnügen, sie wieder zu sich zurückkehren zu sehen. [15]

Vielfach wurden Opernpartien auf bestimmte Sänger und ihre stimm-lichen Möglichkeiten hin zugeschrieben. – Filippo Galli (1783-1853) war ein italienischer Bass-Buffo. – La Gazza ladra = Die diebische El-ster. – Sciagurato e guida, e colla spada già, già m'è sopra = Elender und Führer, und mit dem Schwert ist er bereits über mir.

III
47

Neue Zeitschrift für Musik VIII./3, 9. Januar 1838, S. 12b   *[Vermischtes]*

[Posaunenliebhaberin.]

Die Gazette musicale berichtet, daß eine unlängst / in Brüssel verstorbene Frau einem dortigen berühmten / Musiker ein jährliches Legat von 4000 Francs unter / der Bedingung ausgesetzt habe, daß er ihr zu Ehren / an ihrem Sterbetage jedes Jahr ein Posaunensolo bla- 5/ sen soll. –

III
48

Hamburger musikalische Zeitung –/2, Mitt[e]woch, 10. Januar 1838, Sp. 15
[Miscelle]

Wirkung der Musik auf Thiere.

Der *Hund* hat ein vorzügliches musikalisches Gehör. Man / hat oft Hunde gesehen, die in die heftigsten Verzuckungen ge- / riethen, wenn sie gewisse Melodieen hörten; die Empfindlichkeit / der Nerven ist in der That bei einigen dieser Thiere so gross, / dass eine Melodie, die sie aufregt, wenn man sie längere Zeit 5/ fortsetzt, ihre Gesundheit angreift und endlich ihren Tod her- / beiführt. Damit man dies nicht als eine blosse Uebertreibung / ansehe, theilen wir folgende wahre Anecdote mit: Ein berühm- / ter Violinspieler bemerkte einst, dass sein Hund, der während / seines Spielens sehr aufmerksam aufpasste, bei einer gewissen 10/ Passage die unzweideutigsten Spuren des Leidens zu erkennen / gab; er heulte auf eine schreckliche Weise und schien einen / harten Kampf zu bestehen. Eines Tages spielte der Tonkünst- / ler, um sich seiner Entdeckung zu vergewissern, dieselbe Me- / lodie länger als gewöhnlich. Diese Neugierde war verhängniss- 15/ voll für den armen

Hund, der ein Opfer seiner zarten musika- / lischen Empfindlichkeit wurde; er fiel zu den Füssen seines / Herrn nieder, wo er in wenigen Minuten unter den schreck- / lichsten Verzuckungen starb. – Die *Pferde* haben auf gleiche / Weise zu allen Zeiten eine grosse Neigung für Musik bewiesen, [20]/ und zwar scheint die Flöte ihr Lieblings-Instrument zu seyn. / Diesen Geschmack hat man bei den Pferden schon in uralter / Zeit wahrgenommen. Wir lesen in Aristoteles Athenäum, dass / die Krotoner bei ihrem Feldzuge gegen die Sybariten aus der / Kenntniss dieser Thatsache grossen Vortheil zogen. Da sie [25]/ erfahren hatten, dass diese Weichlinge ihre Pferde nach / der Flöte tanzen lehrten, fingen sie, in dem Augenblicke, / als die Schlacht anging, statt das Zeichen zum Angriff zu / geben, alle die Flöten zu blasen an. Sogleich begannen die / Rosse der Feinde, hingerissen von der Musik, zu tanzen an [30]/ und gingen zu den Krotonern über, sammt ihren Reitern, die / über das sonderbare Ereigniss höchlich erstaunten. – Die / menschliche Stimme äussert eben so merkwürdige Wirkungen / auf das Ohr gewisser Thiere, wenn auch Beispiele der Art nur / selten vorkommen. Der Sänger *Lainé* besass eine wahrhaft [35]/ durchbohrende Stimme; wenn er in der Oper „Der Triumph- / zug Trajans", auf dem Triumphwagen, gezogen von vier / Francony'schen Rossen, mit seiner kräftigen Lunge die Hymne / des Ruhmes zu singen anfing, wurden die Pferde unbändig / und scheu und liefen auf der Bahn so wild herum, dass die [40]/ Lictoren und Vestalinnen, die den Triumphwagen umgaben, / dabei in die äusserste Gefahr geriethen.

Neue Zeitschrift für Musik VIII./4, 12. Januar 1838, S. 16b   *[Vermischtes]*

[Böhmische Musiker.]

Einer Zeitungsnachricht nach säßen im Orchester des / Drurylane-Theaters in London, das 96 Köpfe stark, / allein 38 Böhmen. –

Hamburger musikalische Zeitung –/3, Mitt[e]woch, 17. Januar 1838, Sp. 22-23

[–]

Rossini.

Vor einigen Tagen stand Jemand in einem kleinen Pariser / Theater dicht hinter dem Orchester.

„Mein Herr," fragte er einen der Musiker, „können Sie / mir nicht sagen, von wem das Musikstück ist, welches so eben / gemacht wurde?" [5] [22 // 23]

„Ich weiss es nicht, mein Herr," war die Antwort. – / Der Fremde that hierauf dieselbe Frage an drei, vier Andere; / immer dieselbe Antwort.

Diese anhaltende Fragen wurde im Zwischenacte von den / Musikern dem Musikdirector erzählt, der darüber in die Worte [10]/ ausbrach: „Wie, Ihr und der Mensch wusstet nicht einmal, / dass die Musik von *Mozart* war? Den Mann will ich kennen / lernen." Er wendet sich hierauf zu dem Fremden; wie er- / staunt er aber, als er in ihm *Rossini* erblickte.

„Maestro," sagte er, sich ihm höflich nähernd, „das Stück, [15]/ welches eben gespielt wurde, ist aus der Partitur des Don Juan."

„Ich danke Ihnen , mein Herr," erwiederte *Rossini*, „ich / habe es nicht gleich wieder erkannt."

III
51

Neue Zeitschrift für Musik VIII./6, 19. Januar 1838, S. 24b   [*Vermischtes*]

[J. H. Scheibler. – F. Ries.]

Am 30sten November starb in Crefeld der durch / Erfindung einer neuen Stimm-Methode bekannte J. H. / Scheibler. Er war 1777 geboren. Das anhaltende / Nachdenken über seinen Lieblingsgegenstand soll ihn na- / mentlich angegriffen und Schuld an seinem Tode sein. – [5]

. . .

Johann Heinrich Scheibler (1777-1837) war von Beruf Seidenmanu-faktorist mit einer leidenschaftlichen Neigung zur Physik der Musik. Er erfand 1816 mit dem Instrument ‚Aura' (20 abgestimmte Maul-trommeln) den Vorläufer der Mundharmonika, sowie einen von der Versammlung der Naturforscher 1834 anerkannten ‚Tonmesser' zur genauen Bestimmung des Kammertons a^1 auf (die heute noch gülti-gen) 440 Hz. (Der Kammerton wurde 1858 von der Académie fran-çaise auf 435 Hz festgelegt; viele Orchester stimmen auf 442 und 443 hoch; zum Thema s. auch III/166.)

III
52

Hamburger musikalische Zeitung –/5, Mitt[e]woch, 31. Januar 1838, Sp.39 [–]

C u r i o s a.

Als der berühmte *Lafont* in Berlin anwesend war und / Concert geben wollte, liess der Concertmeister *Möser* eine / Empfehlung zu Gunsten (! !) dieses Virtuosen in öffentliche / Blätter einrücken, welche ungefähr mit den Worten schloss:

„Ich kann die Geschicklichkeit des Hrn. *Lafont* um so 5/ mehr empfehlen, da derselbe sich während seiner letzten An- / wesenheit in Berlin auf seinem Instrument noch mehr vervoll- / kommnet hat." (! ! !) (Eremit.)

Charles Philippe Lafont (1781-1839) war Geiger und Komponist. – Der Berliner Geiger und Konzertmeister Karl Möser (1774-1851) nimmt in der Berliner Musikgeschichte eine überaus bedeutende Rol-le ein. In seinem bewegten Leben kam er auch nach Wien und erfuhr für sein Spiel die Anerkennung Haydns und Beethovens. Möser war das Vorbild für die Gestalt des Karl in E. Th. A. Hoffmanns Erzählung ‚Der Baron von B.', 1820 in den ‚Serapionsbrüder' veröffentlicht.

III
53

Hamburger musikalische Zeitung –/5, Mitt[e]woch, 31. Januar 1838, Sp. 39-40

[–]

Posaunenliebhaberei.

Die Gazette musicale berichtet, dass eine unlängst / in Brüssel verstorbene Frau einem dortigen berühmten / Mu- [39 // 40] siker ein jährliches Legat von 4000 Francs unter der Be- / dingung ausgesetzt habe, dass er ihr zu Ehren an ihrem / Sterbetage jedes Jahr ein Posaunen-Solo blasen soll. 5

Die Nachricht ist, ausgenommen die geschlechtsneutrale Überschrift, Zeilenbrechungen und orthographische Schreibweisen, mit der in der ‚Neuen Zeitschrift für Musik' früher erschienenen Anekdote (VIII./3, 9. Januar 1838, S. 12b) gleichlautend, s. III/47.

III
54

Neue Zeitschrift für Musik VIII./11, 6. Februar 1838, S. 44b   *[Vermischtes]*

[Das Wahre an der Sache.] /

Nr. 10 der Eleg. Zeitg. bringt in Bezug auf eine / von
Hrn. Rellstab geschriebene Aeußerung „daß na- /
mentlich auf Hrn. GMD. Spontini's Veranlassung / die
H.H. Mantius, Ries und Taubert an einem Con- / cert für
das Beethoven-Denkmal behindert worden wä- 5/ ren",
eine von den HH. MD. Möser, Henning, / Rungenhagen
und Ries unterzeichnete Erklärung, / nach welcher sich
gerade Hr. GMD. Spontini des / zu diesem Zweck
beabsichtigten Concerts mit allem Eifer / angenommen
hat. Hrn. Rellstab's Wuth gegen Spon- 10/ tini wird Einem
endlich mehr als überdrüssig; er sollte / auf neues
Unsterbliches sinnen. –

III
55

Hamburger musikalische Zeitung –/6, Mitt[e]woch, 7. Februar 1838, Sp. 46 [–]

Zwei Ohren.

Der Baron *M.*, ein reicher Mann in Lyon, hatte der
Musik / einen tiefen, unversöhnlichen Hass geschworen.
Vergebens be- / mühete sich die Baronin, eine
ausgezeichnete Künstlerin, ver- / gebens bemüheten sich
die Verwandten und Freunde durch ihre / Gründe, die
unbegreifliche Antipathie zu entfernen; der Baron 5/ blieb
taub gegen alle Gründe, wie gegen die Reize der Harmo-
/ nie. Uebrigens lebten sie in der besten Ehe; selbst bei
Gesell- / schaften machte der Baron die Honneurs mit
der grössten / Freundlichkeit; erst wenn die Musik
begann, fühlte er eine ge- / wisse Unruhe, seine Züge

zogen sich zusammen und oft verliess [10]/ er den Saal, um nur den Anwesenden den Anblick des Leides / zu entziehen, das er nicht beherrschen konnte.

Woher kam diese seltsame Einrichtung seines Gehörs? Von / einem ganz seltsamen Gebrechen, das Aufsehen in der ärzt- / lichen Welt machen wird. [15]

Nach vielen Fragen über die Empfindungen, die er bei den / Tönen eines Sängers oder eines Instruments fühlte, fand endlich / ein Arzt die wahre Ursache dieser Antipathie, welche in dem / seltsamen Gehörorgane begründet war: ein Ohr des Barons war / länger, als das andere. Man lache nicht; die Sache ist wahr! [20]/ Da nun die beiden Ohren des Barons nicht gleiche Stimmung / hatten, so wurden sie von den Tönen auf verschiedene Art be- / rührt und machten deshalb auf das Gehirn einen verworrenen, / unangenehmen Eindruck, wie verschieden gestimmte Instrumente. / Jede Melodie machte auf den Baron gleichen Eindruck, alles [25]/ kam ihm falsch vor und er musste demnach die Musik hassen.

Der Arzt überzeugte sich dadurch von der Richtigkeit sei- / ner Annahme, dass er den Baron ein Ohr zuhalten liess, wäh- / rend auf einem Instrumente gespielt wurde. So fand er den / Eindruck ganz angenehm. Jetzt vergöttert der Baron die Musik; [30]/ er muss aber, um sie geniessen zu können, stets ein Ohr / zuhalten.

III
56

Hamburger musikalische Zeitung –/6, Mitt[e]woch, 7. Februar 1838, Sp. 47 [–]

Die Zigeunerinnen.

Moskau besass von je her Zigeunerinnen, die in der Musik / für Künstlerinnen gelten konnten. Eine dafür berühmte wurde / 1812 von Napoleon berufen, um zu singen. Von einer andern / war die *Catalani* bei ihrer Anwesenheit in Moskau so entzückt, / dass sie, in der ihr eigenen lebhaften Aufwallung des Enthusias- ⁵/ mus, ihren kostbaren Shawl von der Schulter weg der Sängerin / mit den Worten gab: „Diesen Shawl hat mir der Papst als der / *ersten* Sängerin geschenkt; nun sehe ich aber, dass ich nur die / *zweite* bin." – Dies meldet *H. König*, wie dessen „Litera- / rische Bilder aus Russland" besagen. Wenn man nun jetzt ¹⁰/ überall den Mangel an Sängerinnen beklagt und mancher der- / selben ihre leichte Note mit einer Pfund-Note honorirt, könnte / man da nicht einen Versuch machen, Sängerinnen aus Moskau, / statt aus Italien, kommen zu lassen?

„Literarische / Bilder aus Rußland. / Herausgegeben / von / H. Koenig. / Mit den Bildnissen von Dershawin und Puschkin. / Stuttgart und Tübingen. / J._ G._ Cotta'sche _Buchhandlung. / 1837.". – Der vom Brotberuf her Obergerichtssekretär Heinrich Josef König (1790-1869) war ein zu seiner Zeit viel gelesener, politisch orientierter Literat, der dem ‚Jungen Deutschland' nahestand.

III
57
Neue Zeitschrift für Musik VIII./13, 13. Februar 1838, S.52a   *[Vermischtes]*

[Das brennende Glockenspiel.]

Als äußerst ergreifend erzählt man, daß während des / großen Brandes der Börse in London, als eben die glü- / hend rothen Zeiger auf ½ 2 Uhr des Nachts zeigten, das / schöne Glockenspiel einer ebenfalls brennenden Kirche die / Melodie „Ueb' immer Treu' und Redlichkeit" zu spielen ⁵/ angefangen habe und dann in das Feuer herabgestürzt sei. –

waagerechter Bruchstrich.

III
58

Neue Zeitschrift für Musik VIII./13, 13. Februar 1838, S. 52b [Vermischtes]

[Strauß in Lebensgefahr.]

Es fehlte nicht viel und Strauß wäre eines schreck- / lichen Todes gestorben. Von einem Ball (in Paris) / nach Hause fahrend, sah er auf einmal seinen Kutscher, / der betrunken war, mitten auf die Seine zufahren und / sprang nur noch zeitig genug aus dem Wagen, um eben 5/ mit dem Todesschreck davon zu kommen. Kutscher und / Wagen sind aber verschwunden. –

zum Thema vergl. III/222.

III
59

Neue Zeitschrift für Musik VIII./15, 20. Februar 1838, S. 59b
[Kürzere briefliche Mittheilungen]

Wien, vom 12. Februar.

– Noch ist mir's wie im Traum, was ich eben gehört / habe, – ein siebenjähriges Kind, ein musikalisches Wunder / über alle Beschreibung. Ohne gründlichen Unterricht im / Clavierspiel oder sonst gehabt zu haben, phantasirt er stun- / denlang mit verklärten Augen, modulirt auf die schönste, 5/ originellste Weise wohin man will, nimmt nie falsche / Bässe, spielt alles, das Schwierigste nach seiner Art, wie / es die kleine Hand zuläßt, nach [etc.] Es klingt dies über- / trieben: Sie werden Sich aber vielleicht bald selbst da- / von überzeugen, da er wahrscheinlich im Sommer nach 10/ Leipzig kommen wird, um da Hrn. Wieck's Unterricht / zu genießen. Im Uebrigen ist er ein gesunder, dicker / Junge und der Sohn eines lutherischen Predigers Feitsch aus

Siebenbürgen, von wo aus ihn die Gräfin B. mit / hierher
gebracht. – [15]

[etc.] als (tironisches) Sigel.

III
60
Hamburger musikalische Zeitung –/8, Mitt[e]woch, 21. Februar 1838, Sp. 60-61
[–]

Anecdote aus dem Leben der *Gertrud Mara*.

Als sich die berühmte Sängerin *Mara* bei der Oper in /
Berlin befand, kam einst der Grossfürst (der nachherige
Kaiser) / *Paul* von Russland an den Hof. Eine grosse
Oper gehörte un- / ter die glänzenden Feste, die der
König ihm zu Ehren veran- / staltete; vor Allem sollte
dabei die *Mara* hervorstrahlen. Doch [5]/ am Morgen des
Tages, auf den die Vorstellung angesetzt war, / meldete
sich *Gertrud* krank. Der König liess ihr sagen: „sie /
müsse singen;" sie weigerte sich hartnäckig.

Zwei Stunden vor Anfang der Oper erschien ein
Wagen / vor *Gertrud's* Wohnung, umgeben von acht
Dragonern. Ein [10]/ schnurrbärtiger Hauptmann kündete
ihr an, „er habe Ordre, / sie lebendig oder todt in das
Opernhaus zu spediren". „Sie / sehen, ich liege im Bette!"
sagte sie. „Nun, wenn's nicht an- / ders ist, so nehm' ich
Sie mit sammt dem Bette!" war seine / Antwort. Genug,
es half kein Widerstreben, sie musste sich [15]/ ankleiden;
er bot ihr höflich den Arm, führte sie in den Wagen / und
lieferte sie in der Garderobe des Theaters ab. Unter
heissen / Thränen liess sie sich schmücken. Ihre erste
Scene begann; / sie trat auf, sang matt und schwach,
bloss mit halber Stimme. / Alles nur, wie es eben in der
Partie vorgeschrieben war. So [20]/ fuhr sie bis gegen das

Ende fort. Jetzt aber meinte sie, sie / müsse nun doch dem fremden Fürsten wenigstens einen kleinen / Begriff von ihrer Kunst beibringen, und so bot sie denn in der / letzten Arie vor dem Finale, und besonders in den letzten Tacten, / bei der Hauptfermate, alle Kraft auf zu einer weitausgeführten 25/ Cadenz, dergleichen noch niemand gehört haben wollte. Diese / beschloss sie nun noch mit einem so ausdauernden, vom leisen / bis zum stärksten, vom langsamen bis zum schnellsten Wechsel / der beiden Töne gesteigerten, in gleichem Verhältniss wieder / abnehmenden und endlich im Pianissimo versterbenden Triller, 30/ dass die Zuhörer neben dem Entzücken zugleich die Angst fühl- / ten, er möchte ihr die Brust zersprengen. [60 //61]

Der Grossfürst selbst stand auf und applaudirte, zur Loge / herausgebeugt; das gedrängt volle Haus folgte mit donnern- / dem Jubel. 35

zu Elisabeth (nicht: Gertrud) Mara s. I/148.

III
61

Neue Zeitschrift für Musik VIII./19, 6. März 1838, S. 75a-75b   [Vermischtes]

[Paganini.]

Ueber Paganini enthält ein Journal folgende inter- / essante Notizen aus Paris: Paganini verweilt hier, / doch ohne sich hören zu lassen. Er ist bedeutend geal- / tert in den letzten 4 Jahren; die anstrengenden, geistvol- / len Meditationen, denen er sein früheres Leben geopfert, 5/ so wie Extravaganzen mancher Art haben ihren Tribut / gefordert. Die Extreme berühren sich: er lebt gegen- / wärtig in der größten Eingeschränktheit, und versagt sich / selbst die allergewöhnlichsten Genüsse und Bequemlichkei- / ten des Lebens. Seine einzige

Gesellschaft bildet sein [10]/ junger Sohn. Durch die eingezogene Lebensart ist er / einer der reichsten Leute der Zeit geworden, seine Güter / besitzt er größtentheils in Italien, vorzüglich in Parma, / die er durch Intendanten verwalten läßt. Er selbst macht / nie Gebrauch von ihnen. Seinem Sohne hat er eine [15]/ Rente von 200,000 Frcs. gesichert. Paganini ist ge- / wiß auch der vollkommenste Guitarrespieler; sie ist jetzt / sein Lieblingsinstrument. Phrenologische Untersuchungen [75a // 75b] haben bei ihm, wie bei den berühmten Rednern Fox, / Pitt, Mirabeau u. A. herausgestellt, daß sein Schädel [20]/ durchaus nicht eminentes Genie anzeigt. Urtheilsfähige / Engländer, die ihn jüngst in Genua gehört hatten, ver- / sichern, daß sein Geist mit der Hinfälligkeit seines Kör- / pers gerade im Widerspruche stehe: er spielt begeistern- / der, als je. Ehe er sich öffentlich hören läßt, spielt er [25]/ 10–12 Tage lang unaufhörlich die Stücke, die er hö- / ren lassen will; ebenso zuletzt noch 2 Stunden lang vor / dem Concerte unausgesetzt. –

---

zu Pitt s. III/277.

III

62

Hamburger musikalische Zeitung –/10, Mitt[e]woch, 7. März 1838, Sp. 78   [–]

Cimarosa.

In Turin war ehemals für die Dauer einer Operndarstel- / lung eine gewisse Zeit festgesetzt; war nun das Stück nicht zu / Ende, so musste dennoch der Vorhang mit dem bestimmten / Glockenschlage vor dem Schlusse niedergelassen werden. Das / galt auch für die Ballets. [5]

Als *Cimarosa* eine Oper für das dortige Theater geschrie- / ben hatte, wohnten die Directoren, mit der Uhr in der Hand, / der Probe bei, und da sie fanden, dass die Vorstellung eine / Viertelstunde länger, als gewöhnlich, dauern würde, drangen / sie auf die Weglassung gerade der wirksamsten Piècen. Cima- [10]/ rosa mochte ihnen noch so sehr vorstellen, dass dadurch sein / Werk verstümmelt würde: sie beharrten bei ihrem Entschlusse, / indem sie sich auf das bestehende Gesetz beriefen.

Cimarosa wendete sich an den König, der ihm sehr wohl / wollte. – „Aber, lieber Maestro," sprach dieser lächelnd, [15]/ das Gesetz erheischt es."

„Ew. Majestät verzeihen, hier ist von Musik die Rede, / und eine Viertelstunde mehr, sollte ich meinen, sey keine Ge- / setzwidrigkeit."

Die Freimüthigkeit gefiel dem Monarchen, und er sprach: [20]/ „Einem Cimarosa kann man schon ein Viertelstündchen schenken."

Die Directoren konnten nun nichts dagegen haben; die / Oper ging in die Scene, und hatte den glänzendsten Erfolg.

Als er sich vor seiner Abreise von Turin bei'm Könige be- / urlaubte, sagte ihm dieser sehr viel Schmeichelhaftes über seine [25]/ Musik, forderte ihn auf, nächstes Jahr wiederzukommen, und / fügte hinzu: „Nehmt Euch in Acht, an der piemontesischen / Grenze wimmelt es von Räubern."

„Sire," erwiderte Cimarosa, „höchstens können sie mir / die Viertelstunde rauben, womit Ew. Maj. mich beschenkt hat!" [30]

Vittoria Amadeo lächelte beifällig, ging in's andere Zimmer, / und kam dann mit einer kostbaren Dose zurück, die er dem / Maestro zum Andenken schenkte.

Diese Anekdote ist in einer etwas weniger feinen Art und kürzerem Umfang bereits 1825 in der ‚Allgemeinen musikalischen Zeitung' (XXVIII/13, 30. März, Sp. 216) mitgeteilt worden, s. II/178.

III
63

Neue Zeitschrift für Musik VIII./21, 13. März 1838, S. 84a   *[Vermischtes]*

[Besonderes.]

Onslow, ohnehin schon reich, soll durch den neu- / lich erfolgten Tod seiner Schwiegermutter, der Marquise / Fontanyes, ein großes Vermögen geerbt haben. –

III
64

Hamburger musikalische Zeitung –/11, Mitt[e]woch, 14. März 1838, Sp. 86 [–]

Queen's Musicians.

Es ist bemerkenswerth, dass die drei Lieblings- Musiker / dreier Königinnen von England in der kurzen Zeit von dreissig / Jahren als Opfer des Neides und der Rache fielen: Mark Smeaton, / im Dienst der Anna Boleyn, wurde 1536 hingerichtet; Thomas / Abel, Lehrer der Königin Catharina (Weib von Heinrich VIII.), 5/ wurde gehängt und geviertheilt, 1540; David Rizzio, Sänger / und Secretair der Maria Stuart, wurde 1565 ermordet.

Musical World.

Die Aussage Mark Smeatons ([1511/1516]-1536) führte zur Hinrich- tungswelle, der unter anderen die Königin und er selbst zum Opfer fielen. – Thomas Abel (1497-1540) war ein katholischer Priester und Märtyrer, der die Königin nicht nur in Musik, sondern auch in moder-nen Sprachen unterrichtet hatte. Er trat gegen die Auflösung der Ehe ein. – David Rizzio ([1533]-1566) war Lautenspieler und stand im Dienste

Maria Stuarts. Seine Ermordung unter einem privaten Vor-wand hatte religionspolitische Hintergründe.

III
65

Hamburger musikalische Zeitung –/13, Mittwoch, 28. März 1838, Sp. 102   [–]

Der musikalische Staat.

Mozart,............der König.

Händel,............das Oberhaupt der Geistlichkeit.

Gluck,..............erster Minister.

Mehul,-............des Ministers erster Secretair.

Haydn,............Staatskanzler und des Königs
Geheimerath.

Beethoven,......Generalissimus.

Cherubini, ...Obervorsteher des Schulwesens und der
Uni- / versitäten.

Bach,...............Oberpräsident des höchsten
Gerichtshofes; in / seinem Gefolge
alle Advocaten.

Spontini,...........General der Artillerie.

Spohr,..............Director der königl. Kammer-Musik.

Paer,...............Ober-Aufseher der königl. Kunst-Samm-
lung.

C.M.v.Weber, ..Intendant der deutschen Oper.

Rossini,............Hof-Zuckerbäcker.

Aus dem Zusammenhang gerissener Ausschnitt ohne Quellennen-nung der ‚Allgemeinen musikalischen Zeitung' XXXVII/46, 18. No-vember 1835, Spalte 761-763, s. III/9, Sp. 762; s. auch III/337.

III
66

Neue Zeitschrift für Musik VIII./28, 6. April 1838, S. 112a   *[Vermischtes]*

[Paganini vor Gericht.]

Das Tribunal erster Instanz in Paris hat, auf die /
Klage des Vorstandes des musikalischen Casino, Paga- /
nini verurtheilt, bei Strafe von 6000 Fr. für jede Wei- /
gerung, seiner Verbindlichkeit gegen die Gesellschaft
des / Casino nachzukommen und zweimal jede Woche in
den [5]/ Sälen des Casino sich hören zu lassen. Zugleich
hat / dieses Urtheil gestattet, sich im Falle der Weigerung
an / die Person des Angeklagten zu halten. Paganini war
/ nicht vor dem Gericht erschienen; doch soll ein Theil
der / Richter sich für ihn erklärt haben. (Franz. Blätter.) [10]

Paganini hat bereits in öffentlichen Blättern geant- /
wortet, daß er sich nie verpflichtet habe, zweimal öffent- /
lich zu spielen, eben so wenig wie das Concert des Ca- /
sino zu dirigiren; zuletzt klagt er, daß er durch den An- /
kauf der Actien, mit denen er dabei betheiligt, sein ei- [15]/
genes Vermögen eingebüßt, und behauptet am Ende,
der / Anwalt der Gesellschaft habe den Proceß fallen
lassen / und das erlassene Urtheil sei aufgehoben
worden. –

III
67

Neue Zeitschrift für Musik VIII./28, 6. April 1838, S. 112a-112b   *[Vermischtes]*

[Automat.]

Einer Zeitungsnachricht zufolge ließ ein Franzose, Di-
/ derot mit Namen, zur Zeit in Brüssel, vier Automaten
[112a // 112b] sehen und hören, die die schwersten
Streichquartette spiel- / ten. Wer's glaubt! –

III
68

Neue Zeitschrift für Musik VIII./28, 6. April 1838, S. 112b   *[Vermischtes]*

[Schimmel auf der Bühne.] /

Als imposant berichtet man, daß auf dem Theater / in Petersburg im Finale des ersten Actes der Jüdin von / Halévy vier und zwanzig Schimmel auf die Bühne kom- / men und verschiedene Manoeuvres machen. –

III
69 / 70

Neue Zeitschrift für Musik VIII./32, 20. April 1838, S. 128a-128b   [Vermischtes]

[Curiosa.]

Nur wenige Compositionen werden sich bis in Thurm- / knöpfe versteigen. Man berichtet nämlich, daß man in dem / der Neustädter Kirche in Breslau eine Hymne für So- / pran, Tenor und Baß vom 1618 lebenden Samuel / Beßler aufgefunden, die jetzt bei Vollendung des Thurm- ⁵/ baus aufgeführt worden. –

Samuel Besler (nicht Beßler, 1574-1625).

[——————] [70]

Ebenfalls erzählen Zeitungen, daß ein Schotte aus / angesehener Familie die seltene Wette gewonnen habe, / nach der er sich verpflichtet, fünf Jahre lang in der / Welt als Pfeifer herumzuwandern, ohne je das Geheim- [128a // 128b] niß seines wirklichen Standes verrathen zu wollen, was ⁵/ ihm auch gelungen; er wäre so nach 5 Jahren Reisen / durch Canada, die Vereinigten Staaten [etc.] glücklich wie- / der in England angekommen. Vielleicht würde umge- / kehrte Wette für Manchem erfreulicher sein. –

[etc.] als (tironisches) Sigel.

C h a r a k t e r i s t i s ch e s.

Mitgetheilt von B.

– Bei Besprechung eines Berliner Concerts heißt / es u. A. im „Freimüthigen" (Nr. 67): „Es wurde fast / nur Würdiges geboten, wenn man nämlich darunter auch / solche Gaben versteht, welche ohne sonderlichen Kunst- / werth sich doch eines gewissen Credits erfreuen. Zu die- 5/ sen letzteren gehört z. B. Mendelssohn-Bartholdy's / Ouverture zum Sommernachtstraum, die mit ziemlicher / Präcision ausgeführt nur honoris causa beklatscht wird. / Wirklich sollte Jemand während des Vortrags einen Com- / mentar deklamiren, damit man doch zum Begreifen die- 10/ ses musikalischen Gekritzels käme, weil es einmal zum / Begreifen so tief ausgesonnen worden. Ich wünsche zum / Besten der wahren Kunst, daß solche selbstbewußte Schö- / pfungen nicht weiter einreißen mögen. Diese Ouverture / ist zu ihrem Rufe gekommen, wie mancher verständige 15/ Mann zu einem Haarbeutel, weil er in eine tolle Ge- / sellschaft gerathen; öffentlich legt man mit dergleichen / keine Ehre ein [etc. etc.]"

Von dem Mendelssohn-Verehrer Robert Schumann als Probe typischen Journalistengeschwätzes eines Ignoranten vorgeführt. – [etc. etc.] = als (tironische) Sigel. – zur Funktion der Rubrik ‚Charakterstisches' s. Kommentar III/76.

72 / 73

Neue Zeitschrift für Musik VIII./36, 4. Mai 1838, S. 144b   *[Vermischtes]*

[Französische Journallügen.]

Nach dem Courier français wäre Miß A. Robena / Laidlaw in keiner andern Absicht nach Petersburg gereist, / als (in ihrer Eigenschaft als Pianistin J. M. der Königin / von Hannover) eine Verbindung der Königin von Eng- / land mit dem Kronprinzen v. Hannover zu Stande zu [5]/ bringen. Dem können wir, so weit uns die geschätzte / Künstlerin bekannt, auf das Bestimmteste widersprechen. –

Der englischen Pianistin Robena Anne Laidlaw (1819-1901) sind Schumanns ‚Fantasiestücke'Op. 12 gewidmet.

[————————] [73]

Eben so lustig war neulich eine Notiz der Gaz. mu- / sicale de Paris, die allen Ernstes versicherte, die Köni- / nigin von England habe sich eine Capelle errichtet in / folgender Art: ein Director, Mrs. Anderson, 4 Clari- / netten, 2 Flöten, 2 Hoboen, 2 Bässe, 2 Hörner, 1 Trom- [5]/ pete, 1 Posaune, 1 Serpent und Trommeln. – Dar- / auf rächt sich die Musical world lakonisch genug, indem / sie die Notiz unverändert abdrucken läßt und darüber / setzt: „French Wit". –

French Wit = Französischer Witz.

C h a r a k t e r i s t i s c h e s.

– Von Weise u. Stoppani in Stuttgart wird ange- / kündigt: „Polyphonomos, oder die Kunst, in 36 Lectio- / nen sich eine vollständige Kenntniß der musikalischen Har- / monie zu erwerben. Ein Lehrbuch zugleich zur Weckung / und Beförderung einer ächten musikalischen Bildung von ⁵/ Dr. Gustav Schilling“. In der Subscriptions- / anzeige heißt es: „Dieser Polyphonomos ist eine Erschei- / nung in der musikalischen Literatur, wie keine andere / Kunst oder Wissenschaft eine ähnliche aufzuweisen hat. [147b // 148a] Mit einem magischen Zauber gleichsam offenbart er alle ¹⁰/ Geheimnisse der musikalischen Harmonie und Composi- / tion, die zu ergründen jede andere Methode bisher ein / halbes Menschenleben fast an Zeit zum Opfer verlangte. / Auf seinem Gesetze fußend, wird jedes Ziel, auch das / höchste in der Composition selbst, blos durch Uebung er- / ¹⁵/ reicht werden. Positives Wissen und absolutes Können / fördernd, erscheint er in jeder Hinsicht auch als kräftiger / Hebel einer allgemeinen höhern musikalischen Bil- / dung, die unserer Zeit so sehr Noth thut. Nicht zu / übersehen ist ferner der große Gewinn, den er in pecu- / ²⁰/ niärer Hinsicht gewährt [etc. etc.]“

[————————] [75]

– „Miß Clara Novello machte die Gewalt ihrer rüh- / renden Stimme auf so ergreifende Weise geltend, daß / sie ein Motiv mitten im Laufe des Tonstückes wiederholen / mußte.“ – (Wiener Theaterztg. Nr. 67.)

[————————] [76]

– „Miß Novello kann unter guter Leitung eine Sän- / gerin werden; aber noch ist sie es nicht.“ – –

Die Rubrik ‚Charakteristisches‘ diente Schumann als Plattform, alber-ne oder dümmliche Vorgänge ans Licht zu ziehen und so der Lä-cherlichkeit preiszugeben. Anders als später in der von Ludwig Bi-schof in der ‚Rheinischen Musikzeitung für Kunstfreunde und Künst-ler‘ eingerichteten polemischen ‚Stoppellese‘ ließ Schumann die Fehltexte unkommentiert durch sich selbst wirken. Auf den in Abwe-senheit zu 10 Jahren Zuchthaus verurteilten flüchtigen betrügeri-schen Stuttgarter Hofrat Dr. Gustav Schilling (1805-1880) hatte er es ganz besonders abgesehen. Schilling näherte sich seinerzeit seiner Braut mit unverhohlenen Absichten und zog sich dadurch Schu-manns Hass zu, der sich in weitläufigen Streitschriften um die offen-kundigen Plagiate Schillings niederschlug, s. Kirchmeyer: System- und Methodengeschichte der deutschen Musikkritik, Steiner Verlag Stuttgart 2017, Kapitel 7/15, S. 304-310 „Der Schumann-Schilling-Streit“. – Clara Novello (1818-1908) war eine angesehene, von Schumann geschätzte italienischstämmige englische Opernsängerin. Sie machte 1843 zusätzliche Schlagzeilen, als sie eines Buchungs-fehlers wegen in Rom und Genua gleichzeitig auftreten sollte. Graf Giovanni Baptista Gigliuzzi (1815- 1893), Polizeichef in Fermo, erhielt daher den Auftrag, Clara in Rom festzuhalten. Er hielt sie tatsächlich fest: er heiratete sie nämlich noch im selben Jahr. Novello zog sich von der Bühne zurück. – [etc. etc.] = als (tironische) Sigel.

III
77

Neue Zeitschrift für Musik VIII./39, 15. Mai 1838, S. 156a   *[Vermischtes]*

[Die Pest in Halevy's Guido.]

Bekanntlich spielt die Pest in Halevy's neuer Oper / eine große Rolle und befreit die Handlung von einem / Schelm, der an ihr stirbt; einige Pariser Tageblätter / hatten daher vorgeschlagen, das Stück „die verläumdete, / aber gerechtfertigte und triumphirende Pest“ zu nennen. [5]/ Uebrigens soll sich Rossini geweigert haben, diesen Opern- / text in Musik zu setzen. –

gemeint ist Halévys 1838 uraufgeführte Oper ‚Guido et Ginevra ou La peste de Florence' (Guido und Ginevra oder Die Pest in Florenz) nach einem Libretto von Eugène Scribe.

III
78

Neue Zeitschrift für Musik VIII./47, 12. Juni 1838, S. 188a   *[–]*

*) Wir setzen sie ihrer Naivität halber her: „That Beet- / hoven is a wonderful man, there can be no doubt; but if / this prince were really his Father, he is the greatest / prodigy the world ever saw, or most likely will ever see / again; for as Frederich II. died in 1740, the period of [5]/ Mad. Beethoven's gestation must in such a case have been / exactly thirty years."

Anmerkungstext S. 188a im Rahmen einer Besprechung der 164 Seiten starken, bei Bädecker in Coblenz gerade veröffentlichten Schrift „Biographische Notizen / über / Ludwig van Beethoven" von F. G. Wegeler und Ferdinand Ries (S. 187b-188b) mit der Zurückwei-sung einer in England aufgekommenen Legende, Beethoven sei der Sohn Friedrichs des Großen gewesen (der nicht, wie im Text ge-schrieben, 1740, sondern 1786 starb). – That Beethoven . . . = Dass Beethoven ein wunderbarer Mann ist, daran besteht kein Zweifel; aber wenn dieser Prinz wirklich sein Vater wäre, wäre er das größte Wunderkind, das die Welt je gesehen hat, oder höchstwahrscheinlich jemals wieder sehen wird; denn da Friedrich II. im Jahr 1740 starb, muss die Zeit von Mad. Beethovens Schwangerschaft in einem sol-chen Fall genau dreißig Jahre gedauert haben.

III
79

Neue Zeitschrift für Musik IX./3, 10. Juli 1838, S. 11b-12a   *[Vermischtes]*

[Mad. Grisi.]

Die englischen Blätter berichten mit vieler Umständ- / lichkeit über ein Pistolen-Duell, das zwischen Lord Cast- / lereagh und dem Gemahl der Mad. Grisi, Hrn. Gerard / de Melcy, stattgefunden. Ersterer hatte Mad. Grisi seit /

einiger Zeit mit allerhand Liebesanträgen verfolgt, bis [5]/
denn zuletzt Hr. de Melcy einen Brief von ihm auffing, /
worauf er den Lord forderte. Der Lord wurde bedeu- /
tend verwundet, gab auch die Erklärung, daß ihn Mad. /
Grisi auf keine Weise begünstigt habe. – Mad. Grisi /
wird auf dem Musikfest in Manchester singen. Als sie [11b [10]//
12a] auf die Frage der Comiteé, was sie fordere, erfuhr, /
daß / die Einnahme zu einem milden Zwecke bestimmt /
wäre, / willigte sie sogleich zu unentgeltlicher Mitwirkung /
ein. –

zu Giulia Grisi s. III/24.

III
80 / 81
Neue Zeitschrift für Musik IX./4, 13. Juli 1838, S. 16b   *[Vermischtes]*

[Der Journalist als Künstler.] /

Der 24ste Mai war ein Tag großer theatralischer /
Bewegung für Neapel. Der als strenger Kritiker und /
Journalist bekannte Dr. Lorenz Borsini wollte zum /
erstenmal auf dem Theater auftreten, und hatte das Pu- /
blicum durch eine Bekanntmachung eingeladen, in der [5]/
zum Schluß die Worte: „Literaten, Musikmeister, Sän- /
ger, Bühnendirectoren, ihr Alle, die ihr an meinem Trei- /
ben auf der journalistischen Laufbahn Aergerniß genom- /
/ men, kommt herbei, pfeift meinetwegen, aber ich bitte /
euch, kommt". Seine Rolle war der Bartolo im Bar- [10]/
bier; das Haus zum Erdrücken voll. Der Vorhang geht /
auf; man hört ihn, von Scene zu Scene wächst der /
Beifall, bis das ganze Publicum in tobendem Enthu- /
siasmus ausbricht. Kurz, er soll sich glänzend aus der /
Sache gezogen haben. – [15]

. . . . . [81]

Der englische Globe berichtet von einer von James /
Birkett aus Birmingham erfundenen Dampforgel, de- / ren
Töne große Aehnlichkeit mit denen einer Orgel hät- / ten;
es wäre dies der erste Versuch, den Dampf auf die /
Musik anzuwenden, und wenn dieser vielleicht noch
etwas [5]/ unvollkommen, so stände doch noch manches
von der / Erfindung zu hoffen, da der Erfinder ein eben so
guter / Musiker wie Mechaniker wäre [etc.] –

Das erste nachweisbare Patent auf eine Dampforgel soll 1855 Jos-hua
C. Stoddard erhalten haben. – [etc.] als (tironisches) Sigel.

III
82 / 83

Neue Zeitschrift für Musik IX./11, 7. August 1838, S. 46b [Vermischtes]

[Strauß's Tänze.]

Auf einem der letzten Hofbälle, den die Königin Vic- /
toria im Buckingham-Pallast gab, zog auch das /
Strauß'sche Orchester die königliche Aufmerksamkeit
ganz / besonders auf sich. Dem „Globe" zufolge hätten
sich / folgende Tänze, als: „Die Nachwadler", „Das leben
ein [5]/ tanz", Mittel gegen dem Schlaf" und „die kunstler /
ball tanse" – des meisten Beifalls zu erfreuen gehabt. –

[————] [83]

[Stundenpreise.]

Eine der letzten Nummern der Gazette musicale theilt
/ einen angeblich von Paganini an den Vater der ausge- /
zeichneten Clavierspielerin Loveday geschriebenen Brief
mit, / dessen Authenticität jenes Journal indeß dahin
gestellt sein / läßt. Paganini will dabei seine „kleine
Rechnung" bezahlt [5]/ haben in ziemlich starken
Ausdrücken, nämlich 2400 Fran- / ken für 12 Stunden,
die er Miß Loveday ertheilt; so- / dann 24000 Franken für
acht Privat-Vorträge im Hause / des Hrn. Loveday. Man

ist gespannt, ob Paganini den / Brief als echt anerkennen wird. – [10]

Clara Loveday (eigentlich Compaing, 1819-1883) war, glaubt man zeitgenössischen Zeitungsberichten, eine gute Pianistin und Klavierlehrerin, die ihre Erfolge überwiegend in Frankreich feierte. Ihr Spiel wird als lebhaft mit einer entsprechenden äußeren Gestik beschrie-ben. – s. dazu III/87.

III
84

Neue Zeitschrift für Musik IX./13, 14. August 1838, S. 54b   [Vermischtes]

[Die Sängerin und der Wahnsinnige.] /

Die Lutzer hatte kurz vor ihrer Abreise aus Mün- / chen einen großen Schreck, indem ihr ein junger Mensch, / der sich bis in ihre Stube gedrängt, mit der Pistole in der / Hand ihr Geld abverlangte. In der Todesangst warf / sie ihm zu, was sie hatte, bis zum Glück Leute kamen. [5]/ Der Mensch wurde festgenommen, und als wahnsinnig / erkannt. Die Pistole war übrigens nicht geladen. –

Jenny Lutzer (1816-1877) war eine gefeierte österreichische Koloratursopranistin und Soubrette und von 1837-1842 an der Wiener Hofoper tätig. Sie heiratete 1843 den Dichter und Theaterintendanten Franz Dingelstedt (1814-1881, 1867 geadelt, 1876 Freiherr, zuletzt seit 1870 Direktor des Wiener Hofburgtheaters) und folgte ihm nach Stuttgart, 1850 nach München, 1857 nach Weimar und schließlich nach Wien. Sie muß sehr stimmgewaltig gewesen sein, sofern man aus einer Wiener Korrespondenz-Eingangsbemerkung vom 30. No-vember 1838, „Die Lutzer hat sich wieder erholt, und singt und schmettert wieder wie zuvor." (Neue Zeitschrift für Musik IX./51, 25. Dezember 1838, S. 206a) die entsprechenden Schlüsse zieht.

III

85

Neue Zeitschrift für Musik IX./20, 7. September 1838, S. 82a-82b [Vermischtes]

[Lißt und die Mailänder.]

Die Mailänder Zeitschrift „il Pirata" hat Lißt in [82a // 82b] einem Artikel „Guerra al F. Liszt" den Krieg erklärt. / Der Künstler soll sich privatim wie öffentlich über das / Mailänder Publicum beklagt haben, das im Vergleich zu / dem Wiener seine Leistungen mit nicht genug Enthusias- 5/ mus gewürdigt hätte. Darauf erfolgte jener Aufsatz. Die / Zeitungen berichten, daß sich in Folge dessen Lißt nach / der Schweiz begeben hätte. –

Guerra al F. Liszt = Krieg gegen F. Liszt. – s. III/90.

III

86

Neue Zeitschrift für Musik IX./27, 2. Oktober 1838, S. 109a-109b   *[–]*

Sebastian Bach.

Als Kirnberger sich nach Leipzig begab, um unter / Anweisung dieses tiefsinnigen Harmonikers den Contra- / punct zu studiren, griff er sich so sehr an, daß er ein / Fieber bekam und achtzehn Wochen lang die Stube hü- / ten mußte. Er fuhr nichts destoweniger fort in den gu- 5/ ten Stunden, die ihm das Fieber verstattete, zu arbei- / ten, und da Bach diesen außerordentlichen Fleiß bemerkte, / so erbot er sich, zu ihm auf die Stube zu kommen, weil / ihm das Ausgehen nachtheilig sein könnte, und das Hin- / und Herschicken der Papiere etwas mühsam war. Als 10/ Kirnberger seinem Meister eines Tages zu verstehen, gab, / daß er nicht im Stande sein würde, ihm für seine Be- / mühungen genug erkenntlich zu sein, – sagte der viel - / theuere Mann, der die künftigen Verdienste seines Schü- / lers um die Erhaltung des echten Satzes ohne Zweifel 15/ voraussahe, und die Kunst um ihrer selbst willen, nicht [109a // 109b] blos der damit verknüpften Vortheile wegen trieb und / liebte: „Sprechen Sie, mein lieber Kirnberger, nichts / von Erkenntlichkeit. Ich freue mich, daß Sie die Kunst / der Töne aus dem Grunde studiren wollen, und es wird 20/ nur von Ihnen abhängen, so viel mir davon bekannt / geworden, sich ebenfalls zu eigen zu machen. Ich ver- / lange nichts von Ihnen, als die Versicherung, daß Sie / dieses Wenige zu seiner Zeit auf andere gute Subjecte / fortpflanzen wollen, die sich nicht mit dem gewöhnlichen 25/ Lirumlarum begnügen mögen. Das hat denn Kirnber- / ger auch treulich gehalten, wie seine Schüler Schulz, / Vierling, Kühnau und andere Meister ausweisen.

(Mitgeth. v. H. T.)

Das Wort >Subjekt< für >Mensch< ist in jener Zeit nicht abwertend (abfällig) besetzt. – zu Kirnberger s. I/201. – H. T. = Hieronymus Truhn.

III
87

Neue Zeitschrift für Musik IX./27, 2. Oktober 1838, S.110a   [Vermischtes]

[Paganini und seine Stundenpreise.]

Die Zeitschrift hat schon früher von der enormen / Rechnung Paganini's gesprochen, die er Hrn. Love- / day für die seiner Tochter gegebenen Stunden überschickt. / Nr. 32 der Gazette bringt jetzt einen halb witzig, halb / herb geschriebenen Brief Paganini's an Hrn. Loveday, 5/ worin er seine Rechnung nur einen Scherz nennt, den / er gemacht als Erwiderung auf die Rechnung, die Hr. / Loveday ihm früher für den Beistand eines Arztes ge- /

macht. Zugleich theilt er die natürlich auch scherzhafte /
Gegenrechnung des Hrn. Loveday von 37800 Frcs. mit,
10/ (darunter 200 Frcs. für jede Stunde, die Mlle. Loveday
/ dem Sohne Paganini ertheilt). Schließlich spricht Pa- /
ganini Mlle. Loveday alles Talent zur Musik ab in auffal- /
lend herber Weise, was ein solcher Künstler hätte unter- /
lassen sollen. Die Sache hat keinen schönen Ausgang 15/
genommen. Der Brief ist aber des Lesens werth und /
scheint durchaus von Paganini geschrieben. –

Douglas Charles Loveday (1775-1843) war von Beruf Rechtsanwalt. –
s. III/Vw

III
88

Neue Zeitschrift für Musik IX./42, 23. November 1838, S.168b   *[Vermischtes]*

Mirabeau's Antwort an eine Deputation von Thea-
tercomponisten, die der Comité de Constitution ein
Reglement überreichte.

Gesprochen am 3. Februar 1791.

Alle schönen Künste gehören dem Staate an. Alle /
stehen in Verbindung mit den Sitten der Bürger, mit / der
allgemeinen Erziehung, die die Haufen wilder Völ- / ker in
Nationen verwandelt. Die Musik hat lange die / Völker
zum Siege geführt; aus den Lagern kam sie in 5/ die
Tempel, aus den Tempeln in die Paläste der Kö- / nige,
aus den Palästen auf unsere Schaubühnen, von / hier in
unsere Bürgerfeste, und vielleicht gab sie den er- / sten
Gesetzen der werdenden Staaten ihre volle Kraft. / Diese
Kunst, die sich auf die Ordnung in der Bewe- 10/ gung
gründet, so fühlbar in allen Theilen des Univer- / sums,
und vorzüglich in den belebten Wesen, in denen / alles

rhythmisch geschieht, und deren Hang zur Mode / sich überall äußert; diese Kunst ist nur eine Nachahmung / der Harmonie in der Natur; und wenn sie die Leiden- [15]/ schaften malt, hat sie das menschliche Herz zum Muster, / das der Gesetzgeber unter demselben Gesichtspuncte zu / studiren hat: denn da finden sich ohne Zweifel die Be- / weggründe zu allen gesellschaftlichen Verfassungen.

(Mithgeth. von H. T.) [20]

H. T. = Hieronymus Truhn.

III
89

Allgemeine musikalische Zeitung XLI/3, 16. Januar 1839, Sp. 41   *[–]*

P a g a n i n i u n d B e r l i o z.

Die Gazette musicale vom 25. Dezember berichtet: / Wir sind so glücklich, eine schöne und edle Handlung / in unsere Spalten aufzeichnen zu können. Man erräth / schon, dass von Paganini die Rede ist, dessen ehren- / werthe und glänzende That die Aufmerksamkeit des gan- [5]/ zen Publikums in vergangener Woche beschäftigt hat. / Nachdem Paganini am vorigen Sonntage (16. Dezbr.) / die bewundernswürdigen Sinfonieen von Berlioz gehört / hatte, schrieb er folgenden Brief, begleitet von 20,000 / Franken. Hier ist der Brief, den dieser grosse und [10]/ edelmüthige Künstler an Berlioz schrieb:

Mein lieber Freund, nach Beethovens Tode war es / nur Berlioz, welcher ihn wieder in's Leben rufen konnte; / und ich, der ich Ihre göttlichen Komposizionen, Ihres / Genius würdig, gekostet habe, halte es für meine Pflicht, [15]/ Sie zu bitten, als eine Huldigung von meiner Seite / 20,000 Fr., die Ihnen durch Herrn Baron von Roth- /

schild nach Vorzeigung des hier Eingeschlossenen wer- /
den ausgezahlt werden, freundlichst annehmen zu wol- /
len. Halten Sie mich stets für Ihren ergebensten Freund
[20]

    18. Dezbr. 1838.   *Nicolo Paganini.*

    Am 20. Dezember machte Herr Jules Janin, nach- /
dem er dieses freudige Ereigniss von jenem Wechsel- /
und Ruhmbriefe vernommen, die Freude seines Herzens
/ in einem zärtlichen Schreiben kund, worin es unter An-
[25]/ derm heisst: Von jetzt an muss Paganini mehr als je /
gerühmt werden.

    Die Lithografieen der Briefe Paganini's und Ber- / lioz
folgen in der Beilage, weshalb wir auch den letzten / nicht
erst übersetzen, überzeugt dass unsere geehrten [30]/
Leser ihn lieber im Originale und in der Handschrift / des
Gefeierten beachten.

> die Nachricht erschien in der ‚Neuen Zeitschrift für Musik' (ohne Li-
> thographie) 3 Tage später, vergl. III/92.

III
90

Neue Zeitschrift für Musik X./3, 8. Januar 1839, S.12b   *[Vermischtes]*

[Lißt und die Mailänder.]

Lißt erzählt in franz. Blättern Wunderliches aus /
Mailand. Als Aufgaben zum Improvisiren auf dem / Piano
gab man ihm unter andern folgende: „Der Dom / von
Mailand"; „die Eisenbahn von Mailand nach Ve- / nedig";
„Ist es besser zu heirathen, oder Junggeselle zu /
bleiben?" u. dgl. Als er eine Etude spielte, war fast / die
allgemeine mißbilligende Stimme: Vengo al teatro / per
divertirmi, e non per studiare. –

s. III/85. – Vengo al . . . = Ich komme ins Theater, um Spaß zu haben, und nicht um zu lernen. – Der 1. Streckenabschnitt der Eisenbahnlinie Mailand-Venedig (Padua-Marghera) wurde im De-zember 1842 eröffnet.

III
91 / 92

Neue Zeitschrift für Musik X./6,18. Januar 1839, S. 23b-24a [Vermischtes]

[Gelehrte Musik.]

In Triest hat Mercadante's Oper: Il giuramento / nicht gefallen, weil die Musik zu gelehrt und zu tief (!) / geschrieben ist. – Dagegen berichtet die Gaz. mus., daß / Gläser's Rattenfänger nicht gefallen habe, weil die Musik / zu leicht sei. Sonderbarer Vorwurf für einen Deut-
5/ schen, fügt die Gazette hinzu. –

Der italienische Komponist neapolitanischen Stils Saverio Mercadan-te (1795-1870) wurde nach einer Tätigkeit als Kapellmeister an der Kathedrale von Novara 1840 Direktor des königlichen Konservatori-ums in Neapel. Mercadante entwickelte eine, später auf Verdis Früh-werk einwirkende Reformoper, bei der er die neapolitanische Musi-zieroper eines Bel-Canto-Vortrags stimmgefälliger schöner Arien durch eine sinnvolle dramatische Handlung (Canto dramatico) wei-terentwickelte. Vorbild war die aufkommende französische Große Oper im Sinne Meyerbeers. – Franz Gläser (1798-1861) war ein österreichischer Opernkomponist und Kapellmeister (Wien, Berlin), zuletzt Hofkapellmeister in Kopenhagen, wo er auch starb. Als sein bedeutendstes Werk gilt seine Oper ‚Des Adlers Horst' nach einem Text von Karl von Holtei (Uraufführung 1832, Libretto gedruckt 1835).

[92]

* * * **Paris**, d. 28sten Dec. – Beifolgend eine Ue- / bersetzung des merkwürdigen Briefes von Paganini an / Berlioz, den ich dem Journal des Debats entlehne: / „Mein theurer Freund, als Beethoven starb, gab es nur / Berlioz, der ihn wieder zum Leben wecken konnte. Ich

[23b ⁵// 24a] habe Ihre göttlichen Compositionen, die Ihres Genius / würdig sind, gehört, und halte es für meine Pflicht, / Sie zu bitten, als Huldigung von meiner Seite 20,000 / Frcs. anzunehmen, welche ihnen Hr. v. Rothschild bei / Uebergabe der Beilage sogleich einhändigen wird. Halten ¹⁰/ Sie mich für Ihren liebevollsten Freund Niͅolo Paga- / nini." Man hat an der Echtheit dieses Briefes ge- / zweifelt, und ihn für eine grobe Persiflage gehalten. Er / ist aber wirklich geschrieben worden und hat alles Uebrige / seine Richtigkeit. Vielleicht, daß sich Paganini nur zu ¹⁵/ einer Mittelsperson hergegeben hat; immerhin ist es eine / Anerkennung der Berlioz'schen Musik, wie ihm noch keine / zu Theil worden ist und wie ich sie ihm seines bedeuten- / den Strebens wegen, von ganzem Herzen gönne. So- / bald ich über den Zusammenhang der Sache vielleicht et- ²⁰/ was Genaueres erfahre, theile ich es Ihnen mit. –

---

mittlerer Asterisk tief gestellt. – die Nachricht erschien in der ‚Allgemeinen musikalischen Zeitung' 3 Tage früher, zudem mit einer Brief-Lithographie, s. III/89.

III
93

Neue Zeitschrift für Musik X./13, 12. Februar 1839, S. 52b   *[Vermischtes]*

* * Die Iris erzählt in Nr. 4 von einem Concert / in Leipzig für Beethoven's Denkmal, das zum Ertrag / Nichts ergeben habe, von dem man in Leipzig selbst nichts / weiß. Wenn dieser Irrthum nicht vielleicht auf einem / sehr lebhaften Traum der Götterbotin beruht, so muß ⁵/ man glauben, daß ein Spaßvogel ihre Wachsamkeit über / Zeitereignisse habe auf die Probe stellen wollen. Wenn / die Iris überhaupt von dergleichen

Notiz nehmen will, / so finden wir eine so gänzliche Nichtachtung von wenig- / stens 7 – 8 politischen und artistischen Organen der öf- [10]/ fentlichen Meinung, die sich die Ankündigung und Be- / sprechung eines solchen Concerts zur Pflicht gemacht ha- / ben würden, in der That doch allzu naiv. Wir zwei- / feln nicht, daß Hr. Rellstab, sollte ihm ein glücklicher / Zufall diese oder eine andere Nachweisung seines Irr- [15]/ thums vor die Augen führen, nicht ermangeln werde, / einer Berichtigung in seinem Blatt Raum zu geben, na- / mentlich des etwas hämischen Seitenhiebes auf Leipzig / wegen, den der Humor des Zufalls freilich zum quixoti- / schen Lufthieb verkehrte. 11. [20]

tief stehender (mittlerer) Asterisk fehlt, keine Leerstelle. – Iris = Götterbotin.

III
94

Allgemeine musikalische Zeitung XLI/8, 20. Februar 1839, Sp. 152   [Feuilleton]

Eine Ordonnanz des Königs der Franzosen hat verordnet, dass / in allen königlichen Unterrichtsanstalten Gesang gelehrt werden / soll. Man verspricht sich viel von dieser neuen Einrichtung. (In / Deutschland gibt es wohl kaum eine Dorfschule, wo der Gesang / nicht einen wesentlichen Theil des Unterrichts bildete.) In Folge [5]/ dessen ist unter Andern Herr von Bruq in Toulouse und Herr / Carré in Rheims als Gesanglehrer angestellt worden, beide tüch- / tige Musiker.

Allgemeine musikalische Zeitung XLI/8, 20. Februar 1839, Sp. 154   [Feuilleton]

Wer hätte nicht von *Musard*, dem Pariser Strauss, gehört? / An einer Strassenecke in Paris prangten neben einander eine Ein- / ladung Musard's zu einem Balle, und eine Ankündigung von Mo- / zart's Werken. Da sagte Jemand: /

> *Ne vas pas, o public jobard,* [5]
> *Prendre ici Mozart pour Musard.*

Nimmer verwechsle man doch den göttlichen Mozart mit Musard!

> Jener bewegt uns das Herz, dieser den hüpfenden Fuss.

> Der französische Geiger, Dirigent und Komponist Philippe Musard (1792-1859) galt als ‚König der Quadrille'. Er schrieb seine Tänze gern nach Opernmelodien. Sein Lehrer war Anton Reicha, s. III/312.

Neue Zeitschrift für Musik X./16, 22. Februar 1839, S. 64a   [Vermischtes]

[Ein 12jähriger Naturcomponist.]

In Foggia in Apulien lebt jetzt ein 12jähriger Knabe, / Vittolini, welcher, ohne irgend Unterricht in der Musik / erhalten zu haben, Opern componirt. Seine Methode / ist eigenthümlich: Er singt zuerst die Hauptstimme einem / satzkundigen Notenschreiber vor, und läßt dann auch die [5]/ weitern Sing- und Instrumentalstimmen auf gleiche / Weise folgen. Eine seiner Opern wird zum laufenden / Carneval zu Capua gegeben werden. –

[————] [97]

[Enthusiasmus.]

Auf dem Theater in Belleville stürmte kürzlich das / Publicum die Bühne, und zerstörte Decorationen und / Möbeln, weil H. Achard vom Theater des Palais-Royale / eine kleine Arie nicht noch einmal singen wollte. –

III
98

Allgemeine musikalische Zeitung XLI/12, 20. März 1839, Sp. 242   [Feuilleton]

In *Rom* denkt man ernstlich an Verbesserung der Kirchenmu- / sik, die allerdings wünschenswerth ist. Der Ritter Spontini, wel- / cher von Rom nach Neapel reiste, hat bekanntlich dem Papste / Vorschläge hierin gemacht, und der Kardinal-Bischof von Jesi, / Ostini, hat bereits deshalb verdienstliche Anstalten getroffen. Man [5]/ hofft, heisst es, auf Unterstützung von bedeutenden Teutschen.

III
99

Allgemeine musikalische Zeitung XLI/17, 24. April 1839, Sp. 338   [Feuilleton]

Curiosum. Die France musicale behauptet, bei Erwähnung / des Goethe'schen *Mignonliedes* (aus „Wilhelm Maïster"), dass / *Mozart*, ergriffen von der Vortrefflichkeit dieses Gedichtes, das- / selbe in Musik gesetzt habe, um mit dem Dichter zu wetteifern. / Es wäre gut, wenn der Urheber dieser Notiz die treffliche Ton- [5]/ dichtung Mozart's, die wohl nur ihm bekannt ist, zugleich mit / veröffentlicht hätte. Uebrigens hat Mozart jenes Lied wohl schwer- / lich gekannt; die erste Ausgabe von Goethe's Wilhelm Meister / erschien 1795, als

Mozart schon vier Jahre todt war. – An dem- / selben Orte wird Goethe's *Faust* ein „verzweifeltes, jammervol- [10]/ les" Drama genannt (désespéré, lamentable); . . .

III
100

Neue Zeitschrift für Musik X./40, 17. Mai 1839, S. 160b   [Vermischtes]

[Literarische Notizen.]

. . .

Eine Curiosität ist uns zugekommen: Probennummern einer / in Utrecht erscheinenden humoristischen mus. Zeitung unter dem / Titel: Tijdschrift voor grandige Muzikale kritick en Anti- / kritick, ter wering van Philistery, voor het eerst ver- [5]/ schijnende te Utrecht, zu deutsch: Zeitschrift für gründliche / musikalische Kritik und Antikritik zur Abwehr der Philisterey etc. / Oben steht „68ster Jahrgang, Nro. 9846". Die ersten Num- / mern enthalten einen antikritischen Bericht über ein Concert in / Utrecht, mit Randglossen aus Jean Paul, Göthe, Voltaire [etc.] [10]/ Wir sind auf die Fortsetzung begierig. –

[etc.] als (tironisches) Sigel.

III
101

Neue Zeitschrift für Musik X./41, 21. Mai 1839, S. 164a-164b   [–]

Lustige Druckfehler.

„Der Pabst Marcellus II. hat während seiner ein- / und zwanzigjährigen – tägigen – Regierung schwer- / lich Zeit gehabt, sich um den Gesang zu bekümmern". / (Cäcilia, Bd. 10, S.13)

„Wahrer Gesichtskreis der haltbaren Universitä- 5/ ten – Universalitäten – der Elementartonlehre". (Ger- [164a // 164b] ber's neues Tonkünstler-Lexikon, Bd. 4, S. 571. Wörtlich / abgedruckt in Lichtenthal's Bibliogr. Tom IV. pag. 42.) /

„Alanus wurde geboren 1128, starb 1294 und / wurde 116 Jahre alt". (Forkel's Literatur, S.221.) [10]

„A. F. Häser besuchte von 1796 bis 1796 als / Alumnus die Thomasschule zu Leipzig und Michaelis 1796 / bezog er die Universität daselbst". (Schilling's Univer- / sallexikon, B.3, S. 485.)

„Joannes Damascenus begab sich um das Jahr 725 [15]/ nach Jerusalem in ein Kloster und starb daselbst um / das Jahr 1760". (Ebendaselbst, B. 3, S. 734.)

Schumann zielt vorrangig auf den ihm verhaßten Gustav Schilling, s. III/76.

III
102 / 103

Neue Zeitschrift für Musik X./42, 24. Mai 1839, S. 168b   *[Vermischtes]*

* * * Einige Zeitungen bringen die Nachricht, / Lachner in München habe für seine Oper „Alidia" von der Intendanz / 300 Louisd'or Honorar erhalten; es ist leider ein gutdeut- / scher Druckfehler und soll 30 heißen. –

---

mittlerer Asterisk tief gestellt. – Gemeint ist der hoch geehrte deut-sche Komponist und Dirigent Franz Lachner (1803-1890), der als Münchner Generalmusikdirektor der Wagnerschen Musik feindlich gegenüberstand und bei Wagners Anhängern immer schärfere Pro-teste auslöste. Als König Ludwig II. Wagner nach München holte, wurde Lachner 1868 in den Ruhestand verabschiedet und damit eine Forderung seiner Gegner erfüllt. Erst von diesem Zeitpunkt an brach sich die Wagnersche Musik auch in München Bahn. Seine Oper ‚Ali-dia' (1839) ist eine seiner vier Opern. Lachner hinterließ ein sehr gro-ßes Gesamtwerk ausschließlich weltlicher Musik mit beherrschtem historischem Handwerk vor allem auch im kontrapunktischen Be-reich. Sein ihm zugeschriebener Ausspruch *„Schade, daß Schubert nicht so viel gelernt hat wie ich, sonst wäre bei seinem außerordent-lichen Talent auch ein Meister aus ihm geworden."* wird häufig zitiert.

[————————] [103]

* * * Der kleinste Virtuos ist wohl gegenwärtig in Rom, / der 4 ½ Jahr alte Salvadore Nicosia, der zwei Concerte / im Pallast Sabino unter Beifalljauchzen der Zuhörer gegeben. –

mittlerer Asterisk tief gestellt. – original waagerechter Bruchstrich.

III
104

Neue Zeitschrift für Musik X./48, 14. Juni 1839, S. 192a　　　　　*[–]*

U n e i g e n n ü t z i g e   D e d i c a t i o n e n.

Der treffliche Kirchencomponist Giov. Battista Bas- / sani widmete 1698 ein Buch vier- und fünfstimmiger Mis-/ sen dem von St. Lucas gemalten Marienbild zu Bologna.

Filippo Bonanni eignete sein großes Bilderwerk: Ga- / binetto armonico – Roma, 1722 – dem heiligen König Da- 5/ vid zu und richtete unter der Ueberschrift: Santissimo Pro- / feta – das Vorwort an denselben. –

J. G. Neidhardt setzte seinen „Gäntzlich erschöpften / mathematischen Abtheilungen des diatonisch-chromatischen, tem- 10/ perirten Canonis Monochordi" – Königsberg, 1732 – fol- / gende Dedication vor: „Dem unsterblichen Gott, welcher die / Sterne des Himmels, und unsere Haare des Hauptes zehlet, / auch jeder Creatur ihr Glücke und Unglücke, Leben und Tod / zumisset, leget diese Blätter, von Zahl und Maas der Töne, 15/ im Geiste zu den Stuffen seines majestätischen Thrones, umb / welchen die neuen Lieder der großen

Schaaren im Himmel, / unzählbar und unermeßlich sind, sein unwürdiger, unnützer, / doch theuer erkaufter Sohn und Knecht: Erde und Asche". –

Der Berliner Cantor M. H. Fuhrmann richtete die Zu- [20]/ schrift seiner „musikalischen Strigel" – Athen an der Pleiße, / 1715 – an seine „geliebten Feinde". –

Der Kunstroman: Battalus, der vorwitzige Musicant – / Freiburg, 1691 – ist gewidmet „den hochgeöhrten Her- / ren cum Titulis plenissimis Herrn Austero Lach-feinden, ernst- / haften und unberufenen Censori der satyrischen Lustschriften [25]/ u. s. w. und dann Herrn Momo Tadelgerne, unbestallten Durch- / hechler u. s. w". –

C. F. B.

C. F. B. = Carl Ferdinand Becker.

III
105 / 106

Neue Zeitschrift für Musik X./48, 14. Juni 1839, S. 192a-192b   [Vermischtes]

* * * Hr. A. Lewald erzählt in seiner „Europa" ein / artiges Scherzwort, das J. B. Cramer auf seiner Durch- / reise in Stuttgart gemacht; er habe nämlich auf ein ihm ge- / machtes Compliment, daß er der „père des artistes" wäre, / geantwortet: „mais le deluge est venu, et à présent je suis [5]/ un être antediluvien". Vergessen bist du aber noch nicht, / alter ehrlicher Cramer, und so lange gesunder Menschenver- / stand noch in der Welt vorhanden, werden deine Etuden von / Enkel zu Enkel forterben. Im Uebrigen enthält der Scherz / trotz scheinbarer Bescheidenheit ein feines Selbstlob, wie man's [10]/ aber gern gelten läßt. –

---

mittlerer Asterisk tief gestellt. – Der in Mannheim geborene deutsch-stämmige englische Pianist, Komponist, Musikpädagoge, Klavierbauunternehmer und Musikverleger Johann Baptist Cramer (1771-1858) veröffentlichte im 5. Teil seiner Pianoforte-Schule von 1815 vierundachtzig zwischen 1804 und 1810 entstandene Etüden, die heute noch von musikpädagogischer Bedeutung sind. Cramer war unter anderem Schüler von Clementi. Abgesehen von leichteren Komposi-tionen steht Cramer stilistisch zwischen Beethoven (den er auf einer seiner Konzertreisen kennen lernte) und Hummel. – père des artistes = Vater der Künstler; mais le deluge est venu, . . . = aber die Flut kam, und jetzt bin ich ein vorsintflutliches Wesen.

 [106]

* * * Ein durchreisender achtungswürdiger Künstler berich- / tete gestern in geselligem Kreise ein Urtheil des bekannten / Notenschreibers Cz. über Beethoven, das der Nachwelt auf- / bewahrt zu werden verdient. Jener Künstler theilte Cz. sein / Verlangen mit, Beethoven zu sehen und zu sprechen, worauf [5]/ Cz. allen Ernstes geantwortet: ja der Mann hat einige [192a // 192b] hübsche Sachen componirt. Der Künstler sah Cz. hierauf / scharf an; Cz. aber lächelte heiter fort, als wäre nichts ge- / schehen. –

mittlerer Asterisk tief gestellt. – Mit dem Kürzel >Cz.< dürfte der Pianist, Komponist und Klavierpädagoge Carl Czerny (1791-1857) gemeint sein, dessen historisch bedeutsame Klavier-Etüden heute noch gespielt werden. Schumann mochte ihn nicht, und auch Liszt, obwohl (als Pianist) Czerny-Schüler, stand dem Komponisten (dessen mehr als eintausend Werke die Opuszahl 800 überschreiten) kritisch gegenüber. Czerny wurde und wird als zeitgenössische Persönlichkeit unterschätzt. Beethoven unterrichtete ihn mehrere Jahre lang; weitere Lehrer waren Clementi, Hummel und Salieri. Bei der ersten öffentlichen Aufführung von Beethovens Es-Dur-Klavierkonzert (der dritten überhaupt) spielte Czerny den Solopart. Czerny stand, wenn auch sehr umstritten, der Bachforschung nahe. Wenn Schumann etwas nicht passte, wie in diesem Falle, konnte seine Kritik einen Anflug von Gehässigkeit annehmen.

107

Allgemeine musikalische Zeitung XLI/25, 19. Juni 1839, Sp. 490   [Feuilleton]

Vierzig Bergsänger (chanteurs montagnards) aus Bagnères in / den Pirenäen sind auf einer Kunstreise durch Europa begriffen. – / Ein reicher Mann hatte sich in den Pirenäen in der Nähe von / Bagnères verirrt und wurde dort von zwei Hirten aus augen- / scheinlicher Lebensgefahr gerettet; er gelobte, ein dauerndes [5]/ Denkmal seiner Dankbarkeit daselbst zu errichten. Dies bestand / in einem Konservatorium der Musik, welches er in Bagnères ge- / stiftet hat. Es zählt jetzt ungefähr 200 Zöglinge, alle aus dem / Bauern- und Hirtenstande, und die besten 40 davon machen jetzt, / der Bestimmung des Stifters gemäss, eine Kunstreise. Sie haben [10]/ bereits das nördliche Frankreich und Belgien besucht, und sind / nun in Paris angekommen; sie zeichnen sich durch ihre schönen / Stimmen, Fertigkeit und Präzision aus und sind überall mit dem / lebhaftesten Beifall aufgenommen worden, um so mehr da es sehr / biedere und rechtschaffene Leute sind. [15]

s. III/114.

108 / 109

Neue Zeitschrift für Musik X./50, 21. Juni 1839, S. 200a-200b   [Vermischtes]

* * * Mozart's Grab ist bekanntlich nicht aufzufinden Als / er beerdigt wurde, war eine sturmische Nacht, und es soll / nur ein einziger alter Mann den Sarg begleitet haben. / Eben so wenig weiß man Gluck's Grabstätte. Beethoven / jedoch hat einen Denkstein erhalten. Es steht nichts darauf [5]/ als „BEETHOVEN". Der Gedanke

war gut, hätte nicht / der Verfertiger des Denksteins einige Spannen darunter auch / seinen Namen angebracht. Franz Schubert liegt nur einen / Schritt davon. Auch Haydn's Ueberreste weiß man; sie ruhen, / wenn ich nicht irre, auf einer Besitzung des Fürsten Esterhazy, [10]/ der den Leichnam lange nach seiner Bestattung auf einem Gottes- / acker, unweit Wien, ausgraben ließ. Bei der Ausgrabung ver- [200a // 200b] mißte man aber, wie man sagt, – den Schädel. Es war nicht zu / entdecken, wo er hingekommen. Endlich vor einigen Jahren / starb einer der ältesten Freunde von Haydn, in dessen Nach- [15]/ laß sich auch ein wohlbewahrter Schädel findet, der nach einer / schriftlich hinterlassenen Anzeige des Verstorbenen der Haydn's / ist. Der Erblasser hatte ihn der Gesellschaft der Musikfreunde / testamentarisch überlassen, der Fürst Esterhazy ihn aber als / sein Eigenthum reclamirt. So erzählt man wenigstens in [20]/ Wien. –

mittlerer Asterisk tief gestellt. – Die Darstellung der Wetterverhältnis-se am Tage der Beerdigung Mozarts ist falsch.

[————] [109]

* * * Der Principe Broncaforte hat auf einem Hügel / seines bei Messina gelegenen Parkes ein Riesenorgelwerk / errichten lassen, was durch die Achse einer Windmühle in / Bewegung gesetzt wird. Der Effect soll erstaunlich und im / Umkreis von 6 Miglien zu hören sein. – [5]

mittlerer Asterisk tief gestellt.

III
110

Neue Zeitschrift für Musik X./51, 25. Juni 1839, S. 204a-204b   *[Vermischtes]*

* * * Die im Januarheft des „Athenäum" mitgetheilten / drei Briefe von <u>Beethoven</u> an <u>Bettina</u> enthalten so viel / Schönes und Charakteristisches, daß wir sie, wenn es erlaubt / wäre, unsern Lesern gern vollständig mittheilen möchten. Hier / nur eine Stelle, wo Beethoven sein Zusammentreffen mit Gö- [5]/ the in Töplitz im Sommer 1812 erwähnt; die Scene wäre / eines Malers würdig. Beethoven, der sonst so bescheiden, / schreibt diesmal im ganzen Gefühl seiner Größe: „Könige und / Fürsten können wohl Professoren machen und Geheimräthe etc. / und Titel und Ordensbänder umhängen, aber große Menschen [10]/ können sie nicht machen, Geister, die über das Weltgeschmeiß / hervorragen, das müssen sie wohl bleiben lassen zu machen, / und damit muß man sie in Respect halten; wenn so zwei / zusammenkommen, wie ich und der Göthe, da müssen auch / große Herren merken, was bei unser einem als groß gelten [15]/ kann. Wir begegneten gestern auf dem Heimweg der ganzen / kaiserlichen Familie. Wir sahen sie von Weitem kommen und / der Göthe machte sich von meiner Seite los, um sich an die / Seite zu stellen; ich mochte sagen, was ich wollte, ich konnte / ihn keinen Schritt weiter bringen; ich drückte meinen Hut [20]/ auf den Kopf, knöpfte meinen Oberrock zu und ging mit / <u>untergeschlagenen Armen mitten durch den dick-</u> / <u>sten Haufen</u>. – Fürsten und Schranzen haben Spalier ge- / macht, der Herzog Rudolph hat den Hut abgezogen, die / Frau Kaiserin hat gegrüßt zuerst. – Die Herrschaften ken- [25]/ nen mich. – Ich sah zu meinem wahren Spaß die Proces- / sion an Göthe vorbei defiliren. <u>Er stand mit abgezoge-</u> / <u>nem Hute tief gebückt an der Seite</u>. Dann hab' ich / ihm auch den Kopf gewaschen, ich gab kein Pardon und hab' / ihm all' seine Sünden vorgeworfen, am meisten die gegen Sie, [30]/ liebste Bettine, wir hatten gerade von Ihnen gesprochen. Gott! / hätt' ich eine solche Zeit mit Ihnen haben können, wie der, / das glauben Sie mir, ich hätte noch viel, viel mehr Großes [204a // 204b] hervorgebracht" etc. etc. – Aus einem andern Briefe erfahren / wir auch, daß Beethoven das Lied „Kennst du das Land" für [35]/ Bettina componirte; er liebte sie wahrhaft zärtlich, wie aus / allen diesen Briefen hervorgeht; wo er wärmer wird, nennt / er sie auch „Du". –

mittlerer Asterisk tief gestellt. – Das von Bettina v. Arnim romanhaft entwickelte und weit verbreitete Beethovenbild entspricht nicht der Wirklichkeit. Die Aufarbeitung ist Gegenstand der Beethoven-Forschung. Die Zusammenfassung der Ergebnisse übersteigt die Möglichkeiten und den Aufgabenbereich eines Anekdoten-Kommentars.

III
111 / 112 / 113 / 114 / 115

Neue Zeitschrift für Musik XI./1, 2. Juli 1839, S. 4a-4b   [Vermischtes]

* * * Wer hat nicht in seinen jungen Jahren Oginski's / „Todtenpolonaise" gehört und von der schauerlichen Geschichte, / die sie veranlaßt haben sollte. Es ist aber von alle dem nichts / wahr. Hr. A. Sowinski in Paris veröffentlichte vor Kur- / zem in der Gazette musicale einen Brief, worin er dem überall [4a [5]// 4b] verbreiteten Gerücht widerspricht. Der Componist jener Polo- / naise ist der erst 1835 in Florenz in hohem Alter gestorbene / Fürst Oginski, nicht allein als vortrefflicher Musiker, sondern / auch als Diplomat und geistreicher polnischer Schriftsteller be- / kannt. Das musikalische Talent soll übrigens in der Familie [10]/ Oginski erblich, und der Vater jenes Oginski der Erfinder des / Pedals an der Harfe sein. –

[————] [112]

* * * Eine Zeitschrift enthielt neulich die Bemerkung, der / Buchstabe M spiele in der Musik wohl die bedeutendste Rolle / und es wurden dabei die Namen Mozart, Mehul, Men- / delssohn, Moscheles, Meyerbeer, Mayseder, Mo- / lique, Mara, Milder u. A. angeführt. Wir meinen je- 5/ doch, der Buchstabe B könnte sich allenfalls mit jenem messen, / und nennen nur Boieldieu, L. Berger, Berton, / Benda, Baillot, Beriot, Bennett, Bocklet, Bel- / lini, Bertini, Bohrer, Berlioz, N. Burgmüller, / Bärmann, Benedict, Belleville, Blahetka; in 10/ Breitkopf hätten wir auch die erste Musikhandlung, wie / in Broadwood den ersten englischen Instrumentenbauer, – / und zuletzt fallen uns auch ein: Bach und Beethoven. / Wir würden als B kaum tauschen mit dem M. –

[————] [113]

* * * Die Gazette musicale erzählt eine artige Anecdote / vom beleidigten Ehrgefühl eines jungen musiklernenden Mäd- / chens. Vor Kurzem wollte Mad. Gauthier, eine in Paris / angesehene Schauspielerin, ihre 15jährige Tochter in das Con- / servatoir bringen; die Aspirantin wurde aber als noch 5/ unfähig abgewiesen. Das Mädchen ist hierauf verschwunden, / – selbst die Mutter wußte nicht wohin –, hat aber einen / Brief zurückgelassen, worin sie ihre Mutter bittet, nicht un- / ruhig ihretwegen zu sein, da sie binnen Jahr und Tag zu- / rückkehren und diese Zeit benutzt haben würde, der Ehre der 10/ Aufnahme in jenes Institut würdiger zu sein. –

[————] [114]

* * * In Paris lassen sich jetzt 50 Sänger aus Bagnères
/ in den Pyrenäen hören. Ihr Führer und Lehrer heißt Ro-
/ land; aus Dank, in einem Bade der Pyrenäen von einer /
Krankheit geheilt zu sein, errichtete er dort eine Schule, /
in der namentlich Musik gelehrt wurde. Der Chor soll
ganz ⁵/ vortrefflich singen und die seltensten Stimmen
vereinigen. –

mittlerer Asterisk tief gestellt. – s. III/107.

[————] [115]

* * * Nach einem Briefe in der Mailänder Zeitung soll /
sich Rossini dem Fischhandel ergeben haben. Alle
Journale / sind voll davon. –

mittlerer Asterisk tief gestellt.

III
116

Allgemeine musikalische Zeitung XLI/28, 10. Juli 1839, Sp. 544   *[Feuilleton]*

Es ist gewiss: *Rossini* ist ein Fischhändler geworden.
Er / beglückt den Markt zu Bologna mit köstlichen
frischen Seefischen, / die hier bisher zum Jammer aller
Geschmackserfahrenen, unter / welche der Maestro
selbst gehört, fehlten. Zu dem Ende hat er / sein Haus
mit einer Menge kleiner Holzbaracken von verschiede- ⁵/
ner Form umgeben, die er an zuverlässige Fischer oder
Fischken- / ner vermiethet. Hier wandelt er nun an
schönen Markttagen be- / haglich auf und ab, muntert mit
freundlichen Worten den Einen / auf, drückt dem Andern
die Hand und begrüsst Käufer und Ver- / käufer mit
jenem unveränderlichen Lächeln, was er, wie man aus ¹⁰/
Italien schreibt, in allen Lagen seines Lebens für immer

behalten / wird. So hat er sich denn in die Liebe zu dem Stummen gewor- / fen und macht damit Geschäfte, wie früher mit den Tönen.

III
117

Neue Zeitschrift für Musik XI./5, 16. Juli 1839, S. 18b-20b   *[–]*

„Que me veux tu Sonate?" sagt Grety irgendwo / um sich gewisse unwillkommene, ihn behelligende musika- / lische Einflüsse vom Leibe zu halten. . . . /// . . .

Der Ausspruch stammt orignal von Fontenelle, s. I/14. Er bildet ein besonders gutes Beispiel für die ‚wandernde' Anekdote – Bei dem Ungefähr-Hinweis auf Grétry (nicht: Grety) handelt es sich um den 1. Satz einer längeren Amsterdam-Korrespondenz Carl Koßmalys (1812-1893)..

III
118

Neue Zeitschrift für Musik XI./9, 30. Juli 1839, S. 36b   [Vermischtes]

* * * Einer Zeitungsnachricht zufolge hat sich in der Schweiz / das große Unglück zugetragen, daß bei einem Sängerfest in / Andelfingen durch Genuß von Speisen aus schlecht verzinntem / Geschirr 350 Menschen schwer erkrankten, von denen schon / mehre gestorben sind. – [5]

mittlerer Asterisk tief gestellt.

119

Allgemeine musikalische Zeitung XLI/31, 31. Juli 1839, Sp. 616   *[Feuilleton]*

Die France musicale berichtet mit grossem Triumfe, dass es / endlich dem Pariser Herrn Busset gelungen sei, ein Problem zu / lösen, mit dem sich Frankreich, Teutschland und England lange / vergeblich beschäftigt hätten, nämlich: die Musik mittels bewegli- / licher Zeichen zu drucken. Das System sei ganz dasselbe wie ⁵/ das der Buchdruckerei; alle musikalische Zeichen seien einzeln / gegossen, zusammengesetzt, und nach erfolgtem Abdrucke wieder / auseinandergeworfen worden u. s. w. – Ist es denn dem musika- / lischen Frankreich ganz unbekannt, dass diese Erfindung eine sehr / alte und in Teutschland längst bekannte ist? Dass Johann Gottl. ¹⁰/ Immanuel Breitkopf schon im vorigen Jahrhundert sie herstellte (er / starb 1794), und dass seitdem in Teutschland zahllose Musikalien / auf diese Art gedruckt worden sind, welche an typografischer / Schönheit mit den gewöhnlichen Buchstabendrucken wetteifern?!

s. dazu III/123.

120

Allgemeine musikalische Zeitung XLI/31, 14. August 1839, Sp. 650   Feuilleton]

Madame *Bishop*, eine hübsche und talentvolle Sängerin zu / London, ist ihrem Gatten mit Herrn Bochsa entflohen; wirklich / haben sie sich auf den Kontinent begeben. Das Merkwürdigste / dabei ist, dass Mad. Bishop im Jahr 1833 in ihrem 18. Lebens- / jahre sich mit dem jetzt 59jährigen Bishop verheirathete und jetzt [5]/ von dem 60jährigen Bochsa sich hat entführen lassen.

Anna Bishop, eigentlich Ann Rivière (1810-1884), war eine englische Opernsängerin. Sie heiratete 1831 ihren 23 Jahre älteren Lehrer, den Komponisten Henry Bishop, und hatte mit ihm drei Kinder. Ihn ließ sie für den 20 Jahre älteren Harfenisten Nicolas-Charles Bochsa sit-zen und löste damit einen öffentlichen Skandal aus. Nach dessen Tod heiratete sie 1858 den Diamantenhändler Martin Schulz. Anna Bishop gilt als die am weitesten herumgekommene Sängerin des 19. Jahrhunderts. Sie sang in fast allen europäischen Ländern, in Nord- und Südamerika, in Australien, Indien, Ceylon, Neuseeland, China, Hongkong, Singapur, Südafrika und auf den Philippinen. Bishop wur-de von den Zeitgenossen als eine der besten Sopranistinnen ge-schätzt und glänzte als Prima donna assoluta in Opern von Rossini und Donizetti.

III
121

Neue Zeitschrift für Musik XI./16, 23. August 1839, S. 64b   [Vermischtes]

* * * In Göthes's Stube in Weimar sieht man u. A. auch / eine saubere Zeichnung, die bemerkenswerth, weil sie mit der / linken Hand ausgeführt wurde; der Künstler war nämlich / des Gebrauchs seines rechten Arms beraubt worden und dar- / über unglücklich, zu Göthe gekommen mit der Frage, was er [5]/ nun thun solle, worauf ihm Göthe geantwortet „er möge nun / die linke Hand bilden" was jenem denn auch bewundernswür- / dig gelungen. Dies fiel dem Ref. ein, als ihn unlängst ein / alter Concertzeddel aus Sondershausen zugeschickt wurde. / Der Concertgeber, Namens Whistling, war früher Förster [10]/ gewesen, später aber blind geworden. Den Muth nicht ver- / lierend, fing er, obwohl im vorgerückten Alter, die Musik zu / erlernen an, und zwar das Instrument, das seiner frühern Be- / schäftigung am meisten entsprach, das Waldhorn. Im De- / cember v. J.

legte er unter großer Theilnahme des Publi- [15]/ cums zum erstenmal öffentlich Proben seiner Kunst ab und / bestand, den Berichten zufolge, überall in Ehren. In der / Nachricht, die uns darüber zugekommen, wird namentlich auch / seines Lehrers, des Directors der Militairmusik Bendleb, / in rühmlicher Anerkennung gedacht. – [20]

---

mittlerer Asterisk tief gestellt.

III
122

Neue Zeitschrift für Musik XI./17, 27. August 1839, S. 68b   [Vermischtes]

* * * Die Leipziger allg. Zeitung berichtet, aus Prag von / einem höchst unglücklichen Vorfall. Der dortige schon hochbe- / jahrte Musikdirector T. hatte zwei Töchter, die er zur Bühne / bestimmt; namentlich zeichnete sich die ältere durch Stimme / und Talent aus. Vor einiger Zeit in die Beichte gehend, [5]/ wird sie vom Geistlichen nach ihren Lebensumständen [etc.] ge- / fragt, worauf sie denn geantwortet, daß sie von ihrem / Vater zum Theater bestimmt sei. Der Pfaff entsetzt sich / und stellt ihr in den schrecklichsten Farben das Sündhafte / eines solchen Beginnens vor. Das Mädchen irre gemacht, wi- [10]/ dersetzt sich hierauf den Plänen des Vaters, (der indeß den / wahren Grund des Widerstandes nicht gekannt haben soll,) / verfällt in Trübsinn und stürzt sich in einem hefteigen Anfall von / Angst in einen dortigen Stadtgraben – doch nicht todt; ohne / Hoffnung, ihren zerrütteten Geist wieder herzustellen, pflegt [15]/ man sie noch. Der gebeugte Vater setzt nun seine Hoffnung / auf seine zweite Tochter, hat auch die Freude sie auftreten / zu sehen; aber das Publicum lacht, zischt; das Mädchen / nimmt es sich an und verfällt ebenfalls in

Wahnsinn. Da / tröste ein Höherer den beklagenswerthen Mann. – [20]

mittlerer Asterisk tief gestellt. – [etc.] = als (tironisches) Sigel. – Pfaf-fe, ursprünglich Ehrenbezeichnung für einen besonders bemühten katholischen Priester, wird seit dem 16. Jahrhundert nach und nach zum Schimpfwort und in der verkürzten Form >Pfaff< zusätzlich herabwürdigend-beleidigend. Der Vorgang sollte auch im Licht der Pra-ger Erstaufführung von Wagners ‚Tannhäuser' und den Leipziger religionspolitischen Querelen gesehen werden, die der Dresdner Uraufführung (19. Oktober 1845) im polemisch aufgeheizten Umfeld folg-ten (s. Kirchmeyer, Wagner in Dresden, Bosse 1972, S. 363-369; vergl. dazu die Prag-Korrespondenz im ‚Salzburger Kirchenblatt' vom 30. November 1854).

III
123

Allgemeine musikalische Zeitung XLI/37, 11. September 1839, Sp. 729
[Feuilleton]

Ein gewisser Herr *Mab* sagt in der Revue et Gazette musi- / cale de Paris: „Die Erfindung des Notenstichs gehört Frankreich / an; unsere Nachbarn (die Teutschen) haben uns darin zwar nach- / geahmt, sind jedoch weit hinter uns zurückgeblieben." Was die / Erfindung betrifft, so ist dieselbe wenigstens sehr problematisch; [5]/ rücksichtlich des Vorzugs französischen Notenstichs vor dem teut- / schen hätte Herr Mab sich die Mühe nehmen sollen, teutsche No- / ten der neuern Zeit mit französischen zu vergleichen – er würde / dann die entgegengesetzte Ansicht, wenn auch nicht ausgesprochen, / doch gefasst haben. Im Namen des künstlerischen Teutschlands [10]/ muss hier, in den Annalen der Tonkunst, gegen jene prahlerische / Behauptung feierlich protestirt werden.

Der Notenstich mit beweglichen Lettern wurde 1498 von dem venetianischen Buchdrucker Ottaviano Petrucci (1466-1539) erfunden. Es machte Venedig für viele Jahre zum Zentrum des Notendrucks. Die Verbesserung des Verfahrens durch den Pariser Notendrucker und Verleger Pierre Attaignant ([1494]-1592) ermöglichte es seit 1527/28, Notenseiten in einem einzigen Arbeitsgang herzustellen.

III
124

Neue Zeitschrift für Musik XI./23, 17. September 1839, S. 92b

[Tagesbegebenheiten]

Prag. – Die Lutzer, unsere Landsmännin, war hier / und hat mit schwer zu beschreibendem Enthusiasmus gesun- / gen. Man hat gezählt, daß das Herausrufen ihr zum we- / nigsten eine Viertelstunde Weges gemacht; achtzigmal nämlich / wurde sie in den Vorstellungen gerufen. Sie reiste von hier [5]/ nach Wien zurück. –

zu Jenny Lutzer s. III/84, s. Vorwort.

III
125

Neue Zeitschrift für Musik XI./25, 24. September 1839, S.100b *[Vermischtes]*

* * * Als Widerspiel zu dem jetzt in Berlin Glück machen- / den männlichen Discantsänger Stark aus Pesth ist jetzt in Mes- / sina ein 18 Jahre junges Mädchen, Namens Senganelli / aufgetreten, das mit einer Baßrolle daselbst debütierte, irren / wir nicht, als Orovist in Norma. – [5]

mittlerer Asterisk tief gestellt.

III
126

Caecilia XX./78, [zwischen Februar und Ende September] 1839, S. 101-105
[Correspondenz]

P a r i s im Februar 1838.

. . . [101 // 102] . . .

Es ist ein Factum, dass Musik in unserer Zeit allge- / mein getrieben wird. Wir wollen damit nicht behaup- / ten, dass man allgemein musikalisch gebildet sei; es / scheint uns vielmehr die heilige Kunst ein Modeartikel 5/ geworden zu sein, welcher, da er die Sinne angenehm / berührt, die Zeit verkürzt, wenig Aufwand braucht, und / – nach der beliebten Phrase – von Jedermann nach sei- / nem Gefühle beurtheilt werden kann, in Pallästen, wie / in Salon's der Bankier's sowie Advocaten, ertönt, kurz 10/ in den Gemächern aller Stände ausgehängt wird. Nicht / selten wird dabei die wahre Kunst an den Pranger gestellt.

Wir leben in der Zeit der Reception; Jedermann will / ein Haus machen; wer irgend nur 2 Zimmer besitzt, (ja / oft ist ein einziges genügend,) will Leute bei sich sehen, 10/ und da, wie natürlich bei sehr vielen weder die Geistes- / fähigkeit des Wirthes und der Eingeladenen, noch die Geld- / mittel es zulassen, die Gesellschaft durch Witz, Scherz, / oder zu erkaufende Zerstreuungen zu unterhalten, so / muss die liebe Musik herhalten. Es wird nun ein Pianist, 15/ ein Violinspieler, eine oder zwei Sängerinnen, ein Sänger / und ein Farçonsänger eingeladen und Einem der Haus- / freunde das Arrangement dieses Conzertes überlassen. / Wir können nun mehrere Anecdoten mittheilen, die wir / einem unsrer Freunde, einem Künstler, der viel gereist 20/ ist, viel Conzerte gegeben, und durch alle Studien der / Künstlerexistenz passirt hat, verdanken. Diese

Anecdoten / sollen Belege sein zu unsrer obigen Behauptung. – [102 // 103]

Nachdem dieser Künstler (ein ausgezeichneter Clarinet- / tist) bereits zweimal in einem ihm vorher ganz unbekannten 25/ Hause gespielt und die Gesellschaft entzückt hatte, verlangte / es der Freund, dem zu Gefallen er es gethan, noch ein / drittesmal. Er nimmt es an; der Pianist, der ihn begleiten / soll, wird krank, er theilt dies dem Hausherrn mit und / man ersucht ihn, zu einem Dilettanten zu fahren, und 30/ mit diesem zu probiren. Diess Alles ereignete sich 2 Stun- / den vor Beginn der Gesellschaft. Er thut diess; der Lieb- / haber ist aber bereits ausgegangen. Als er nun in die Ge- / sellschaft ohne sein Instrument kommt, bestürmt man ihn, / es holen zu lassen, da man auf seine 2 Stücke gerechnet. 35/ Der Liebhaber, mittlerweile angekommen, versichert ih̲n, / dass er ihn a vista herrlich accompagniren wolle. Doch un- / ser Künstler, der dergleichen Erfahrungen, schon gemacht, / zudem seine Bereitwilligkeit in vollem Maasse bewiesen, / besteht darauf, nicht zu spielen, da er sein Stück nicht 40/ repetirt hat. Man wird böse und ladet ihn niemals mehr / ein. Als er sein Concert gab, liess man 1 Billet holen. –

Während ein ausgezeichneter Pianist einst Chopin'sche / Compositionen mit dem poetischsten Ausdrucke in einer / solchen Soirée spielte, öffneten sich die Thüren, und der 45/ Bediente kündigte den Baron v. X. mit heller, lauter / Stimme an. – Derselbe Pianist sollte gegen das Ende / einer Soirée spielen und hörte rings um sich: „ach, was / ist die Musik langweilig, man erstickt, wird man nicht / bald tanzen?" 50

Ein Cellist, dessen Instrument immer auf den Kam- / merton gestimmt ist, musste es ½ Ton herunter stimmen, / da das Piano zu tief stand. Man fand, dass er keinen / Ton habe; es war nebstbei so voll, dass er mit seinem /

Bogen die Knie der Damen berührte; und man fand, [55]/ dass er eine schlechte Bogenführung habe. –

Ein Violonist spielte in einem grossen Salon, und der / Herr des Hauses, der ihm ein Compliment machen wollte, [103 // 104] sagte: „Ihr Instrument ist der König der Instrumente. / Der Künstler verbeugte sich und der Hausherr fuhr fort: [60]/ „ja, denn es ist so portativ !!!" Der Violonist bemerkte, / dass die kleine Flöte dieses Epithet eher verdiene! –

Wir könnten noch Seiten anfüllen mit der gleichen belu- / stigenden Anecdoten; unser Zweck ist jedoch nicht, zu / amusiren; wir haben sie blos angeführt, um dazuthun, [65]/ dass die Künstler – deren Ruf einmal gegründet, und / deren Name bekannt ist – sehr Unrecht haben,, ihr Ta- / lent in solchen Soiréen preiszugeben. . .
.

[104 // 105] . . .

Der deutsche ‚Salon‘, das ‚ein Haus machen‘ darf nicht mit dem französischen Salon verwechselt werden. Im französischen Salon fielen die Standesschranken, die Gespräche drehten sich um politische, moralphilosophische und künstlerische Themen, und die Teilnehmer hatten als einzige Voraussetzung ‚geistreich‘ zu sein. Der deutsche Salon war überwiegend so, wie in der ‚Caecilia‘ geschildert, oberflächlich, angeberisch, ungeistig mit vorgetäuschten Interessen unter Betonung der Standesunterschiede. Die für diesen Salon geschriebe-ne Musik mußte bei leichter Spielbarkeit wirkungsvoll sein, aber Schwere vortäuschen. Es war insbesondere Schumann, der gegen diese Art von Musik bei jeder Gelegenheit mit immer neuen Formulie-rungen ankämpfte. Es gab in Deutschland nur wenige ‚Häuser‘, die dem französischen Salon nahekamen, wo man sich an festgesetzten Tagen zwanglos traf und künstlerische und philosophische Themen im Vordergrund standen, so – um zwei Beispiele für etliche andere zu nennen – bei Pauline Garcia in Baden-Baden (s. III/131), oder Franz Brendel in Leipzig (hier begegneten sich zum erstenmal Berlioz und Brahms). – ½ mit waagerechtem Bruchstrich. – portativ = gemeint ist ‚tragbar‘. – Epithet = wertende attributive Bestimmung. – ‚1 Billet ho-len‘ = gemeint ist: nur 1 Billett holen.

Caecilia XX./78, [zwischen Februar und Ende September] 1839, S. 132-133

[–]

Z u f ä l l i g k e i t e n.

Ein altes Sprüchwort behauptet: Jeder sieht den / vordern Sack mit fremden, nie aber den hinteren / mit den eigenen Fehlern. So gehört es denn bey- / nahe zu den angebornen Naturfehlern, dass man / überall, sonderlich an grossen Geistern, mit einem 5/ wahren Heisshunger jede Kleinigkeit beschnüffelt / und bekrittelt, um nur die Wollust zu geniessen, / irgend ein unscheinbares Gebrechen, – wärs auch / nur das kleinste schwarze Fleckchen, aufzustöbern. / Namentlich haben die armen Schriftsteller dieses 10/ Loos zu befahren; und wem es glückt, eines Pla- / giats sie zeihen zu können, der vermeint den höch- / sten Triumph zu feyern. So auch bei uns Musikern. / Nur die allerentfernteste Aehnlichkeit, – und gleich / brüllen die Stentor-Lungen: „Das ist gestohlen! das 15/ hat er, da oder dort, stibitzt!“ – Und dennoch ist / es meist blos reiner Zufall, wenn zwey Meister, / unter gleichen Umständen vielleicht, und von ähn- / lichem Impuls angeregt, fast auf einen und eben- / denselben Gedanken verfallen, ohne dessen frühere 20/ Existenz zu argwohnen, und von der Ideen-Ver- / wandtschaft auch nur eine Ahndung zu haben.

Als Beleg ein paar Beyspiele. . . .

. . . [131 // 132] . . .

Die beyden vorstehend angeführten Fälle sollen 25/ wenigstens warnen, nicht voreilig zu verdammen. / – Wohl gibt es Freybeuter, die mitgehen las- / sen, wo sie nur irgend etwas habhaft werden kön- / nen; doch solchen Corsaren ist das Schmuggler- / Handwerk auf die Stirne gebrandmarkt; sie holen [30]/ Kukukseyer aus fremden Nestern, und brüten Ba- / starde aus; von ihnen kann hier nicht die Rede / seyn, denn solch Gezücht ist verbannt in jeder / ehrenwerthen Gesellschaft. –

D. – [35]

Dem Artikel sind hinter S. 131 zwei Seiten mit Notentext beigegeben, um an zwei Beispielen (Collo-Mozart; Benda-Mozart) scheinbare Übereinstimmungen aufzuzeigen.

III
128

Neue Zeitschrift für Musik XI./27, 1. Oktober 1839, S.108b [Miscellen]

(Aus d. Wiener Journal f. Luxus u. Moden v. J. 1805.)

– Napoleon besuchte an Sonn- und Feiertagen um 11 Uhr / regelmäßig den Gottesdienst in der Schloßcapelle zu Schön- / brunn. Am ersten Weihnachtsfeiertage dirigirte Salieri die / Messe. Die Kirchenmusik war auf Befehl des Kaisers pia- / nissimo. Die Begleitung einfach, weil er nicht will, daß das [5]/ Accompagnement den Singstimmen schade. So durfte auch / bei den beiden Concerten, die in Schönbrunn statt fanden, / und wo Crescentini, Bianchi und Mad. Campi sangen, blos / Quartettbegleitung, und noch dazu con sordino sein. –

---

con sordino = mit Dämpfer [zu spielen].

III
129

Allgemeine musikalische Zeitung XLI/41, 9. Oktober 1839, Sp. 802 [Feuilleton]

Ein Professor der Physik am geistlichen Kollegium zu Cor- / bigny in Frankreich hat ein neues Instrument erfunden, einen / Kontrabass, der zugleich mit dem Bogen und mittels eines Klaviers / gespielt wird; während die Rechte den Bogen führt, arbeitet die / Linke auf einer Art Tastatur und führt auf diese Weise mit gröss- [5]/ ter Leichtigkeit Passagen aus, welche auf dem gewöhnlichen Kon- / trabass unmöglich sind.

III
130

Neue Zeitschrift für Musik XI./30, 11. Oktober 1839, S.120b   [Vermischtes]

* * * Die Hauptsänger der Capelle der Königin von / England zählen zusammen ein Alter von 367 Jahren: Hr. / Rield, Tenor, ist 70 Jahr alt; Hr. Sale, Baß, 60; Hr. / Evans, Tenor, 61; Hr. Hawes, Baß, 58; Hr. Clark, Baß, / 57, und Hr. Knyvett, Tenor, 60 Jahr. – Der Geschmack [5]/ der Königin soll überhaupt nicht der vorzüglichste sein; die / früher sehr gute Capelle ist zum Theil entlassen; an ihrer / Statt spielt nur ein Corps Blechmusik: Ophycleiden, Posau- / nen und alle Arten Hörner soll die Königin am liebsten hö- / ren; außerdem sieht man sie nur in der italienischen Oper. – [10]

mittlerer Asterisk tief gestellt. – Königin von England = gemeint ist Königin Victoria (1819-1901). – zum Text vergl. III/133.

III
131

Neue Zeitschrift für Musik XI./37, 5. November 1839, S.148a   [Vermischtes]

* * * Französische Blätter erzählen sich über die Wunder- / wirkung, die der Gesang der Pauline Garcia ausgeübt, auch / Folgendes: Ein Engländer hatte sich früher in die Malibran, / die Schwester der Garcia, zum

Tollwerden verliebt. Und er / wurde es auch, verblieb bis jetzt im Wahnsinn. Vor Kurzem [5]/ durch die glänzenden Erfolge, die die Garcia in der italie- / nischen Oper errungen, auf sie aufmerksam gemacht, besucht / er die Oper. Kaum hat die Garcia gesungen, als er beglückt / ausruft: „ich wußte wohl, daß sie nicht gestorben war". Von / Stund' an ist er wieder in den Besitz seiner Vernunft gekom- [10]/ men, soll sogar schon der Sängerin seine Hand angeboten ha- / ben. – Das Ganze läuft wohl auf eine Schmeichelei für die / genialische Schwester der Malibran hinaus –

mittlerer Asterisk tief gestellt. – Die französische Opernsängerin (Mezzosopran) spanischer Herkunft Pauline Garcia (1821-1910) ge-hört in die Reihe der charismatischen Künstlerpersönlichkeiten des 19. Jahrhunderts. Sie beherrschte 5 Sprachen (spanisch, franzö-sisch, italienisch, deutsch, russisch) und feierte in allen Kulturländern rational nicht mehr nachvollziehbare Erfolge. Im Jahre 1840 heiratete sie den Direktor des Pariser Théâtre-Italien Louis Viardot (1800–1883), der Schriftsteller und Kunstsammler war und jetzt ihr Agent wurde. Mit Iwan Turgenjew (1818-1883) ging das Paar eine Dreierbe-ziehung ein. Mit 42 Jahren (1862) gab sie ihre Bühnenlaufbahn auf und wurde Gesangslehrerin. Von 1863 bis 1871 wohnten die Viardots in Baden-Baden (anschließend in Paris) und machten mit ihrem Sa-lon, zu dem ein Gartentheater gehörte, die Stadt zu einem Kulturmit-telpunkt. Hier waren der spätere deutsche Kaiser Wilhelm II. mit sei-ner Gemahlin Auguste, Bismarck, Franz Liszt (ihr ehemaliger Klavier-lehrer), Richard Wagner, Anton Rubinstein, Theodor Storm und viele andere Berühmtheiten zu Gast. Camille Saint-Saëns widmete ihr sei-ne Oper ‚Samson und Dalila'. Sie sang 1870 in der Uraufführung der Alt-Rhapsodie von Johannes Brahms. Die mit 28 Jahren tödlich ver-unglückte, ebenfalls charismatische Sängerin Maria Malibran (s. III/6) war ihre Schwester.

III

132

Allgemeine musikalische Zeitung XLI/46, 13. November 1839, Sp. 908
[Feuilleton]

Ein reicher Musikliebhaber in Holland – so erzählen fran- / zösiche Blätter – hat sich eine Bibliothek von ungefähr 1000 / Bänden angelegt, bestehend aus lauter Theaterzetteln der letzten / zwanzig Jahre; aus der ganzen musikalischen Welt hat er die / Zettel mit grosser Mühe und grossen Kosten zusammengebracht. [5]/ Eine aus diesem historischen Apparate gemachte Zusammenstell- / ung hat ergeben, dass folgende drei Opern: Weber's Freischütz, / Rossini's Tankred, Meyerbeer's Robert der Teufel – unter allen / am häufigsten gegeben worden sind. Letztere Oper ist in den / acht Jahren seit ihrem Erscheinen auf nicht weniger als 143 Thea- [10]/ tern in 135 Städten aufgeführt worden; unter diesen Städten sind / 59 in Frankreich, 43 in Teutschland mit Ungarn und Böhmen, 8 / in Belgien, 6 in Russland mit Polen, 4 in der Schweiz, 3 in den / französichen Kolonieen, 2 in Holland, 2 in Dänemark, 2 in Pie- / mont, 2 in Nordamerika, 1 in England, 1 in Schweden, 1 in Por- [15]/ tugal, 1 in der Moldau.

III

133

Allgemeine musikalische Zeitung XLI/50, 11. Dezember 1839, Sp. 1012
[Feuilleton]

Die Hauptsänger der königl. Kapelle in London sind sämmt- / lich sehr bejahrte Leute; Rield (Tenor) ist 70, Sule (Bass) 60, / Evans (Tenor) 61, Hawes (Bass) 58, Clarke (Bass) 57, Knyvett / (Tenor) 60 Jahr alt. Uebrigens klagt man in England überhaupt, / dass die

junge Königin wenig Geschmack an guter Musik findet; [5]/
am liebsten soll ihr die sogenannte Harmoniemusik sein.

junge Königin = gemeint ist Königin Victoria (1819-1901), Königin seit
Juni 1837. – Harmoniemusik = ein Ensemble aus Holz- und Blechblä-
sern ohne Streicher. – Der Text ist in verkürzter Form möglicherweise
der ‚Neuen Zeitschrift für Musik‘ nachgeschrieben, s. III/130, doch
unterscheiden sich einige Namensschreibungen (Sale-Sule, Clark-
Clarke).

III
134

Neue Zeitschrift für Musik XI./50, 20. Dezember 1839, S.200a   *[–]*

Je n'aime pas les Sinfonies.

Piccini war mit Marmontel sehr befreundet, der als /
Dichter und Kritiker für ihn gegen Gluck thätig war, und /
auch noch in seinen hinterlassenen Memoiren mit dem
Eifer / eines Parteigängers seinen Freund verficht.
Marmontel pflegte / in seinem Hause Gesellschaften zu
geben, bei denen Piccini nie [5]/ fehlte. Ein deutscher
Künstler, im Begriff eine dieser Gesell- / schaften zu
verlassen, um Gluck's Armide zu hören, frug ganz /
deutsch-gutmüthig und unbefangen Piccini, ob er nicht
mit- / gehen wolle. – „Gott soll mich bewahren",
antwortete der / Italiener, „daß ich mir je durch eine
Gluck'sche Oper die [10]/ Ohren verderben lasse!"
Piccini, an dem Guingenet in einer besondern Schrift /
über ihn die vollkommene Unparteilichkeit gegen Gluck
rühmt, / – vermochte so wenig über seine Eifersucht
gegen andere / große Künstler, daß er sich nicht
überwinden konnte eine [10]/ schöne Symphonie von Vater
Haydn zu loben, als diese in / einem Concerte bei dem
damaligen engl. Gesandten, dem / Duc Dorfet vortrefflich
aufgeführt wurde und alle Hörer ent- / zückte. Der Duc

Dorfet sah ihn, Piccini, allein kalt und / stumm dastehen, und drang in ihn, auch seine Anerkennung ¹⁵/ auszusprechen: – der Italiener, ruhig Tabak nehmend, und / ihn von seinem Chabot abknipsend, erwiederte ganz kalt: / „Monseigneur! je n'aime pas les Sinfonies!"

H. T.

Jean-François Marmontel (1723-1799) war ein (moralisch umstritte-ner) französischer Schriftsteller, der zu den Enzyklopädisten zählt, s. I/276. – zu Guinginet (richtig: Ginguené) s. I/276; zu Piccini s. I/202. – Monseigneur! Je n'aime . . . = Mein Herr, ich liebe keine Sinfonien. – H. T. = Hieronymus Truhn. –.

III
135

Neue Zeitschrift für Musik XI./50, 20. Dezember 1839, S.200b   [Vermischtes]

* * * Die elegante Zeitung erzählt von einem lächerlichen / Ausfall, den ein Prediger in Norwich während des letzten / Musikfestes von der Kanzel herab auf die Oratorienmusik / machte, die „nicht viel mehr als eine Blasphemie wäre". / Spohr soll bei der Predigt selbst mit gegenwärtig gewesen ⁵/ sein. –

mittlerer Asterisk tief gestellt.

III
136

Allgemeine musikalische Zeitung XLII/3, 15. Januar 1840, Sp. 54   [Feuilleton]

Ein reicher Musikliebhaber zu Venedig hat der musikalischen / Akademie dieser Stadt ein Legat von 10,000 Franken hinterlas- / sen, unter der Bedingung, dass diese Gesellschaft jährlich drei / Requiems aufführt, und unter diesen das Mozart'sche. Erfüllt die /

Gesellschaft dies nicht oder fallen die Aufführungen schlecht aus, 5/ so soll das Legat unter den nämlichen Bedingungen dem Mailän- / der Konservatorium der Musik zufallen.

III
137

Neue Zeitschrift für Musik XII./9, 28. Januar 1840, S. 36b   *[Vermischtes]*

* * * Das Morgenblatt bringt in einer Correspondenz aus / Dresden ein neues Wort in folgender Stelle: „eine um so / größere Ehre für sie (Mad. Pleyel), als der Pianismus / neuerlich in seiner Lorbeerernte mit besondern Schwierigkeiten / zu kämpfen hat". – Ist das nicht hübsch? Aehnlich bilden 5/ sich dann Violoncellismus, Clarinettismus [etc.] –

mittlerer Asterisk tief gestellt. – [etc.] als (tironisches) Sigel.

III
138

Neue Zeitschrift für Musik XII./11, 4. Februar 1840, S. 44b   *[Vermischtes]*

* * * Wie die Wiener oft gerade ihre Lieblinge zur Zielscheibe / ihres Witzes machen, ist bekannt. Als Thalberg im vorigen / Winter ein angekündigtes Concert plötzlich abgesagt, frug / man bald allgemein: „Kennen Sie schon die neuste Caprice / von Thalberg?" – Lißt hat bekanntlich in Pesth einen Ehren- 5/ säbel geschenkt bekommen. Warum? fragt man sich: wozu / braucht er ihn? – „Um die Graf's gegen die Streicher's / zu vertheidigen damit". –

mittlerer Asterisk tief gestellt. – Johann Andreas Streicher (1761-1833), Pianist, Komponist und Klavierbauer, Stuttgarter Karlsschü-ler, war mit Schiller befreundet und floh mit ihm aus Stuttgart nach Mannheim. Er gelangte durch Einheirat nach Wien und wurde dort ein geschätzter Klavierbauer. – Conrad Graf (1782 - 1851) war unter den drei bedeutenden Wiener Klavier-bauern Graf, Anton Walter Stein und Streicher der mit Abstand namhafteste. Mendelssohn, Cho-pin, Schumann, Clara Wieck, Liszt, Friedrich Kalkbrenner, Camille Pleyel spielten und bewunderten Hammerflügel von Graf. Selbst noch Gustav Mahler besaß in seiner Frühzeit ein (altes) Graf-Instru-ment. Auch Beethoven, der einen Broadwood spielte, war im Besitz eines (geschenkten) Graf-Flügels.

III
139

Allgemeine musikalische Zeitung XLII/6, 5. Februar 1840, Sp. 119-120
[Feuilleton]

Wie wir S. 258 des vorigen Jahrganges berichteten, wurde / *Paganini* auf Antrag des Pariser *Casino* verurtheilt, dieser Ge- / sellschaft 20,000 Franken Entschädigung zu zahlen, weil er gegen [119 // 120] sein gegebenes Versprechen in den Konzerten derselben nicht auf- / getreten war. Gegen dieses Erkenntniss appellirten beide Par- ⁵/ teien, und der königliche Gerichtshof zu Paris hat jetzt dahin ent- / schieden, dass die Entschädigungssumme auf 52,000 Franken zu / erhöhen sei.

III
140

Neue Zeitschrift für Musik XII./19, 3. März 1840, S. 76b   *[Vermischtes]*

* * * Ein Journal erzählte vor Kurzem einen schön be- / scheidenen Ausspruch des großes Schauspielers Ludwig De- / vrient. Er gab nämlich manchmal zu seinem

Vergnügen / die komische Gerichtsperson im Don Juan. Als ihm deshalb / ein Bekannter Vorwürfe darüber machte, antwortete er: mit / Mozart auf einem Zeddel zu stehen, ist schon eine Ehre. –

---

mittlerer Asterisk tief gestellt.

III
141

Allgemeine musikalische Zeitung XLII/10, 4. März 1840, Sp. 204   [Feuilleton]

In *Amsterdam* wollte jüngst der Pianist Döhler, in Verbin- / dung mit dem Geiger Cellier und dem Violoncellisten Georges / Hainl, ein Subskripzionskonzert geben, und wählte dazu die Mit- / tagsstunden des Sonntags. Schon hatte eine grosse Menge Dilet- / tanten subskribirt – da erklärte der Herr Bürgermeister, es [5]/ könne das Konzert nicht gestattet werden: am Sonntage solle man / in die Kirche gehen und nicht Musik hören. Vergebens waren / alle Gegenvorstellungen; es blieb bei dem Verbote.

III
142

Allgemeine musikalische Zeitung XLII/13, 25. März 1840, Sp. 272   [Feuilleton]

Ueber die Pariser *keusche Susanne* (s. Feuilleton S. 78) ist / nun gar ein Prozess entstanden. Herr Duponchel, Direktor der / grossen Oper zu Paris, verklagte das Theater de la Renaissance / (welches die Oper aufgeführt hatte), weil das Stück zu einer Gat- / tung gehöre, deren Darstellung nur der grossen Oper verstattet [5]/ sei; der Kläger verlangte deshalb eine Entschädigung von 50,000 / Franken. Von der andern

Seite wandte man ein, dass die Ent- / scheidung der
Frage: ob die keusche Susanne zum Repertoir des /
Theaters de la Renaissance gehöre – nicht von den
Gerichten, / sondern nur von der Theater-Administration
ausgehen könne; die [10]/ Letztere aber habe bereits
darüber entschieden, denn sie habe / dem Theater de la
Renaissance die Aufführung gestattet. – Das / Gericht
ging auf die letztere Meinung ein, erklärte sich für inkom-
/ petent, wies demzufolge den Kläger ab und verurtheilte
ihn in / die Kosten. [15]

Der Fétis-Schüler Hippolyte Monpou (1804-1841) war Organist an
verschiedenen Pariser Kirchen und verlegte sich seit 1830 auf
Opernkompositionen nach beliebten Vorlagen aller Art. Die am 27.
Dezember 1839 (nach MGG II: 1840) uraufgeführte vieraktige Oper ‚Die
keusche Susanne‘ („La chaste Suzanne“) nach einem Libretto von
Pierre-Frédérice-Adolphe Carmouche (1797-1868) zählt zu einer
Gattung von Stücken, die man nach damaligem Sprachgebrauch ‚fri-vol‘
nannte. Obwohl sie sich im Untertitel als ‚grand opéra‘ bezeich-nete,
gehörte sie gewiß nicht zum Programmstandard einer seriösen ‚Großen
Oper‘, erfreute sich aber bei den Parisern besonderer Be-liebtheit und
erweckte des Kassenerfolgs wegen die Begehrlichkeit Duponchels. –
Einer Feuilleton-Notiz der ‚Allgemeinen musikalischen Zeitung‘ vom 11.
November 1840 nach ging das Theater de la Re-naissance noch im
selben Jahr bankrott. Mit der Wiedereröffnung war die Auflage
verbunden, künftig keine Stücke mit Musik mehr geben zu dürfen.

III
143

Neue Zeitschrift für Musik XII./28, 3. April 1840, S. 112a-112b   *[–]*

Mozart und Scandelli.

Wie kommen diese beiden Meister, von denen der
letztere / 1580 zu Dresden als Capellmeister starb, in
Verbindung? / Durch nichts anderes, als durch die
Zauberflöte, die den / sonst an Ideenquellen so unendlich

reichen Mozart mit ver- / schiedenen Componisten, wie ich in meiner Geschichte der Haus- [5]/ musik bewiesen habe, zusammenführte. Mozart nahm be- / kanntlich die mehr als dreihundertjährige Choralmelodie: „Ach / Gott vom Himmel sieh darein – " in diese Oper auf. Mit / so viel Ueberlegung und Bedacht dies von ihm geschah, wie / man sicher annehmen kann, wenn auch seine Biographen dar- [10]/ über schweigen, so unbewußt jedenfalls fanden zwei Zeilen / einer Choralmelodie von Scandelli daselbst Aufnahme und / – o Mozart! – der lebensfrohe Papageno muß sie sogar / erschallen lassen. Gehörten Jahrzehnde nach dem Entwerfen / der Zauberflöte dazu, um den ersten Fall als eine besondere [15]/ Merkwürdigkeit der musikalischen Welt zu verkünden – E. L. / Gerber war meines Wissens der Erste, welcher die Sache / 1812 bekannt machte – , was Wunder, daß ein halbes Jahr- / hundert vergehen mußte, um zu sagen, daß die ersten Tacte / des niedlichen Papageno-Liedchens: [20]/

Note für Note mit der siebenten und achten Zeile der Cho- / ralmelodie: „Nun lob mein Seel den Herrn –" übereinstimmt.

Um allen Zweifel zu beseitigen, der etwa sich hervordrän- / gen möchte, sollen hier die erwähnten Zeilen den Tönen und [12a //12b] Worten nach, ebenfalls eine Stelle finden. Sie sind aus ei- [25]/ nem Werk entlehnt, welches nahe an die Zeit Scandelli's streift. /

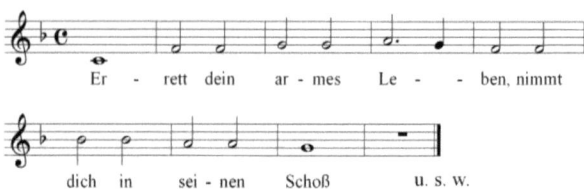

Er - rett dein ar - mes Le - - ben, nimmt dich in sei - nen Schoß u. s. w.

Ahneten zwar die vielen tausend Kunstfreunde, welche den / süßen Klängen der Zauberflöte lauschten, nichts von dieser / unschuldigen und dem Tondichter selbst unbewußten Mystifica- / tion, so muß doch Einer – wer nennt wohl seinen Namen? [30]/ – recht genau geistliches und weltliches Tonspiel zu unter- / scheiden gewußt, und die hier citirte Stelle vielleicht bei der / ersten Aufführung der Oper – zu Wien, am 30. Septem- / ber 1791 – aufgefunden haben. Gesagt hat aber dieser kluge / Kopf kein Wörtchen davon. – Was hätte es ihm auch ge- [35]/ holfen, da Papageno sein Liedchen fort und fort erklingen / ließ? –; er handelte lieber. Bald trat er nämlich mit / Scandelli's zwei Melodieenzeilen und mit zwei andern, von / Mozart hinzugefügt, hervor und sang mit lauter Stimme / „beim Wasserkrug, als wär' ihm Wein gereicht – " die Worte [40]/ des sentimentalen Hölty:

Ueb' im - mer Treu und Red - lich-keit bis an dein küh - les - Grab,

C. F. B e ck e r.

Antonio Scandello (nicht: Scandelli, 1517-1580) war ein historisch bedeutender Komponist geistlicher und weltlicher Musik, der 1562 zum Protestantismus übertrat, um in Dresden Hofkapellmeister der neu gegründeten Dresdner Hofkapelle werden zu können, der erste Italiener, der im Heiligen Römischen Reich Deutscher Nation des 16. Jahrhunderts dieses Amt erreichte. In dieser Zeit beginnt der Einfluß der italienischen Musik auf das deutsche Musikleben. – Der (an der Schwindsucht) früh verstorbene, bedeutende deutsche lyrische Dich-ter Ludwig Hölty (1748-1776) ist durch sein von Mozart vertontes Ge-dicht „Üb' immer Treu' und Redlichkeit" heute noch bekannt. Hölty gehörte zum Göttinger ,Hainbund' (1772-1775), einer sich im Umfeld der Geniezeit (Empfindsamkeit) gegen die ironisch unterkühlte Schreibart (Wieland, dessen Werk und Bild die Mitglieder in einem feierlichen Akt verbrannten) und gegen den Rationalismus wendende Bewegung naturverbundener Göttinger Studenten. Die Mitglieder des Hainbundes sahen in Klopstock ihr Vorbild. – sentimental: hier nicht (biedermeierlich) als ,rührselig', sondern zeitgenössisch als ,herzlich' oder ,anteilnehmend' mit einem moralischen Unterton zu verstehen

III
144

Allgemeine musikalische Zeitung XLII/15, 8. April 1840, Sp. 324   [Feuilleton]

Die Theaterfreuden zu *Lucca* wurden jüngst auf eine ziemlich / tragische Weise unterbrochen. Man gab Donizetti's Lucia di Lammer- / moor, worin ein Duell zwischen zwei Nebenbuhlern vorkommt. Un- / glücklicher Weise waren die beiden Sänger, welche die Nebenbuhler / vorstellten, Todfeinde, und als es nun im Verlaufe des Stückes zu 5/ dem Duell kam, machten Jene, von ihrem Hasse hingerissen, Ernst / aus der Sache, und während sich das Publikum noch an der Leben- / digkeit und Gewandtheit der Kämpfer ergötzte und sie lebhaft be- / klatschte, stürzte der Eine mit einem furchtbaren Schrei tödtlich / verwundet zu Boden und gab noch auf den Bretern seinen Geist auf. 10/ Der Todtschläger ist verhaftet; die ganze Sängergesellschaft aber / hat sich

zerstreut, denn Keiner wollte mehr auf der durch die blu-
/ tige That entweihten Bühne auftreten.

III
145

Neue Zeitschrift für Musik XII./32, 17. April 1840, S. 127b   [Vermischtes]

* * * Der Allg. Augsburger Zeitung wird unterm 21sten
/ März aus Palermo berichtet, daß Francilla Pixis / am
Tage ihrer Benefizvorstellung eine massiv goldene, mit /
Edelsteinen besetzte Lorbeerkrone mit der Aufschrift:
„dem Ver- / dienste, die Stadt Palermo" erhalten hat, und
nach der Vor- 5/ stellung (Norma), von mehr als 1000
Personen mit Fackeln / nach Hause geleitet wurde. Diese
seltene Auszeichnung machte / viel Sensation. Die
Verehrer einer andern Sängerin wollten / in einer
folgenden Vorstellung auch dieser ihre Anerkennung /
durch Blumenkränze [etc.] zu erkennen geben; es
entstanden 10/ Parteien und großer Tumult, daß Tags
darauf das Theater / geschlossen blieb. Der Gouverneur
soll sogar so weit gegan- / gen sein, beide Sängerinnen
von der Insel zu verweisen. –

mittlerer Asterisk tief gestellt. – Die Mezzosopranistin Francilla Pixis
(Franziska Helma Göhringer, 1816-1888, ihr Pflegevater hieß Pixis) war
eine deutsche Opernsängerin von zierlicher (kleiner) Gestalt, die in
Berlin, Wien, Leipzig, Dresden, Paris, London, Neapel mit Enthusiasmus gefeiert wurde. Sie heiratete 1843 einen italienischen Aristo-
kraten (Cavaliere) und kehrte nach Deutschland zurück. Ihre Bühnenlaufbahn gab sie bereits 1846 auf. – [etc.] als (tironisches) Sigel.

III
146

Neue Zeitschrift für Musik XII./39, 12. Mai 1840, S. 156b　　　　[Vermischtes]

* * * Der National meldet, man wisse jetzt, warum Rossini / keine Opern, und Donizetti deren wie besessen schreibe. Um / als erster Componist zu gelten, habe Donizetti Rossini ge- / gen eine Entschädigung von 200,000 Frcs. vermocht, sich stille / zu verhalten, was Rossini mit Vergnügen angenommen [etc.] – [5]

mittlerer Asterisk tief gestellt. – Rossini hatte, was Geldsachen anbe-
langte, keinen sonderlich guten Ruf. – [etc.] als (tironisches) Sigel.

III
147

Neue Zeitschrift für Musik XII./42, 22. Mai 1840, S. 168b　　　　[Vermischtes]

* * * Die Calcuttaer Zeitungen enthalten einen Protest vie- / ler Missionaire und anderer Geistlichen gegen eine in Calcutta / beabsichtigte Aufführung des Messias von Händel, aus dem / Grunde, weil die Unternehmer dafür ein Entree verlangten, / „welches Thun und Verlangen der Gottheit aber sehr miß- [5]/ fällig sein müsse". –

mittlerer Asterisk tief gestellt.

III
148

Allgemeine musikalische Zeitung XLII/22, 27. Mai 1840, Sp. 479　　　[Feuilleton]

In Petersburg wollte man Meyerbeer's Hugenotten aufführen, / allein die Zensur erlaubte es nicht, nicht einmal nach der Wie- / ner Uebersetzung. So blieb denn nichts übrig, als die Oper im / Konzertsaale blos zu singen. Sie fand auch unter solchen ungün- / stigen Umständen die lebhafteste Theilnahme; vorzüglich wird [5]/ Herr Breiting als Raoul gerühmt.

Der Tenor Hermann Breiting (1804-1860) zählt zu den tragischen Sängerpersönlichkeiten des Jahrhunderts. Als Arztsohn studierte er zunächst Medizin (Erlangen, Würzburg), ging aber dank seiner einzigartigen Stimme zur Bühne und sang 1825 in Mannheim die Titelpartie in Mozarts ‚Titus'. Spontini verpflichtete ihn 1828 nach Berlin. Das Engagement musste er bereits ein Jahr später wegen eines Nervenleidens aufgeben. Breiting erholte sich, wurde Mitglied des Wie-ner Kärntnerthor-Theaters und unternahm glanzvolle Reisen nach Rußland und England. Im Jahre 1856 brach die Nervenkrankheit wie-der aus. Breiting verstarb in geistiger Umnachtung am 4. Dezember 1860 in der Irrenanstalt Riedstadt in Groß-Gerau (heute ‚Philippshos-pital Riedstadt). In der Literatur wird ihm nachgerühmt, kein Zeitge-nosse hätte ihn in der Genialität der Darstellung von Spontinis Titel-partie ‚Ferdinand Cortez' je übertroffen.

III
149

Neue Zeitschrift für Musik XII./52, 26. Juni 1840, S. 208b   *[Vermischtes]*

* * * Paganini's Tod scheint sich leider zu bestätigen, / da ihn auch die Zeitung von Genua meldet. P. selbst soll, / wie Berichte sagen, noch nicht an sein so nahes Ende ge- / glaubt haben, weshalb er sich auch geweigert, die Sacramente / zu nehmen. Die Weigerung war dem Bischoff von Nizza ge- [5]/ nug, um ihm eine Grabstätte zu versagen, weshalb seine Ue- / berreste nach Genua, seiner Vaterstadt, gebracht worden sein / sollen, wo man duldsamere Geistliche zu finden hoffte. Sein / großes Vermögen erbt sein 14jähriger Sohn. –

mittlerer Asterisk tief gestellt. – die Sacramente zu nehmen = gemeint sind die Sterbesakramente (Beichte, letzte Ölung [Krankensalbung] und Kommunion). Sie stehen nach katholischer Vorstellung für Reue über

Lebensverfehlungen, Stärkung auf dem letzten schweren Weg und den Beistand Gottes. Paganini erhielt nach etlichen Wirren zu-letzt ein kirchliches Begräbnis. Er starb am 27. Mai 1840 in Nizza, nachdem er Tage zuvor seine Stimme verloren hatte und deshalb nicht mehr sprechen konnte.

III
150

Neue Zeitschrift für Musik XIII./1, 1. Juli 1840, S. 4b [Vermischtes]

* * * Paganini hat, wie ital. Blätter berichten, außer / seinem Sohne ein Vermögen von 3–4 Millionen Frcs., noch / bedeutende Legate ausgesetzt, u. A. den Capuzinern für Mes- / senlesen eine gewisse Summe, seinen zwei Schwestern 135000 / Frcs., seiner Mutter, wie der Mutter seines Sohnes jeder ⁵/ eine jährliche Pension. Ueber die Krankheit, die seinen Tod / herbeiführte, das Leichenbegängniß [etc.] wundert man sich in / öffentl. Blättern noch nichts Genaueres zu lesen. –

mittlerer Asterisk tief gestellt. – [etc.] als (tironisches) Sigel.

III
151

Allgemeine musikalische Zeitung XLII/28, 8. Juli 1840, Sp. 582 [Feuilleton]

Spontini hat am 17. Juni die grosse Oper zu Paris vor Ge- / richt gefordert, weil sie an diesem Abende seine Oper Ferdinand / Cortez aufführen wollte; der Komponist hatte ihr nämlich diese / Aufführung untersagt, wenn sie ihn nicht nach Paris kommen lasse / und ihm die Auswahl der Sänger so wie die Umarbeitung des drit- ⁵/ ten Aktes gestatte. Von dem Gerichte wurde die Oper, unter der / Voraussetzung, dass Spontini binnen drei

Monaten nach erhalte- / ner Aufforderung nach Paris komme und seine Anordnungen treffe, / verurtheilt, die Aufführung des Ferdinand Cortez, bei Vermeidung / von 6000 Franken Schadenersatz für jede Vorstellung an Spontini, [10]/ zu unterlassen. Nach Eröffnung dieses Urtheils verlangte der / Direktor der Oper die Bestellung einer Kauzion wegen der ihm / hierdurch erwachsenden Schädenansprüche, und da diese Kauzion / in der verlangten Weise nicht sofort gestellt werden konnte, / hierdurch aber eine neue Entscheidung nöthig wurde, so ist die [15]/ Oper dennoch an jenem Abend aufgeführt worden. – Später / wurde die Kauzion (10.000 Franken) bestellt; die Oper musste / die 6000 Fr. Entschädigung vorläufig bezahlen, hat jedoch gegen / das erwähnte Erkenntniss Appellazion eingewendet.

Wie aus einer Feuilleton-Notiz der ‚Allgemeinen musikalischen Zei-tung' vom 29. Juli 1840 (XLII/31, Sp. 646) hervorgeht, hat Spontini den Prozess vor dem Pariser Appellationshof verloren, musste die erhaltenen 6.000 Franken Entschädigung wieder zurückgeben und alle Verfahrenskosten tragen.

III
152

Neue Zeitschrift für Musik XIII./3, 8. Juli 1840, S. 12b   *[Vermischtes]*

* * * Paganini soll, wie franz. Blätter schreiben, seine / acht ausgezeichneten Geigen folgenden acht Künstlern testa- / mentarisch vermacht haben: Beriot, Ernst, Lipinski, / Mayfeder, Molique, Ole Bull, Spohr und Vieux- / temps. Wie echt künstlerisch! – [5]

---

mittlerer Asterisk tief gestellt.

Allgemeine musikalische Zeitung XLII/29, 15. Juli 1840, Sp. 603-606 　　*[–]*

N i ç o l o P a g a n i n i

wurde . . . [603 /// 606] . . .

.....Ein junger genialer Arzt in Italien, Dr. Bennati / hat über Paganini merkwürdige physiologische Studien / gemacht; es ist dies eine Art Gall'scher Schädellehre, [5]/ angewendet auf die Glieder des Körpers. So hatte z. B. / Paganini keine übermässig grosse Hand, allein die Ner- / ven derselben waren so dehnbar, dass er damit unge- / heure Griffe machen konnte. Der besondere Bau seiner / Hand liess ihn auch – was wenig bekannt ist *) – auf [10]/ der Guitarre eine fast ebenso grosse Fertigkeit errin- / gen als auf der Geige.

　　. . .

　　　　　　. . . . .

_____

*) Doch! Ueberhaupt ist Paganini's ganze Lebensgeschichte in [15]/ unsern Blättern ausführlich zu finden, natürlich zerstreut.

　　　　　　　　　　　　　　　Die Redakzion.

Allgemeine musikalische Zeitung XLII/31, 29. Juli 1840, Sp. 642-645 　　*[–]*

K ü n s t l e r e i g e n t h ü m l i c h k e i t e n.

Von C. B. v. M i l t i t z.

Unter dem Titel „Silves musicales" hat Henri / Blanchard in der Pariser musikalischen Zeitung1840, / No. 34, 3. Mai, auf eine geistreiche Weise, mit fran- /

zösischem Humor, gewisse Sonderbarkeiten berühmter /
Gelehrten und Künstler erwähnt, die darin bestanden, 5/
dass es ihnen nur unter gewissen äussern Umständen /
möglich war, geistig zu produziren. Herr Blanchard / führt
einige in der That sehr auffallende Erscheinungen /
dieser Art an, die wir zur Ergötzlichkeit des Lesers /
berichten, einige andere dazu fügen, einige Unrichtigkei-
10/ ten verbessern, die von teutschen Künstlern oder Ge-
/ lehrten erzählt werden, und dann suchen wollen die gei-
/ stige Seite der Erscheinung – nicht zu erklären – denn /
das ist, wie alles rein Psychologische unmöglich, – aber /
vielleicht in ein etwas helleres Licht zu setzen und der 15/
Sache das oft kindische Gewand abzustreifen, in dem /
sie, oberflächlich betrachtet, erscheint. Was nun Herr /
Blanchard von seinen Landsleuten erzählt, muss er, wie /
es sich von selbst versteht, vertreten. *Büffon*, der be- /
rühmte Naturforscher und Denker soll nicht anders als 20/
in einem reicherleuchteten Studirzimmer, am hellen Mit- /
tage, im reichgestickten Kleide mit Spitzenmanschetten, /
haben arbeiten können. *Bourdolour* oder *Massillon* (Herr
/ Blanchard ist darüber zweifelhaft), beides berühmte
geist- / liche Redner, konnten keinen Gedanken
entwickeln, als 25/ indem sie Violine spielten. *Gretry* soll,
wenn ihm eine / Komposizion oblag, erst in seine Küche
gegangen sein, / wo ihn der Geruch der verschiedensten
Esswaaren pro- / duktiv stimmte. Wir erinnern hierbei,
dass wir in sei- / ner Biografie nichts davon gelesen
haben. *Schiller*, 30/ *Gluck* und *Charles Nodier* – wohl
einer der gemüths- / reichsten heutigen französischen
Schriftsteller – sollen / sich in *une espèce de souterrain*
eingeschlossen und dort / *de l'excellent vin*, also wohl in
einem ganz einfachen / Keller, getrunken haben. Was
Nodier betrifft, so müs- 35/ sen wir das Herrn Blanchard
glauben, was aber *Schiller* / betrifft, so ist das
Weintrinken im Keller durchaus grund- / los, da es jetzt

aus unbezweifelten Quellen gewiss ist, / dass der übermässige Gebrauch von China, den er gegen / Fieberleiden sich angewöhnt hatte, ihn aufrieb. Eben ⁴⁰/ so wenig passt die Anekdote auf unsern Landsmann / *Gluck*, der ein sehr mässiges Leben führte. Dass *Victor* / *Hugo* und *Voltaire* beim Arbeiten stets Kolik bekamen, / ist weniger bekannt, als dass letzterer den Kaffee sehr / liebte, den er, gegen seinen Arzt, wenigstens für ein ⁴⁵/ *langsames* Gift erklärte, da er ihn während vierzig Jah- / ren so häufig ohne Schaden angewandt habe. Dass / *Haydn* sich nicht an's Piano setzte, ohne einen sehr / schönen Brillantring am Finger zu haben, den er für / einen begeisternden Talismann hielt, haben wir nie ge- ⁵⁰/ hört noch gelesen. Rührender und interessanter wäre / der verbürgte Umstand erwähnt worden, dass der fromme / Mann nicht eher des Morgens an seine Arbeit ging, als / bis er kniend den Himmel um seinen Segen angerufen / hatte. Aber freilich passt so etwas nicht in den heuti- ⁵⁵/ gen französischen Kram. *Mozart* vermochte bekannt- [642 // 643] lich, so wie *Rossini*, unter lärmender Gesellschaft zu / komponiren, während andere die grösste Stille und Ein- / samkeit verlangten. Er pflegte immer linirte Notenblätt- / chen bei sich zu haben, auf welche er, zumal auf Rei- ⁶⁰/ sen, seine Ideen skizzirte. *Beethoven*, *Righini*, *Homi-* / *lius*, *Naumann*, *Hesse* fühlten sich vorzüglich auf und / nach langen Spaziergängen in schöner Natur zum Kom- / poniren begeistert. *Hasse* soll den Hauptgedanken sei- / nes bekannten schönen Te Deum in D dur nach einem ⁶⁵/ Spaziergang im grossen Garten bei Dresden geschöpft / und beängstigt ihn zu vergessen, in Ermangelung jedes / andern Schreibmaterials, ihn einem Bauernburschen, der / ihm begegnet, mit Kreide auf den breiten Rücken ge- / schrieben und ihn vor sich her in die Stadt getrieben ⁷⁰/ haben! *Se non è vero etc.* Schreiber dieses hat viele /

Komponisten gekannt, und immer bemerkt, dass manche / Sonderbarkeiten nur Reflexe ihres übrigen Wesens wa- / ren. *Naumann*, voller Feuer, heftig bis zum Verletzen- / den bei dem edelsten Herzen, war reinlich in seinem [75]/ Aeussern, aber ohne Zierlichkeit. Er machte von sei- / nen Arbeiten keine Skizzen, sondern schrieb unschön, / strich aus, was ihn̲ nicht taugte, und viel zu lebhaft um / ein Blatt trocknen zu lassen, beschrieb er es höchst sel- / ten auf beiden Seiten, sondern ging gleich auf's nächste [80]/ über. *Schuster* und *Seidelmann* dagegen, beide seine / Schüler, höchst elegant und zierlich im Modestyl ihrer / Zeit, machten Entwürfe von ihrer Arbeit und schrieben / sie dann, schön wie in Kupfer gestochen nieder, ohne / eine Note zu ändern. In allen Stimmen die *po.* und *for.* [85]/ mit der grössten Sauberkeit eingezeichnet. Der alte / *Misliweczeck*, ein zu seiner Zeit sehr beliebter Kompo- / nist, aber schon früh kränklich, konnte nicht anders als / im Bett liegend arbeiten. Ein anderer sehr geschätzter / italienischer Komponist liess sich, wenn er für die Kirche [90]/ schrieb, erst von seiner Haushälterin die lauretanische / Litanei zur heiligen Jungfrau laut vorbeten, wobei er / knieend respondirte. Dann ging er an die Arbeit und / lieferte treffliche Sachen. Manche Maler und Tonsetzer / hatten eine solche Vorliebe für gewisse Farben und For- [95]/ mate von Papier, dass sie sich nur wenn sie solches hat- / ten, zum Erfinden aufgelegt fühlten. Es würde wohl / bei einigen Nachforschungen nicht allzuschwer sein, eine / grosse Menge, und vielleicht noch weit eigenthümlichere / Sonderbarkeiten von bedeutenden Männern im Reiche [100]/ poetischer Schöpfungen zusammenzutragen, ohne dass / damit mehr als ein unterhaltendes Kapitel in einer musi- / kalischen Aesthetik gefüllt, aber nichts erklärt würde. / Eben so geneigt als die Welt ist, jene Sonderbarkeiten / mit der Nachsicht zu betrachten, die man halb Verrück- [105]/ ten –

und das sind ihr die Künstler mehr oder weni- / ger alle – zugesteht, eben so schnell möchte der / Freund der Künstler behaupten, jene Wunderlichkeiten / seien vom echten genialen Künstler unzertrennlich, ja / sie geben der Bürgschaft von jener ganz andern wunderrei- [110]/ chen Sfäre in der der Künstler lebt. Leider können / wir das dem wohlmeinenden Enthusiasten nicht zugeben, / da es unbestritten höchst verdiente Künstler gegeben hat / und noch gibt, die, wenn sie sich überhaupt zum Schaf- / fen aufgelegt fühlen, ganz unabhängig von Aeusserlich- [643 [115]// 644] keiten sind und durchaus keine Art von Sonderbarkeit / an sich haben. Aber dagegen möchten wir auch kei- / nesweges behaupten, dass jene den wunderlichsten Lau- / nen unterworfenen Künstler nicht vielleicht gerade die / mit Fantasie am reichbegabtesten gewesen wären, und [120]/ wenn wir genauere Nachrichten über das Privatleben / mancher berühmter Kunstmeister hätten, so würden wir / vielleicht, zu unserer Verwunderung, erfahren, dass auch / sie von jenen unerklärlichen Sonderbarkeiten keineswe- / ges ganz frei gewesen, sondern sie nur, um nicht ge- [125]/ missdeutet zu werden, ängstlicher verborgen, sich selbst / strenge in Zaum und Zügel gehalten haben. Wer in / den Dingen auf der Welt, so wie sie sich den Sinnen / darstellen, nur eben Farbe, Ton, Form sieht und hört, / ohne bei gewissen Nüancirungen z. B. von Grün und [130]/ Blau, bei gewissen Klängen, wie z. B. Horn und Aeols- / harfe, sich nicht auf's wunderbarste ergriffen, von ge- / heimnissvollem Schauer durchrieselt fühlt, der mag ein / praktischer Weltmensch sein – ein vielbegabter Künst- / ler ist er schwerlich. Das Romantische, Mährchenhafte [135]/ ist das Element des Künstlers und Anregungen einer / Welt des Wunderbaren in der er entweder einst schon / als Geist lebte ehe er für die Erde geboren ward, oder / in die er dereinst versetzt werden soll, treten ihm da /

entgegen, wo die andern Menschen aber nur Blau und 140/ Grün sehen, einen Schall hören, einen Geruch riechen. / Die Einwirkungen der Sinne auf alle Menschen sind / bekannt, aber keineswegs alle Menschen die gern Blu- / men riechen oder Musik hören, werden durch den Ge- / ruch einer Blume an eine gewisse Person erinnert, die 145/ diese Blume trug, oder können sich der Thränen bei / gewissen Tonverbindungen nicht enthalten, glauben bei / einer harmonisch schönen Durchführung in verschiedenen / Stimmen, Huldgestalten der Liebe und Wehmuth zu er- / blicken, die sich in mystischen Gruppen umschlingen und 150/ auf- und niederschweben. Die Art, wie sinnliche Ein- / drücke in manchen Menschen geistige Vorstellungen alle- / zeit und stets in gleicher Stärke hervorrufen, ist eben / so unbestreitbar gewiss, als unerklärlich. Wenn der / Eintritt in einen gothischen erhabenen Dom, wenn das 155/ unerwartete Erklingen eines vierstimmig gut gesungenen / Chorals selten einen Menschen unbewegt lässt, so sind / diese Eindrücke an sich schon so stark, dass sie eine / bestimmte Stimmung in nur etwas rezeptiven Gemüthern / sogleich hervorrufen. Allein wie viel tausend Menschen 160/ sehen alljährlich die herrlichsten Sonnenuntergänge, den / herrlichsten Mondschein ohne im Geringsten davon er- / griffen zu werden. Man hat zweierlei Erklärungen der / erwähnten Sonderbarkeiten an Künstlern versucht, die / aber beide, wie das so oft der Fall ist, nichts erklären. 165/ Zuerst sagte man, der Denker oder Künstler sei als er / eben einmal geistig produzirte, in einem Prachtkleide (wie / Büffon) angethan gewesen, oder habe sich eben (wie / Gretry) in der Küche befunden, als ihm musikalische / Ideen gekommen. Nun sei ihm dieser Umstand habi- 170/ tuell geworden und weil er einmal in einem Paradekleide / tief nachgedacht, oder in einer Küche unter allerlei Ge- / rüchen komponirt habe, weil

Einer ferner *einmal* in / einem blauen oder grünen Zimmer etwas rührendes er- [644 // 645] lebt habe, so sei ihm nun habituell geworden bei gewis- 175/ sen Nüançen von Grün oder Blau gerührt zu werden. / Dass diese Erklärung ziemlich materiell, oder wie mit / der Axt zugehauen erscheine und dem Erfinder wenig / Kopfbrechens gekostet habe, liegt am Tage. Andere / behaupteten, um jene geistige sensible Erregbarkeit für 180/ gewisse Farben und Strahlenbrechungen, für gewisse / Tonverbindungen zu besitzen, müsse man erst durch / mannichfache Geistesbildung herangezogen werden. Al- / lein dem widerspricht die Erfahrung, dass ganz junge / Kinder sich mit Lebhaftigkeit gewissen Farben und den 185/ Klängen gewisser Instrumente zugewendet haben. Re- / ferent hat selbst ein Kind gekannt, das mit drei Jahren / unverwandt in die untergehende Sonne starrte und durch / kein Spielzeug von seiner Exstase zurückgebracht wer- / don konnte. Dasselbe Kind verlangte mit Ungestüm 190/ nach dem Orte getragen zu werden, von wo Klarinet- / tentöre erklangen und liebkoste dem Bläser. Muss man / aber diese Ausnahmen zugeben, so widerlegen sie von / selbst die Zulänglichkeit jener erwähnten Erklärungen. / Wie sehr täglich sogenannte physische Idiosynkrasien, 195/ z. B. Personen, die beim Anblick von Erdbeeren Blasen / im Gesicht bekommen, andere, die die Gegenwart von / gewissen Thieren ohnmächtig werden lässt, warum wol- / len wir nicht auch an geistige Idiosynkrasien glauben? / So wenig wir dort die Ursache der Erscheinung zu er- 200/ klären vermögen, so wenig können wir es hier. Ohne / daher diejenigen für keine Künstler halten zu wollen / die dergleichen geistige Idiosynkrasien nicht kennen, sei / uns doch erlaubt diejenigen, welche in gewissen Farben / einen Lichtglanz von Jenseits sehen, in gewissen Tönen 205/ einen Ruf von Jenseits hören, für höchst geistig organi- / sirt zu halten, und die wehmüthige Wonne, die sie bei / jenen Farben und Tönen empfinden, und die sie so un- / aussprechlich glücklich macht, keineswegs für leere / Schwärmerei zu erklären, sondern mit jener schweigen- 210/ den Ehrfurcht zu betrachten, die uns höher gestellte Na- / turen, als wir selbst sind, unwillkürlich einflössen.

eigentümliche Kommata-Setzung. – China = gemeint ist Chinarinden-pulver. – zur Geschichte um Hasse s. II/137. – Se non è vero . . . = Wenn es nicht wahr ist, . . . [so ist es doch gut erfunden.]. – Bourdo-lour = gemeint ist vermutlich der französische Jesuitenpater Louis Bourdalue (1632-1704), dessen gewaltige Rednergabe von seinen Zeitgenossen über alle Maßen gerühmt wurde. Er war Professor für Rhetorik und predigte vor seinen atemlosen Zuhörern in Paris über Stunden hinweg.

III
155

Neue Zeitschrift für Musik XIII./11, 5. August 1840, S. 43b-44b   [–]

Paganini.

(Frei nach dem Französischen des Fayot von J. B.)

Paganini hat vollendet! . . . [43b /// 44b] . . .

Als er das erste Mal nach London kam, machten ihm die / Lords Wellington und Mulgrave sogleich ihre Aufwartung / und luden ihn zur Tafel. Er lehnte jedoch diese Ehre mit / den Worten ab: „Ich habe meine eigene Tafel; und wenn 5/ Sie mich hören wollen, belieben Sie in's Concert zu kom- / men!" – Nur noch eine der vielen Anekdoten will ich er- / wähnen, die seine überall gezeigte Unabhängigkeit bekunden. / Im Jahre 1832 hatte man in den Tuillerien den Wunsch geäußert, / (so erzählt man wenigstens) Paganini in einem Privatconcert

10/ zu hören. Er ging darauf ein und besah den Tag vorher den / Saal. Bei dieser Gelegenheit verlangte er vom Intendanten, / daß er eine Draperie wegnehmen lasse, welche ihn störe. Der / Intendant äußerte, daß dies unmöglich sei, und Paganini, / ohne ein Wort zu sagen, ging mit dem Vorsatze fort, des an- [15]/ dern Tages nicht zu erscheinen. Und wahrlich! als die Stunde / die hohen Herrschaften zum Concert rief, hatten diese gut / Warten. Weder der Künstler kam, noch Nachricht von ihm. / Als man an seine Thür klopfte, erfuhr man, daß er sich zu / Bett gelegt. [20]

J. B. = [Julius Becker].

III
156

Neue Zeitschrift für Musik XIII./13, 12. August 1840, S. 51b-52b   *[–]*

Paganini.

(Schluß.)

Als Paganini vor einigen Jahren nach Genua zurück- / kehrte, erfuhr er, daß die Fürstin Marie Louise, ehemalige / Gemahlin Napoleons, sich sehr begeistere über sein Talent, / welches sie einige Jahre nach dem Sturze Napoleons in Wien / zu bewundern Gelegenheit gehabt, ausgesprochen und geäußert [5]/ habe, sie werde nicht ermangeln, ihm ihren Besuch abzustat- / ten, sobald er sich in der Umgegend aufhalte. Lebhaft dadurch / ergriffen, schrieb Paganini an die Fürstin dankend und erklä- / rend, daß er der Ehre gewärtig, welche sie seinem Hause ver- / sprochen. Maria Louise läßt ihm nach seiner Rückkehr ihren [10]/ Besuch anmelden. Paganini ladet Hof und Minister zum Feste, /

beschäftigt eine Legion Köche und bewirthet, einem Fürsten / gleich, seine Gäste zur höchsten Verwunderung und Zufrieden- / heit der Fürstin, welche mehre Tage auf seinem schönen Land- / gute verweilt. Bald darauf verläßt er eines Morgens sein [15]/ Haus und geht zu Fuß fort, um die Landpost ein- / zuholen. Nur sein Kind folgt ihm, mit dem er endlich [51b // 52a] Platz auf einer Diligence findet. Wie gewöhnlich sagte er: / „diese Reise wird die letzte sein".

   . . . [52a // 52b] . . .

III
157
Neue Zeitschrift für Musik XIII./13, 12. August 1840, S. 52b   *[Vermischtes]*

   * * * Nach der Leipziger Allg. Zeitg. soll Berlioz von / der Regierung für seine für die Julitage componirte Trauer- / symphonie 12000 Frcs., für den Trauermarsch, der zur Bei- / setzung der Asche Napoleon's gespielt wird, 20000 Frcs. erhal- / ten haben. Die Nachricht scheint übertrieben – [5]

mittlerer Asterisk tief gestellt.

III
158
Neue Zeitschrift für Musik XIII./15, 19. August 1840, S. 59b-60b   *[–]*

Schweizerisches Musikfest in Basel
Vom 6ten bis 9ten Juli.

   . . . längst Erwarteten an *) . . .

———————

*) Es ereignete sich hierbei ein drolliger Witz. In einem / Biergarten am Rhein vor der kleinen Stadt war eine reisende / Musikgesellschaft und versüßte den Gästen den bittern Ger- / stensaft. Als endlich von der Bastion am St. Albanthore, 5/ aus Groß-Basel herüber die 12 Pfünder donnernd brüllten, / zum Signale der Ankunft der eidgenössischen Musiker, da fiel / es einem hiesigen Küfermeister ein, ans Wasser hinab zu sprin- / gen und hier ein par hazard stromaufwärts fahrendes Stein- / schiff zu kapern. Die reisende Musikgesellschaft mußte mit 10/ einsteigen und dem Baseler Küfermeister Musik machen bis an / die Rheinbrücke. Dieser Kahn bildete nämlich den unberufe- / nen Vortrab des befahnten Zürcherischen Musikschiffes. Da / es aber schon ziemlich finster war, so erkannte das am Rhein- / ufer in Klein-Basel zum Empfange der Eidgenossen stationirte 15/ Festcomité nicht, daß besagtes Vorschiff kein eidgenössisches / Musikschiff war und ermangelte nicht, dem obgenannten Kü- / fermeister die gewöhnlichen Empfangskapriolen zu schneiden; / man ließ es an Hurrah und Complimenten nicht fehlen, bis / die hochgeachteten Herren ihren Irrthum erkannten. Dieser [59 b 20// 60a] . . . . .

Witz gab zu einigen Unannehmlichkeiten Anlaß, so daß der / Küfermeister für einige Zeit eingesteckt worden ist. –

par hazard (hasard) = zufällig. – 12 Pfünder = gemeint sind nicht 12 Pfünder, sondern 12-Pfünder (Kanone Kaliber 7,6).

159

Neue Zeitschrift für Musik XIII./15, 19. August 1840, S. 60b   [Vermischtes]

* * * Ueber Paganini's Nachlaß erfährt man noch folgen- / des Genauere: der Gesammtwerth seines Vermögens wird, auf / 1,700,000 Frcs. geschätzt. Universalerbe ist sein Sohn Achilles, / dessen Vormund der Marquis Pareto in Genua. Den früher / erwähnten Legaten sind noch beizufügen: 6000 Frcs. jährl. / Rente einer Dame in Lucca, deren Name verschwiegen bleiben / soll: eine dergl. von 1200 Frcs. der Mutter seines Sohnes. / Ueber die letztere wird noch bemerkt, daß sie weder Jüdin, noch / niederen Standes, sondern Sängerin sei, die Paganini früher / auch oft in seinen Concerten unterstützt habe. Seine Lieb- / lingsgeige hat er der Stadt Genua vermacht. Ueber die Her- / ausgabe seiner nachgelassenen Compositionen erfährt man noch / nichts. –

mittlerer Asterisk tief gestellt.

160

Allgemeine musikalische Zeitung XLII/35, 26. August 1840, Sp. 734 [Feuilleton]

Paganini's Testament. Das hinterlassene Vermögen des Vir- / tuosen besteht grösstentheils in Immobilien und ist gerichtlich auf / mehr als 1,700,000 Franken geschätzt. Paganini's ältere Schwe- / ster erhält den Niessbrauch eines Kapitals von 75,000 Franken, / der nach ihrem Tode auf ihre Kinder übergeht; die jüngere [5]/ Schwester unter gleichen Bedingungen den Niessbrauch von 50,000 / Franken; eine Dame in Lukka, deren Name nicht genannt wer- / den darf, 6000 Franken jährliche

Rente; die Mutter des Sohnes / Paganini's 1200 Franken jährliche Rente. (Letztgedachte Frau ist / nicht, wie man behauptet hat, eine Jüdin, sondern gute Katholi- 10/ kin und zugleich ausgezeichnete Sängerin, welche Paganini auf / seinen frühen Kunstreisen begleitete.) Alles Uebrige erhält sein / Sohn Achilles. (Journ. des Débats.)

III
161

Neue Zeitschrift für Musik XIII./30, 10. Oktober 1840, S. 120b   [Vermischtes]

* * * Die Zeitungen melden den interessanten Fall, daß an / der Irrenanstalt in Bicetre bei Paris ein ordentlicher / Gesanglehrer angestellt worden, da sich die Musik schon / an vielen Wahnsinnigen als besonders heilsam erwiesen. –

mittlerer Asterisk tief gestellt. – s. III/165.

III
162

Allgemeine musikalische Zeitung XLII/42, 14. Oktober 1840, Sp. 871-872
[Feuilleton]

Curiosum. Während der letzten Konzertsaison in London, [871 // 872] sang ein Mädchen von *drei und einem halben Jahre*, genannt die / kleine Sappho, in mehreren Konzerten verschiedene Lieder, Ro- / manzen, ja selbst schwierige italienische Arien mit grösster Rein- / heit und Sicherheit. [5]

163

Neue Zeitschrift für Musik XIII./31, 14. Oktober 1840, S. 124b   [Vermischtes]

* * * Ist's möglich? In Brüssel fand man vor einigen / Wochen an allen Straßenecken folgende, mit großen Lettern / gedruckte Affiche: Superbes bijoux et parures, provenant / d'une femme célèbre, à vendre publiquement. Man rieth / hin und her, wer die „femme célèbre" sein könne, bis man / die Gewißheit erfuhr, – die Malibran war gemeint. Mr. / de Bériot hat sich vor Kurzem wieder verheirathet. –

---

mittlerer Asterisk tief gestellt. – [die] Affiche = Anschlag im Sinne von Plakat. – parure = Kombination mehrerer aufeinander abgestimmter Schmuckstücke, etwa Halskette + Ohrgehänge + Fingerringe. – Superbes . . . = Hervorragender Schmuck und mehrteiliges Geschmeide aus dem Besitz einer berühmten Frau, öffentlich zum Verkauf. – Malibran = gemeint ist Maria Malibran. – zu Malibran und Bériot s. III/6.

---

164 / 165 / 166

Neue Zeitschrift für Musik XIII./32, 17. Oktober 1840, S. 128a-128b   [–]

C u r i o s a.

Aus dem Tagebuche eines alten Cantors.
(Wider dessen Willen mitgetheilt durch A. B. C.)

Wäre ich ein König oder ein großer Herr, ich ließe nächst / dem allgemeinen Gesetz über die Presse und den Nachdruck / keines angelegentlicher betreiben und, so meine getreuen Stände / wollten, schneller promulgiren, als Folgendes: [128a // 128b]

„Jeder Musikalienverleger soll auf jedes neu edirte Musik- 5/ stück nicht nur die Jahreszahl, sondern auch die Reihenzahl / der Editionen nennen, welche das Werk erlebt hat."

Das mag wohl Manchem unwichtig und spaßhaft vor- / kommen, von Zahlen so viel Wesens zu machen. Aber es wäre / doch angenehm und belehrend, wenn man bei jedem Beetho- [10]/ vianum und Mendelsohnianum [etc.] sogleich das Entstehungs- / jahr wüßte, entweder um überhaupt ihre künstlerischen Ent- / wickelungsstufen daran zu ermessen, oder um zu stiller psycho- / logischer Beobachtung dies oder jenes Lebensereigniß verglei- / chend daran zu knüpfen. Auch darum wär' es gut, damit [15]/ man den böswilligen Verlegern auf die Finger sehen könnte, / welche ohne Wissen des Editors gern unveränderte Auf- / lagen abdrucken lassen. Zu meiner Zeit klagte man über der- / gleichen Felonie häufig; ob es jetzt noch so ist, weiß ich nicht, / und glaub's auch nicht – es wäre ja eine Schande für das [20]/ aufgeklärte Zeitalter.

Zeilen [5-7] halbeingerückt. – [etc.] = als (tironisches) Sigel. – promulgiren (promulguíeren) = [als Gesetz] öffentlich bekannt machen. – Felonie = Treubruch. – Anders als im Buchwesen, wo man die Auflagen zu Werbezwecken numerierte und die Erscheinungsjahre (mit Ausnahmen) angab, waren die Musikalien- (und die Schallplatten-) verleger trotz immer wieder laut werdender Proteste dazu nie bereit, weil sie Nachteile befürchteten. Musikalienkäufer suchten im 19. Jahrhundert den Händler auf, um sich die neuesten Noten vorlegen zu lassen und auf dem laufenden zu bleiben. Ein Stück mit einer län-ger zurückliegenden Erscheinungs-Jahreszahl hätte sie vom Kauf abschrecken können. Die Forschung benötigt daher heute die Ein-sicht in die Stichbücher oder besondere Korrespondenzen zwischen Verlag und Druckerei, sofern möglich und noch vorhanden, um Erscheinungsjahr, Auflagenhöhe und Auflage-Jahr zu ermitteln. In wissenschaftlichen Ausgaben (Kritische Ausgaben) sind diese Angaben heute selbstverständlich; in russischen Ausgaben wird sogar der Ausgabe-Tag angegeben. In bestimmten Fällen ist dank der fortgeschrittenen kriminaltechnischen Untersuchungsmethoden die Feststellung möglich, um das wievielte Stück es sich innerhalb einer Auflage handelt.

Sans comparaison fällt mir hierbei folgendes ein. Von
/ J. S. Bach's Johannispassion gibt es ohne Wissen des /
Publicums zwei sehr ähnliche Ausgaben, nur Schade,
daß sie / auch schlimme Unähnlichkeiten haben. Die
ältere ist im Gan- / zen correct, und nur solche Fehler
darin, wie sie dem geübte- [5]/ sten Corrector auch
entgehen können; die zweite ist abscheulich / durch
Druckfehler entstellt. Wahrscheinlich hat Hr. Traut- / wein
bei dieser zweiten einen minder guten Corrector zugezo-
/ gen, als Hrn. Hellwig, dem ich die ältere Ausgabe mit
vol- / lem Herzen danke, und darin einigen Ersatz sehe
für seine [10]/ Willkürlichkeiten bei meinem lieben Judas
Maccabäus, den er / oft bedeutend verändert hat. –
Woher in der zweiten Aus- / gabe der Johannispassion
die vielen Fehler? ob von Hrn. / Hellwig, oder einem
rascheren Corrector, weiß ich nicht, und / ist auch nichts
daran gelegen. Aber wär's nicht hübsch und [15]/
vortheilhaft, wenn auf beiden Ausgaben Jahreszahl und
Edi- / tionsnummer stände, damit sich das Publicum vor
der schlech- / teren, nachlässig corrigirten hütete? Denn
im Uebrigen ist die / zweite der ersten auf's Haar gleich,
sowohl in den Seitenzah- / len als im Drucke. – [20]

Sans comparaison = ohne Vergleich

Wo soll's hinaus mit unserem Kammerton? Seit dem /
Menschenalter, das ich ungefähr dem musikalischen
Treiben / angehöre, ist derselbe um 1 Ton gestiegen, und
noch sind wir / nicht am Ziel. Man sagt mir, Wien sei dran
Schuld – an- / dere wollen den Posthörnern und anderem
Blechzeug die Schuld [5]/ aufbürden. Laßt uns hier, wie
seit 300 Jahren immerfort, / gegen den alten katholischen
Reichsadler protestiren. Bei dem / nächsten größeren
Musikfeste, wo viele Musiker und Directo- / ren
zusammen kommen, da möchte ich einen Vorschlag ma-

/ chen, wenn ich dabei wäre. Es müßte die Verabredung ge- [10]/ troffen werden, daß man bei dem jetzigen absolut stehen blei- / ben, oder auch – was den Chorstimmen sicherlich erwünscht, / nach protestantischer Weise zum alten Urevangelium der edlen / tiefen Kirchentöne zurückkehren wolle. Um es sogleich durch- / zuführen, bedürfte es nur der festen Versicherung und der [15]/ Verabredung, von den Instrumentenhändlern keine andere, als / die des angegebenen Kammertons zu kaufen, auch hinfort keine / anderen zu gebrauchen. Gebet Acht, wenn ihr das wagtet zu / thun, dann wäre binnen 10 Jahren der verrückte Wiener / Kammerton wenigstens für Norddeutschland gänzlich verschwun- [20]/ den. Es käme vorzüglich auf Leipzig und die Berliner Sing- / akademie an. –

Der Kammerton (Stimmton) a1 ist heute international auf 440 Hz festgelegt. In seiner Geschichte hat er von extrem tief bis extrem hoch geschwankt, war über die Jahrhunderte hin Gegenstand vieler Streitigkeiten und Verhandlungen und führte in Wien sogar einmal zu Sängerprotesten und Sängerstreiks, weil durch einen zu hohen Kammerton die Stimmen ruiniert wurden. Der heutige Kammerton kommt den Orchesterinstrumenten zugute, deren Brillanz steigt, bringt aber die Singstimmen bei Aufführungen bestimmter klassischer Stücke (Beethoven, 9. Symphonie) in eine Höhe, die vor allem von unausgebildeten Chorsopranen nur mit Mühe erreicht werden kann und zum Schreien verleitet. Auch Wolfgang Wagner vertrat den Standpunkt, die Musik seines Großvaters würde bei einer Senkung des Kammer-tons um knapp einen Halbton eine noch größere Wirkung erzielen. Ohnehin musste Richard Wagner für die Uraufführung seines ‚Fliegenden Holländer' 1843 die Senta-Arie tiefer legen, weil die Uraufführungssopranistin Wilhelmine Schröder-Devrient die Partie sonst nicht hätte singen können. – zum Thema s. auch III/51.

Allgemeine musikalische Zeitung XLII/43, 21. Oktober 1840, Sp. 886-887   [–]

E i n   B e s u c h   i m   B i c ê t r e̦

(P a r i s e r   I r r e n h a u s e).

Seitdem die berühmtesten Aerzte und Psychologen /
den Irrsinn mehr durch moralische als durch physische /
Mittel zu heilen suchen, hat dieser ganze Theil der prak- /
tischen Medizin eine so veränderte und verbesserte
Richtung / genommen, dass man die Irrenhäuser nicht
mehr mit 5/ Abscheu und Entsetzen, sondern mit
lebhaftem Inter- / esse betritt. Namentlich ist es
anziehend, wenn man / sieht, wie im Bicêtre zu Paris *die
Musik* zur Herstel- / lung der geistigen Gesundheit
angewendet wird.

Ich habe den Gesangübungen der Irren in jener An-
10/ stalt beigewohnt, und kann versichern, dass die Auf- /
führung, ja selbst das blosse Anhören des Gesanges ein /
eben so kräfiges und sicheres als sanftes Heilmittel für /
jene Unglücklichen ist.

Es versteht sich von selbst, dass der Dr. Leuret, 15/
welchem diese Heilmethode anvertraut ist, nicht darauf /
ausgeht, seine Kranken zu musikalischen Theoretikern /
zu machen: von einem höheren Studium der Kunst ist /
nicht die Rede; nur durch die Gewalt des Beispiels und /
die instinktartige Nachahmung der äusseren Erscheinun-
20/ gen ist es ihm gelungen, den Irren erst ganz einfache /
Chöre, Volkslieder, dann aber auch grössere Gesänge /
beizubringen. Auf dieser Stufe der noch ganz äusserli- /
chen musikalischen Bildung angelangt, erkannte Herr /
Leuret die Nothwendigkeit, einen Musiker beizuziehen –
25/ nicht etwa einen grossen Komponisten oder gelehrten
/ Professor, sondern einen Mann, der von der reinsten /
Menschenliebe beseelt und in der Tonkunst so bewan- /
dert sei, dass er die Leitung der musikalischen Uebun- /

gen mit Erfolg übernehmen könne. Dieser Mann fand [30]/
sich in der Person des Herrn Guerry, bereits bekannt /
durch ein treffliches Werk, welches unter dem Titel: /
„Ueber die moralische Statistik Frankreichs" erschie- /
nen ist.

Unglaublich ist die Sorgfalt, die Geduld, die Ein- [35]/
sicht, womit Herr Guerry seinen schweren Beruf erfüllt.
[886 // 887] Er hatte bemerkt, dass die Irren in der
Kirche*) mehr / Ruhe und Sammlung zeigen, als wenn
sie in dem zum / Spazierengehen bestimmten Hofe
wenigstens einen Schat- / ten von freier Bewegung
geniessen; er liess sie daher [40]/ vorzugsweise religiöse
Gesänge einüben, und um den / etwas trüben Stimmen
der Irren mehr Kolorit zu geben, / liess er die Chorknaben
der Kirche mitsingen. Die Ver- / bindung dieser hellen
frischen Stimmen mit den immer / etwas düstern Klängen
aus dem Munde der Kranken [45]/ macht einen
wunderbaren Eindruck, und sichtbarlich wer- / den die
Gläubigen alle Sonntage während der Kirche / davon
erbaut.

Es wurde in meiner Gegenwart ein *O salutaris / hostia*
ganz gelungen aufgeführt, die Zahl der Ausüben- [50]/ den
belief sich ungefähr auf dreissig. Herr Guerry / wurde
abgerufen, und einer der Irren, der jedoch Re- /
konvaleszent ist, übernahm die Direkzion und führte den
/ Tatktirstab auf's Genaueste. Bei den Worten: Unsre /
Heimath ist im Himmel, nicht auf der Erde u. s. w. [55]/
konnte ich meine Thränen nicht zurückhalten. Diese /
bleichen Gesichter mit dem starren Blicke, diese anschei-
/ nend nachdenklichen und doch eben nicht denkenden
Kö- / pfe, diese Stimmen, welche durch unregelmässiges
Athem- / holen bisweilen dumpf und matt klingen – Alles
dies [60]/ drang mächtig zum Herzen. – Nachher, im Hofe
der / Anstalt, sangen die Kranken einige moralische
Gesänge / mit vieler Präzision.

Herr Leuret hat ausgezeichnete Resultate durch die /
Musik erzielt, welche theils als Zerstreuung, theils als ⁶⁵/
wirkliche Kur, theils auch als Belohnung angewendet /
wird. Der eine vergass darüber seine fixen Ideen voll- /
kommen; der Andere hörte zwei Tage lang die Musik /
mit an, zerfloss während dem in Thränen, und war / dann
ohne Weiteres geheilt; ein Dritter war durch die ⁷⁰/ Musik
fast geheilt, es schien aber als wolle er in seine / Ideen
zurückfallen, man schloss ihn von dem Sänger- / chore
aus, und er flehte auf's Inständigste um Wieder- /
aufnahme in denselben, was ihm dann auch gewährt /
wurde u. dergl. m. ⁷⁵

Mögen die Herrn Leuret und Guerry immer eifri- / ger
in ihren edlen Bestrebungen fortfahren und die Be- /
lohnung dafür in immer glücklicheren Erfolgen finden.

(Nach dem Französischen.)

. . . . .

_____

*) Alle Sonn- und Festtage wird in der Kirche der Anstalt die /
Messe gelesen, wobei die Irren den Kirchengesang ausführen.

III
168

Allgemeine musikalische Zeitung XLII/46, 11. November 1840, Sp. 958
[Feuilleton]

In Bologna wollte man Rossini's Wilhelm Tell geben,
es / wurde aber die Aufführung der Oper in der
ursprünglichen Ge- / stalt nicht gestattet: sie wurde dem
Texte nach umgearbeitet, Al- / les was auf die Schweiz,
die Freiheit u. s. w. Bezug hat, abge- / ändert, und so soll
das Werk unter dem Titel: Rodolfo di Ster- ⁵/ linga diesen
Winter zur Darstellung kommen. – Bekanntlich ist /
Rossini's Tell schon einmal in einen Andreas Hofer
metamorfosirt / worden.

III
169

Neue Zeitschrift für Musik XIII./39, 11. November 1840, S. 156b [Vermischtes]

* * * Mendelssohn's Ouverture zum Sommernachtstraum / wird im Journal des debats als „Ouverture de Midhum- / mer" aufgeführt. –

mittlerer Asterisk tief gestellt.

III
170

Allgemeine musikalische Zeitung XLII/50, 9. Dezember 1840, Sp. 1035-1036
[–]

M u s i k a l i s c h e s   C u r i o s u m.

Mitgetheilt von K. B. v. M i l t i t z.

Es ist bekannt, wie sehr sich Friedrich der Weise, / Kurfürst von Sachsen (regierte von 1491 – 1525) und / seine Nachfolger die Kurfürsten Moritz und August um / die Emporbringung der Musik, durch Stiftungen von Kan- / toreien (Sängerchören), wie man es damals nannte, in 5/ ihren Landen verdient gemacht haben; eine Richtung, / welche sich bis auf die neueste Zeit in diesem Fürsten- / stamme erhalten. Allein der früheste Beschützer der / Künste aus diesem Regentenhause war unstreitig Mark- / graf *Heinrich der Erlauchte* von Meissen, der von 10/ 1237 – 1287, also mehr als 200 Jahr früher, regierte. / Er war hochverdient als kluger und menschenfreundlicher / Regent, berühmt als Dichter. Als Musiker, und zwar / als Komponisten für die Kirche lernen wir ihn kennen / durch eine Bulle Papst Innozenz 4., deren Mittheilung 15/ wir dem gelehrten, rühmlichst bekannten böhmischen Hi- / storiker Palazky verdanken, der eine vidimirte Abschrift /

derselben bei seiner Anwesenheit in Rom aus der vati- /
kanischen Bibliothek fertigen liess. Der Unterzeichnete
[1035 // 1036] theilt sie in einer getreuen Uebersetzung
mit, des Glau- 20/ bens, man werde ihm dafür Dank
wissen.

„Innocenz Bischof, Knecht der Knechte Gottes. /
Den ehrwürdigen, unsern Brüdern Bischöfen und ge- /
liebten Söhnen, Aebten, Prioren, Decanen, Archidia- /
conen und andern Regierern und Vorstehern der Kir- 25/
chen, sowie deren Capiteln und Collegien, welche im /
Lande unsers geliebten Sohnes, des edeln Herrn, Mark- /
grafen zu Meissen bestehn, unsern apostolischen Gruss
/ und Seegen.

„Da in dem Palaste des höchsten Königs die 30/
ewig glorreiche Jungfrau in einem fort sich als unsre /
Helferin bewährt, indem sie durch ihren glücklichen /
Beistand uns denjenigen mild zur Verzeihung wendet, /
welchen menschliche Abschweifung bisweilen heftig zur /
Rache auffordert, so darf die fleischliche Zunge sich 35/
keineswegs ihres Lobes enthalten, so zwar dass sie
sich / nicht für ein so liebreiches Geschäft zur Pflicht des
Dan- / kes für sie erhebe, auf dass sie den Nachtheil der
straffälli- / gen Undankbarkeit vorsichtig zu vermeiden
vermöge.

„Es wird öffentlich bekannt gemacht, dass unser 40/
geliebter Sohn, der edle Herr, Markgraf von Meissen / mit
dem geziemenden Ernste wohl bei sich überlegend, / wie
er das Gefühl der Ehrfurcht, welches er für sie / hege,
deutlich ausdrücke und wie er sie nach dem / Maasse
seiner Kraft durch passenden Dienst ehre, 45/ einen
neuen Gesang über das Kyrie eleison und das / Gloria in
excelsis Deo herausgegeben habe, auf dass / die Diener
seiner Kirche bei der Feier der Messen / dieser Jungfrau
sich desselben bedienen sollen. Und / weil wir nun
diesen von Seiten des Markgrafen selbst 50/ verfertigten

Gesang, den wir vor uns singen liessen, / Gott und den Menschen angenehm gefunden haben, / so glauben wir, dass dieser wegen der Ehrfurcht des / Erfinders, welche durch den Geist Gottes geleitet und / durch die Regeln der Musik nicht beschränkt wird, 55/ zu billigen sei und dass dieser, nachdem wir euch freie / Gewalt des Singens und Abhaltens gegeben haben, / bei den vorgeschriebenen Feierlichkeiten gesungen werde. / Zu grösserer Gewissheit aber schicken wir das über / den Gesang selbst festgesetzte Kyrie und Gloria unter 60/ dieser unsrer Bulle eingeschlossen. Gegeben im La- / teran, X. Kal. Febr. Anno XI." (1254.)

Ich bekenne und bezeuge, dass gegenwärtige Zei- / len abgeschrieben und für richtig anerkannt worden sind, / aus dem autographen Regesto Innocentii IV. Papstes, im 65/ 11. Jahre seines Episcopats 377, welches aufbewahrt / wird in den Geheimschränken des Vaticans. —

Folgen die Unterschriften und Rekognizionen.

vidimirt (vidimiert) = beglaubigt, beurkundet. – Zeilen 22, 30, 40 gegen-über normaler Einrückung erweiterte, Zeilen 22-28, 31-39, 41-61 verkürzte Einrückung. – Markgraf von Mei-ßen = ab 1425 Kurfürst von Sachsen = ab 1806 König von Sachsen = ab 1918 Markgraf von Meißen.

III
171 / 172 / 173

Allgemeine Wiener Musik-Zeitung [I]/3, Donnerstag 7. Januar [Jänner] 1841, S. 10a-10b   *[Miscellen]*

Doctor Burney, der berühmte Verfasser der Geschichte der / Musik, erzählt in seiner „Nachricht von Händel's Le- / bensumständen" unter Andern eine artige Anekdote von / dem ausgezeichneten Violin-Concertisten Matthäus Dubourg, / welche damals in allen musikalischen Soirées die Runde machte. 5/ Dubourg hatt die concertirende Violine zu einer Arie zu spie- / len, die nach damaliger Sitte mit allem Flitterstaate von Läu- / fen, Arpeggien, Doppelgriffen, Staccato's u. d. gl. ausgerü-/ stet, dem Violinisten viel Gelegenheit gab, seine Virtuosität auf / dem Instrumente zu zeigen. Ganz besonders aber bot ihm die 10/ Cadenz, das eigentliche Paradepferd der Violinspieler damaliger / Epoche, die dem Fluge ihrer Phantasie freie Bahn brachte, und die / nach Maßgabe ihres mehr oder minderen Erfindungsvermö- / gens ihre gesammte Virtuosität entfalten ließ, eine willkom- / mene Gelegenheit, sich in dem Lustgarten seiner Phantasiegebil- 15/ de zu ergehen; was der enthusiastische Künstler auch nicht un- / terließ und sich zuletzt in die Irrgänge verworrener Tonpar- / thien dergestalt verlor, daß er, vielleicht nur durch mahnende / Winke seiner Collegen oder mißfällige Geberden des Sängers / von seinem Ideenfluge zurückgebracht, endlich in den Schlußtril- 20/ ler einfiel.

Das gesammte Auditorium, obgleich es diesem Erholungs- / puncte mit Sehnsucht entgegengesehen hatte, wartete doch / schweigend die Schlußcadenz des eifrigen Violinisten ab, als / plötzlich vom Orchester her eine Stimme laut und vernehmbar 25/ dem Virtuosen zurief: „Willkommen zu Hause, Herr Dubourg!" / – Alle Augen suchten den freimüthigen Sprecher, der ganz / nachlässig an sein Spinett gelehnt mit gleichgültiger Miene / auf den verblüfften Violinspieler hinsah, und sich an seiner / Verlegenheit zu weiden schien. Kaum aber hatte man in ihm 30/ den Componisten des „Messias," den großen Händel, erkannt, / als ein tobender Beifallssturm losbrach, der kaum enden wollte.

Ob nun der phantasienreiche Concertist in der Folge die / Flügel seiner Phantasie beschnitten und diese öffentliche Zurecht- / weisung beherzigt habe, darüber können wir keine genügende 35/ Auskunft geben.

zu Charles Burney s. I/94. – Der irische Violinvirtuose und Komponist Matthew Dubourg (1703-1767) war Schüler von Francesco Geminiani und bestimmte als Kapellmeister in Dublin zusammen mit Gemniani bis 1752 maßgeblich das städtische Musikleben. Hier leitete er die Uraufführung von Händels ‚Messias' (13. April 1742). Er ging 1752 nach London und wirkte dort bis 1765. Der in der Anekdote erzählte Vorgang spielte sich 1742 anläßlich einer Dubliner Opernaufführung unter der Leitung von Händel ab, bei der Dubourg der Konzertmeister war. Händels Ausruf wurde von Burney wörtlich überliefert: *„You are welcome home, Mr. Dubourg"*. Händel liebte keine Schnörkeleien, die um ihrer selbst willen angebracht wurden.

[169]

———————

Lully der Ritter, Kanzleirath der Krone von Frank- / reich und des königlichen Hauses – Lully der Oberaufseher der / königl. Oper und Capelle, betrat seine Laufbahn als Küchen- / junge einer Prinzessin am französischen Hofe. Er vergaß aber auf / der schwindelnden Höhe des Glückes nie den Ort, von dem aus 5/ er die Leiter so schnell hinangeklettert war, wenn er es auch / nicht öffentlich eingestand. Der Günstling, ja der Freund Kö- / nig Ludwigs hatte mitten im prachtschimmernden Coursaale / unter den besternten Herren des Hofes, mitten in dem Tempel / der Kunst unter den ersten Künstlern seiner Zeit die – Küche 10/ im Auge. Er war nicht zufrieden damit, von der untersten / Stufe am Küchenherde so nahe dem Throne seines Königs ge- / stellt worden zu seyn, er wollte selbst ein Schöpfer werden, [10a // 10b] und was das Glück an ihm, das wollte er selbst an einem An- / dern versuchen. Dumenil, der Küchenjunge des Intendanten 15/ zu Montauban, war der Glückliche, auf den die Wahl des / hochgestellten Günstlings fiel. Er führte ihn aus der Küche an / die Stufen des Kunsttempels und lehrte ihn, selbst ein Priester / in den geweihten Hallen, die tiefen

Geheimnisse der Kunst. / Ganz Frankreich richtete seine Blicke auf den jungen Künstler, [20]/ als er 1677 zum ersten Male öffentlich auftrat. Allein hier / bewährte sich der alte Satz: „der Künstler muß geboren seyn." / Wo der heilige Funke fehlt, der zugleich erleuchtet und erwär- / met, da nützt nicht Schule, da kann kein hoher Gönner hel- / fen; das Publicum fällt das Urtheil und von diesem Richter- [25]/ stuhle aus gibt es keine weitere Instanz; sein Spruch geht über / in die Kunstgeschichte, die ihn mit ehernem Griffel in ihre un- / zerstörbaren Blätter verzeichnet. Sie hat auch über den Kü- / chenjungen des Intendanten von Montauban abgeurtheilt, und / wenn sein Meister Lully sich selbst ein Blatt in diesem Schick- [30]/ salsbuche reservirte, so ist es ihm doch nicht gelungen, seinem / Schützling ein Plätzchen darin zu verschaffen.

Lange nachher blieb die Küche das, was sie immer war, / die finstere Werkstätte der Gourmandise, bis endlich auf den / Ruf des kleinen Corporals ein Marschall von Frankreich aus [35]/ ihren raucherfüllten Hallen hervortrat.

———————————— [170]

König Ludwig XIII. ernannte um das Jahr 1620 Mr. / Dumanoir, seinen ersten Kammervirtuosen, zum Lohne für / seine Kunstmeisterschaft auf der Violine zum „König der / Geiger." Guignon folgte ihm in dieser Würde. – Durch / sie wurde dem Gewählten die Macht ertheilt, in jeder Provinz [5]/ Frankreichs Meister der Tonkunst zu ernennen. –

Wer möchte wohl jetzt nach dem Tode des Genueser Mei- / sters mit der wundertönigen Amati – des Geigerfürsten Paga- / nini – berechtigt seyn, den erledigten Königsthron einzunehmen?

III

174

*Allgemeine Wiener Musik-Zeitung [I]/4, Samstag 9. Januar [Jänner] 1841, S. 15b-
16b*   *[Miscelle]*

Ein sehr junger Pianist, fast ein Kind, dem jedoch
schon ein glän- / zender Ruf voranging, stellte sich dem
berühmten Clementi vor. / Dieser Meister empfängt ihn
mit Wohlwollen und ladet ihn ein, sich / ans Piano zu
setzen; das Kind präludirt, und der Professor äußert
seinen / Beifall über diese harmonisch-richtige, und eben
so geistreiche als gut [5]/ durchgeführte Improvisation.

Lassen Sie mir jetzt ein Meisterstück irgend eines
berühmten Au- / tors hören, sagte Clementi.

Ich habe keine Musikstücke mitgenommen, weiß auch
keines auswendig.

Ich kann Ihnen ganz neue vorlegen, doch werden Sie
dieselben nicht [10]/ kennen.

Das thut nichts, ich werde Bekanntschaft damit
machen.

Ich mache Sie aufmerksam, daß dieses das
schwierigste Clavierstück / ist, welches je geschrieben
wurde.

Die Schwierigkeit wird Ihrer Nachsicht nicht das
Gleichgewicht [15]/ halten. Ein Meister weiß wohl einem
jungen Schüler die Fehler zu ver- / zeihen. –

Clementi legte hierauf seine berühmte Sonate in C,
welche / er eben vollendet hatte, auf das Pult, ein

Tonstück, wo die Oktaven- / gänge für beide Hände, abwechselnd und zugleich, die größte Rolle [20]/ spielen. Es ist bekannt, welche Fertigkeit Clementi in diesen Passa- / gen besaß, mit welcher Leichtigkeit und wunderbaren Klarheit er sie / durchzuführen verstand. [15b // 16a]

Er hatte diese Piece in C geschrieben, um die Executirung dieser / Tausende von beflügelten Parallel-Octaven minder holprich zu machen. [25]

Der Knabe beginnt alsogleich die Sonate, und spielt mit eben / so viel Kraft als Schnelligkeit, und ohne die Wohlthat der vorgezeich- / neten Tonart zu benutzen, welche fast alle Hindernisse ebnen sollte / fängt er die Sonate in der schwierigen Tonart Cis-dur an. Fortepia- / nospieler werden die ungeheuren Schwierigkeiten zu ermessen wissen, [30]/ welche der junge Virtuose sich aus froher Laune schuf, indem er sich kopf- / über in diese Fluth von Oktaven stürzte. Er setzt das Begonnene wacker / fort, und gelangt triumphirend an die letzte Cadenz, nachdem er mit / leichter, verständiger Hand die größten Hindernisse überwunden hatte.

Im Übermaße der Bewunderung hebt Clementi den kleinen [35]/ Musiker in die Höhe, küßt ihn jubelnd und sagt:

„Du bist der Teufel, wenn du nicht Mozart bist!" Der Knabe / antwortet lächelnd: Ich bin nicht der Teufel. –

Dieses Factum ist einer großen Anzahl von Pianisten bekannt, / welche sich darin gefallen, es zu erzählen. Doch lassen sich über die Wahr- [40]/ heit desselben Zweifel erheben, Zweifel, welche aber beileibe nicht die / Geschicklichkeit des jungen Mozart beeinträchtigen. Wenn man sich / Mozart in seiner zartesten Jugend vorstellt, und annimmt, er habe / die in Rede stehende Probe in seinem neunten oder zehnten Jahre abgelegt, / so fällt dieß in das Jahr 1765 oder 1766. Clementi, der im

Jahre ⁴⁵/ 1746 geboren war, konnte also zu der Zeit erst 19 oder 20 Jahre zäh- / len. War damals das Talent dieses Meisters wohl schon reif und ge- / übt genug, um eine seiner schönsten Sonaten zu schaffen, welche eine / allgemeine Aufregung in der musikalischen Welt hervorbrachte? Mög- / lich, aber sehr zweifelhaft. ⁵⁰

Clementi kam im J. 1818 nach Paris. Zimmermann ließ / ihn ein Wunderkind hören, Namens Felix Petit. Es war ganz na- / türlich, daß er ihm ein Musikstück jenes berühmten Patriarchen der / Clavierspieler vorlegte. Die Sonate in C von Clementi, die erste / des Werkes XXXV, wird auf das Pult gelegt, dieses Tonstück ist so ⁵⁵/ wie das obenerwähnte deßhalb in C geschrieben, um die Executirung / der Octavengänge zu begünstigen, welche zwar in der letztgedachten / Sonate minder häufig, aber desto schwieriger sind, weil die rechte Hand / stets die zwischen den Octaven liegende Terz mit anzuschlagen hat.

Felix Petit beginnt die Sonate ohne Zaudern in Cis und führt ⁶⁰/ sie durch, ohne die mindeste Beklommenheit, die mindeste Unvollkom- / menheit merken zu lassen. Das war mehr geleistet, als Mozart ge- / leistet hatte; die 8 ersten Tacte dieser Sonate boten allein mehr Schwie- / rigkeiten als die ganze Piece Mozart's. Die obligaten Terzen mach- / ten diese Transposition besonders schwierig. ⁶⁵

„Junger Mensch!" rief der erstaunte Meister, „Sie haben Cle- / menti zur Bewunderung hingerissen; sie haben einen Pianisten zum / Staunen gebracht, der seit 60 Jahren alles gesehen und gehört hat, / was seine Kunst Merkwürdiges hervorbrachte!"

Hätte Mozart wirklich eine solche Heldenthat vor Clementi ⁷⁰/ abgelegt, so würde ihn der italienische Maestro, zumal bey einer so / ähnlichen Gelegenheit, sicher nicht vergessen, sondern hinzugefügt haben: /

„Sie haben Mozart übertroffen."

Zimmermann hatte seines Zöglings wunderbare Fertigkeit in / der Transposition dadurch bewirkt, daß er ihn die 24 Bach'schen [16a [75]// 16b] Fugen in allen 12 Tonarten executiren ließ. Diese Arbeit kostete dem / Felix Petit 2 Jahre, nach deren Verlaufe er die ihm bezeichnete Fuge / in G-moll wie in Cis-dur spielte. Nach solchem Wunderwerk läßt sich / über die Transposition nicht mehr sagen, nichts mehr schreiben.

Felix Petit ist jung gestorben. Er hat nichts als das Andenken [80]/ bei seinen Zeitgenossen zurückgelassen; kein Product seines Geistes gibt / mehr Zeugenschaft von seinem Talente.   S—r.

III
175 / 176 / 177 / 178 / 179

Allgemeine Wiener Musik-Zeitung [I]/5, Dienstag 12. Januar [Jänner] 1841, S. 20a-20b   *[Miscellen]*

Der große Tonkünstler Paganini wußte von seiner Mutter The- / rese Bocciardi nachfolgenden Traum zu erzählen. Als er 6 Jahre / alt war und die Mandoline recht fertig zu spielen wußte, soll derselben / einst im Traume der Herr erschienen seyn und ihr erlaubt haben, eine / Gnade zu erflehen. Ihres Sohnes stets eingedenk, bat sie sogleich, [5]/ er möchte denselben einen großen Violinspieler werden lassen; – und er / ward es.

[———] [176]

Als im Jahre 1765 der Violonist und Compositeur Hippolyte Barthelemon / aus Bordeaux in London war, fragte ihn Garrick, / ob er eine Melodie zu einem englischen Texte liefern könnte, und setzte / sich nach dessen Bejahen an sein Schreibepult, um ein Lied niederzu- / schreiben. „Hier ist mein Text," sagte er aufstehend, „und hier meine [5]/ Melodie" versetzte der

Componist, der ihm während des Schreibens / über die Achsel gesehen hatte.

Der in England tätige französische Geiger, Pädagoge und Komponist François Hippolyte Barthélemon (1741-1808) kam 1764 nach Lon-don, wo er die Kapelle im King's Theatre und in Marylebone Gardens leitete. Sein Erfolg brachte ihm vielfache Kompositionsaufträge ein. Er schrieb in einer eher leichten Weise Salon- und Kammermusik, populäre Lieder, Ballettmusik, Maskenspiele und humorvolle engli-sche Balladen-opern. Barthélemon war seit Dezember 1766 mit der Sopranistin und Komponistin Polly Young (1749-1799) verheiratet. – David Garrick (1717-1779) war ein englischer Schauspieler, Dramati-ker, Theatermanager (Drury Lane), Produzent und erfolgreicher The-aterreformer von kaum abzuschätzendem Einfluß auf das europäi-sche Theater. – Dieselbe Anekdote wird 1821, jetzt auf Telemann bezogen, in der ‚Allgemeinen musikalischen Zeitung mit besonderer Rücksicht auf den österreichischen Kaiserstaat' (s. II/111) erzählt.

[———] [177]

Als in den Jahren 1794 und 1795 die holländisch-ostindische / Compagnie eine Gesandtschaft an den Kaiser von China sandte, und / dieser unterrichtete Fürst von den hiebei befindlichen Deutschen hörte, / äußerte er sich, ihre Sprache und ihren Gesang hören zu wollen. Sei- / nem Wunsche gemäß stimmten diese das von Schubart einst auf ih- ⁵/ ren Abzug verfertigte, allgemein bekannte Lied an: „Auf, auf, ihr / Brüder, und seid stark etc." Es fand so viel Beyfall, daß sie es meh- / rere Male wiederholen mußten, und des Tondichters Name mit Ehre / in China genannt wurde.

zu Schubart s. I/174.

[———] [178]

Als Haydn von seiner Reise aus London zurück, und durch die / Stadt Schärding an der österreichischen Gränze kam, erkundigten sich / die Mauthwächter nach seinem Charakter. Haydn antwortete, er sei / ein Tonkünstler. Was ist das? fragte der Eine. Ein Hafner (Töpfer, / Thonkünstler), antwortete der Andere.

Allerdings, fügte Haydn hinzu, 5/ und dieser, der neben mir im Wagen sitzt (sein Bedienter), ist mein / Geselle.

zum Inhalt vergl. I/238.

[————] [179]

Der Sänger Dionysius Bythgostianus starb im hohen Alter / zu Bromberg im Jahre 1590. Von ihm berichtet die Sage, daß er [20a // 20b] die stärkste und unerhörteste Baßstimme gehabt haben soll. Wenn 100 / in der Kirche eine Hymne anstimmten, schien er dabei allein zu singen. / Wenn er wollte, so dröhnte der Fußboden. Früher war er Cantor in 5/ Krakau gewesen, und sang bei einer Stelle des Responsoriums so stark, / daß viele der Anwesenden aus der Kirche hinausstürzen, weil sie fürch- / teten, das Gewölbe der Kirche werde einstürzen.

III
180 / 181

Allgemeine Wiener Musik-Zeitung [I]/7, Samstag 16. Januar [Jänner] 1841, S. 28a-28b [Miscellen]

Als Nelson durch Wien reiste, machte er einen Besuch bei / Haydn, um diesen persönlich kennen zu lernen. Beim Weggehen bat er / sich von ihm zum Andenken eine abgenutzte Feder aus, womit er et- / was von seinen Compositionen geschrieben habe. Haydn reichte ihm eine / dar, und nun zog Nelson seine Uhr aus der Tasche, und gab sie dem 5/ Tonkünstler mit den Worten: „Nehmen Sie auch etwas von mir zur / Erinnerung an." [28a // 28b]

Die Anekdote ist in verkürzter Fassung bereits 1809 in der Rochlitz-schen ‚Allgemeinen musikalischen Zeitung' (AmZ XI/46, 16. August 1809, Sp. 733) bekannt gemacht worden, s. I/353.

[————] [181]

Als einst Gretry mit einem Literator spatziren ging, wurde er / von einem Bettler um Almosen angesprochen. Sogleich gab er ihm all / das Geld, was er bei sich hatte und sagte zu seinem Begleiter: Wenn / ich einen Bettler sehe, so ist's mir, als ob ich eine falsche Note hörte.

Die Bezeichnung ‚Literator' kam durch Goethe auf, der unter diesem Begriff gebildete Menschen verstand, die zwischen verschiedenen Kulturen vermitteln.

III
182 / 183

Allgemeine Wiener Musik-Zeitung [I]/8, Dienstag [Dinstag] 19. Januar [Jänner] 1841, S. 32b   *[Miscellen]*

John Abell, den Matheson unter die vorzüglichsten Sänger und / Lautenisten des 17. Jahrhunderts zählt, sollte, als er einst nach War- / schau kam, auf Verlangen des Königs singen, allein er war dazu / durchaus nicht zu bewegen, und eigensinnig genug, obschon man ihn / verständigte, er habe im Weigerungsfalle die königliche Ungnade zu [5]/ fürchten, eine schriftliche Entschuldigung bei Hofe einzureichen, worauf / er die Weisung erhielt, sich nur zu einer bestimmten Zeit bei Hofe ein- / zufinden. – Er kam, und man nöthigte ihn, sich mitten in einer wei- / ten Halle auf einen Sessel niederzulassen, und zog ihn dann zu einer / großen Höhe hinauf. Nun erschien der König mit Gefolge auf einer [10]/ Gallerie, Abell gegenüber, zugleich wurde unter ihm eine Anzahl wil- /der Bären in den Saal getrieben, und ihm die Wahl gelassen, entwe- / der zu singen, oder, indem man ihn wieder herablassen würde, unter / den Bären sein Schicksal zu erwarten. Er wählte natürlich das erstere, / und versicherte nachher, er habe nach diesem modus persuadendi wohl [15]/ nie bereitwilliger, nie schöner in seinem Leben gesungen, als damals. – / Das ist denn doch zu arg; wir denken Gottlob! nicht mehr so barba- / risch, und kommen ähnlichem Eigensinn auf eine der Künstler würdi- / gere Art zuvor, wir brechen so manches harte Köpfchen mit einer freien / Einnahme, ja oft stillschweigend, damit Niemand etwas davon erfährt. [20]

Die Anekdote ist ohne Quellennennung wörtlich der ‚Allgemeinen musikalischen Zeitung mit besonderer Rücksicht auf den österreichischen Kaiserstaat' vom 3. März 1819 (III/18, Sp. 143-144) nachgeschrieben, s. II/45, zu Abell s. dort.

[————] [183]

Der berühmte italienische Violinist Paolo Diana erschien einst / bei dem Professor der Violine zu Mailand, Rolla, um seinen Unter- / richt zu genießen. Dieser verweigerte ihn aber mit der Bemerkung, / daß sein Talent keines Führers mehr bedürfe. Diana bat ihn hierauf, / ihm wenigstens einige Andeutungen über die Compositionslehre zu ge- [5]/ ben; er war aber auch darin nicht glücklicher. Gekränkt von einem sol- / chen Eigensinne, fand er bald Gelegenheit, sich an dem Professor zu / rächen. Rolla componirte ein Concert, welches er bei einer bevorste- / henden Feierlichkeit executiren sollte. Mehrere Tage hindurch lauerte / Diana in den Augenblicken, in welchen jener executirte, unter dem [10]/ Fenster, zeichnete sich die Solos und die Ideen desselben auf, und / stellte sich mit dem so Entlockten ein Concert zusammen. Drei Tage vor / dem Feste äußerte Diana den Wunsch, sich auf dem Chore einer Kir- / che hören zu lassen. Professoren und Dilettanten fanden sich in Menge / dabei ein. Auch Rolla befand sich darunter. Wie groß war aber sein [15]/ Erstaunen, als er in dem Maße, als Diana fortspielte, alle Ideen / des Concertes erkannte, welches er bei der angekündigten Feierlichkeit / zum ersten Male aufführen wollte.

Der italienische Geiger, Musikpädagoge (unter anderem Lehrer von Paganini) und Komponist Alessandro Rolla (1757-1841) unterrichtete am Mailänder Konservatorium und war Musikdirektor an der Mailän-der Scala. Hier leitete er am 14. August 1814 die Uraufführung von Rossinis ‚Der Türke in Italien' (Il turco in Italia). Auf Rolla geht das linkshändige Pizzicato zurück.

III
184

Allgemeine Wiener Musik-Zeitung [I]/10, Samstag 23. Januar [Jänner] 1841, S. 40a   *[Bunterlei]*

Die Schweizer hatten eine gewisse Lieblingsmelodie, welche bei / ihren Regimentern unter Lebensstrafe zu spielen verbothen wurde, weil / sie so einen tiefen, unwiderstehlichen Eindruck auf sie machte, daß sie / zu Thränen gerührt, und zur Flucht verleitet wurden, oder gar einen / frühzeitigen Tod fanden. Vergebens würde man in dieser Melodie sol- ⁵/ chen Ausdruck suchen, der so ergreifende Wirkungen erklärte. Allein sie / waren derselben von früher Jugend gewohnt, und es erinnerte sie zu / lebhaft an alles, was ihnen ihre verlassene Heimath theuer machte. / Jetzt thut dieselbe Melodie diese Wirkung nicht mehr auf die Schweizer, / weil sie ihre alte Einfalt der Sitten nicht mehr bedauern, und den Ge- ¹⁰/ schmack an ihr verloren haben. So wirkt die Musik oft bloß als Erin- / nerungszeichen durch Ideenverbindung, und man darf ihre große Wir- / kung auf das Herz nicht bloß im physischen Eindrucke suchen.

185

Allgemeine Wiener Musik-Zeitung [I]/11, Dinstag [Dinstag] 26. Januar [Jänner] 1841, S. 44a   *[Miscelle]*

Die Schimmelmesse von Reutter.

Die Hofequipage, welche der jeweilige k. k. Hofcapellmeister zu / Wien bei officiellen Dienstgeschäften anzusprechen berechtigt ist, verdankt / ihre Entstehung der List des zur Zeit der großen Kaiserin Maria The- / resia angestellt gewesenen k. k. Hofcapellmeister Georg v. Reutter.

Bereits in Jahren vorgerückt und zuweilen vom Zipperlein geplagt, [5]/ ging Reutter mit dem Gedanken um, es sich etwas bequemer zu / machen. Um schneller an das gesteckte Ziel zu gelangen, componirte er eine / neue Messe, und setzte den Schlußsatz im muntern $12/_8$ Tact; den wohl- / bekannten Hexameter aus Virgils „Äneide" zu Grunde legend: / „Quadrupedante putrem sonitu quatit ungula campum." Als [10]/ der schlaue Hofmann, wie gewöhnlich zu geschehen pflegte, nach ge- / endigter erster Aufführung im Corridor des Rückganges der kaiserlichen / Familie harrte, um seiner erhabenen Monarchinn und Gönnerinn seine / Ehrfurcht zu bezeugen, blieb die Kaiserinn, seiner ansichtig geworden, / stehen und sagte ihm einige freundliche Worte hinsichtlich seines jüngsten [15]/ Werkes. „Doch Ein's," fügte die erhabene Frau und Künstlerinn schließ- / lich hinzu, „habe ich nicht verstanden. Was will Er mit dem curiosen: / Dona nobis pacem: das klingt ja wie Pferdegetrampel."

„Allerdings," erwiederte Reutter, zum Ziele gelangt, „aller- / dings hatte ich so etwas Ähnliches im Sinne, Ew. Majestät. Ich fühle [20]/ meine Kräfte abnehmen; das Pedal will widerspänstig werden, die / Gänge meiner Berufsgeschäfte werden mir sauer. Da meinte ich denn, /

es müsse viel bequemer seyn, in einer weichgepolsterten Carosse sich / herumkutschieren zu lassen. Diese frommen Wünsche suchte ich nun im / Dona nobis durch Töne auszudrücken, und erflehte hiezu des Himmels [25]/ Erhörung."

„Aha" so also?" lächelte die Fürstinn und entfernte sich.

Und siehe, am nächsten Morgen hielt vor Reutter's Wohnung ein / stattlicher Wagen, bespannt mit einem muthigen Schimmelpaare, das / vom galonnirten Bock ein schnurbärtiger Führer in Hoflivree leitete. [30]/ Ein Kammerlakai überbrachte dem Tonkünstler eine vom Oberststallmei- / ster signirte Anweisung auf kostenfreie Verpflegung derselben aus dem / kaiserlichen Futteramte.

Die Messe aber erhielt zum Gedächtnisse dieser Begebenheit den / Namen: die Schimmelmesse. [35]

Der Komponist, Organist und Kapellmeister Georg Reutter, 1740 geadelt (Edler von Reutter), genannt ‚der Jüngere' (1708-1772), Schüler seines Vaters (Georg Reutter der Ältere) und Antonio Caldaras, wurde 1731 Hofkomponist, 1738 1. Kapellmeister am Stephansdom (Nachfolger seines Vaters), 1769 1. Hofkapellmeister. Er war es, der Joseph Haydn zu den Wiener Domsängerknaben holte, die Reutter unterstanden. – Quadrupedante putrem . . . (Vergil, Äneis 8,695) = Malmend zerstampfet das Feld mit gevierteltem Trabe der Hufschlag (Übersetzung Johann Heinrich Voß 1799). – zu Caldara s. I/401. – Zipperlein = Gicht.

III
186

Allgemeine musikalische Zeitung XLIII/4, 27. Januar 1841, Sp. 94   [Feuilleton]

Der Erfinder der *musikalischen Sprache*, Herr *Sudre* hat zu / Paris einen Kursus für diese seine Kunst eröffnet; die dort zu / bildenden Zöglinge sollen dann in alle Welt hinausgehen und das / System überall hin verbreiten. Dasselbe beruht darauf, dass man / sich, ohne ein Wort zu sprechen, blos durch Hilfe musikalischer ⁵/ Instrumente mit einem Andern unterredet. Herr Sudre hat bereits / an verschiedenen Orten die überraschendsten Proben seiner Er- / findung abgelegt.

> Der Musiklehrer Jean François Sudre (1787-1862) war der Erfinder der musikalischen apriorischen Sprache Solresol. Aus den sieben Solmisationssilben entwickelte er das, was er eine musikalische Weltsprache (La Langue Musicale Universelle) nannte.

III
187

Allgemeine Wiener Musik-Zeitung [I]/12, Donnerstag 28. Januar [Jänner] 1841, S. 48a   *[Miscelle]*

Ernst besuchte den zu Pesth ansäßigen bürgerlichen Saiten-Instu- / mentenmacher Carl Ertl, besichtigte die von ihm verfertigte, aus mehr / als 6000 verschiedenfarbigen Holzstücken in Mosaik gearbeitete Violine, / spielte darauf, und da sie außer der Schönheit auch durch Güte sich / auszeichnete, zahlte er nicht nur den verlangten Preis, sondern gab ⁵/ noch um 50 fl. mehr, mit der Äußerung, diese Daraufgabe als einen / Beweis der Anerkennung dessen betrachten zu wollen, daß solch' müh- / volle Arbeit mit Geld gar nicht bezahlt werden könne.

> Heinrich Wilhelm Ernst (1814-1865) zählt zu den bedeutendsten Geigern seiner Zeit. Er war in der Lage, unveröffentlichte Virtuosenwerke seines Idols Paganini konzertreif aus dem Gedächtnis nachzuspielen.

III
188

Allgemeine Wiener Musik-Zeitung [I]/16, Samstag 6. Februar 1841, S. 67a
[Bunterlei]

(Prag.) Vor Ole Bull's Ankunft dahier waren schon die Pro- / gramme seiner ersten zwei Concerte im Platteissaale ins Publicum ge- / kommen, und die Beiblätter des Journals „Ost und West" hefteten der / Annonce sogar die Verslein an die Stirne:

O brich nicht, Treppe, Platteis, fall' nicht ein, [5]

Wenn Ole Bull wird bei uns seyn.

Das ist so des norwegischen Ritters Sitte, vor seiner Ankunft viel Lär- / men von sich zu machen, um das Publicum in die gehörige exaltirte / Stimmung zu bringen. Wir wünschen nur, daß die durch solche Jour- / nalkniffe künstlich erzeugte Gährung nicht dem Moussiren des Champag- [10]/ ners gleiche, und eitler Dunst sei, der verraucht, ohne nachhaltige Wir- / kung zurückzulassen.

Ole Bornemann Bull (Aussprache Uhle Büll, 1810-1880) zählt zu den herausragendsten komponierenden Geigerpersönlichkeiten des Jahrhunderts (‚Paganini des Nordens') mit kaum abschätzbaren Verdiensten um die norwegische Folklore. Nachdem er sich frühsozialisti-sche Ideen angeeignet hatte, kaufte er 1852 in Pennsylvania rund 3.000 Hektar Land mit der Absicht, eine Art von Idealstaat zu errich-ten, den er ‚Oleana' nannte (heute „Ole Bull State Park"). Das Vorha-ben endete schon nach zwei Jahren in einer Katastrophe, die ihn einen Teil seines guten Rufes kostete. Der Kurzzeitstaat ‚Gyntiana', den der Titelheld Peer Gynt in Ibsens gleichnamigem Drama gründet, ist ein spöttisch zu verstehender Hinweis auf Ole Bull.

189

Allgemeine Wiener Musik-Zeitung [I]/16, Samstag 6. Februar 1841, S. 68a-68b
[Miscelle]

Der Componist Langlé und Viotti (der berühmte Violinist), / gingen in den Champs élysées spazieren und setzten sich endlich unter / den Bäumen nieder, um die Luft und den Staub auf diesem Spazier- / gange einzuathmen. Viotti war, nach seiner Gewohnheit, in Ge- / danken versunken, und Langlé mit seiner Oper „Carisandre" beschäf- 5/ tigt, als beide durch einen falschen, kreischenden Ton aufgeschreckt wur- / den, der sie stutzen machte. Beide sahen sich länger an; endlich brach / Viotti das Stillschweigen und sagte:

„Das kann keine Violine seyn, und doch klingt es so."

„Noch eine Clarinette," antwortete Langlé, „und doch hat es 10/ etwas von dem Ton.

Bald war die Sache aufgeklärt: kaum 200 Schritt von ihnen / stand, hinter einem dünnen Talglichte, ein armer Blinder, der diese / Töne hervorbrachte. Viotti war zuerst dort.

„Es ist eine Violine!" rief er Langlé lachend zu, „aber rathen 15/ Sie einmal, wovon? – Von Blech! das ist zu drollig! ich muß das / Instrument haben; fragen Sie den Blinden, ob er mir es verkaufen will."

„Sehr gern," sagte Langlé, näherte sich dem Blinden und sagte / zu diesem: „Mein guter Freund, würdet Ihr wohl Eure Violine ver- / kaufen?" 20

„Warum denn? ich müßte ja doch eine andere haben, und diese / ist mir gerade recht. Weiter will ich nichts."

„Aber Ihr könntet Euch doch für das, was wir Euch geben wol- / len, eine bessere verschaffen; aber vor allen Dingen, warum habt Ihr / denn nicht eine Violine, wie alle andern?" 25

Der Blinde erzählte nun, wie er nicht immer blind, in seiner / Jugend ein gar lustiger Mensch gewesen, endlich alt geworden sei, und / sich endlich sein Neffe Eustach seiner angenommen habe. Die Arbeit habe / indeß diesem gemangelt, und da sei er (der Alte) auf den Gedanken ge- / kommen, sich seinen Unterhalt durch die Violine zu verdienen, die er in ³⁰/ früheren Zeiten leidlich gespielt habe. Niemand habe indeß dem guten / Eustach eine Violine auf Credit geben wollen, und da sei dieser (der / ein Klempner seines Handwerks sei) auf den Gedanken gekommen, eine / Violine aus Blech zu machen. Das Material dazu hätten die Abgänge [68a // 68b] aus der Werkstatt geliefert, und zu den Saiten und dem Pferdehaar ³⁵/ zum Bogen habe er sich das Geld zusammengespart. So sei denn die / Violine entstanden, die noch dazu den Vortheil habe, daß sie nie zer- / brechen könne.

„Nun," sagte <u>Viotti</u> am Ende dieser Erzählung, „ich gebe Euch / 20 Francs für Eure Violine, dafür könnt Ihr eine viel bessere kaufen; ⁴⁰/ laßt mich indessen diese einmal etwas versuchen."

Mit diesen Worten nahm er die Violine und fing an zu spielen. / Das Eigenthümliche des Tones belustigte ihn, er suchte und fand neue / Effecte, und hatte dabei nicht bemerkt, daß sich eine bedeutende Men- / schenmenge, von seinen sonderbaren Tönen angelockt, um ihn und sei - ⁴⁵/ nen Freund versammelt hatte. Es regnet Sous, unter denen sich / auch einige Silberstücke befanden, in den Hut des Blinden, dem <u>Viotti</u> / nun seine 20 Francs geben wollte.

„Halt!" sagte der alte Blinde, „noch vor wenigen Augenblicken / hätte ich Euch die Violine für 20 Francs gegeben; jetzt aber, wo ich ⁵⁰/ weiß, daß sie gut ist, verlange ich das Doppelte."

Wohl nie hatte Viotti ein feineres Compliment über sein Spiel / bekommen, auch ließ er sich nicht lange bitten, das Verlangte zu be- / willigen. Er drängte sich mit seiner Blechgeige durch die Menge; kaum / war er indeß 30 Schritte weit gegangen, als ihn Jemand beim Ärmel [55]/ zupfte; es war ein Handwerksmann, der, mit der Mütze in der Hand / und mit niedergeschlagenen Augen, zu ihm sagte:

„Mein Herr, ich glaube, daß Sie die Violine zu theuer bezahlt / haben, und wenn Sie ein Liebhaber sind, so könnte ich Ihnen, da ich / sie gemacht habe, für 6 Francs so viele solcher Violinen machen, als [60]/ Sie haben wollen.

Es war Eustach, der den Handel hatte abschließen sehen, und nun / im Vertrauen auf sein Talent als Instrumentenmacher, ein so nützliches / Gewerbe nicht hatte untergehen lassen wollen. Viotti hatte indessen / an dem einen so gut bezahlten Exemplar genug. [65]

Der Schüler Pugnanis und zu den Begründern der nachfolgenden Violintechnik zählende italienische Geigenvirtuose und Komponist Giovanni Battista Viotti (1755-1824) mit starkem Einfluss auf Pagani-ni, Louis Spohr und anderen mußte vor den Auswüchsen der Französischen Revolution nach London flüchten (er stand im Dienst von Königin Marie Antoinette), wo er 1794/95 in Haydns Konzerten auf-trat, und führte, immer wieder hier und dort ausgewiesen, ein wech-selvolles und verschuldetes Leben, das in Armut endete. Er kompo-nierte 29 Violinkonzerte im klassischen Stil mit Angrenzungen an die Frühromantik. – Der monegassische Komponist Honoré François Marie Langlé (1741-1807) studierte am Konservatorium in Neapel und erzielte als Komponist beachtliche Erfolge. Im Jahre 1768 wurde er Professor für Harmonielehre am Pariser Conservatoire. Mit der Französischen Revolution konnte er sich gut arrangieren. Das dreiak-tige Opernballett „Corisandre ou Les Fous par enchantement" (‚Cori-sander oder die Narren durch Zauberei') nach Voltaires satirischem Gedicht von 1752 „La pucelle d'Orléans" (‚Die Jungfau von Orleans') in der Libretto-Fassung von Auguste-François Lebailly erschien 1791. – zu Pugnani s. II/433-435.

III
190

Allgemeine musikalische Zeitung XLIII/7, 17. Februar 1841, Sp. 158 [Feuilleton]

Karl Maria v. Weber liegt zu London in der katholischen einfachen / Kirche von *Moorfield* begraben, am südwestlichen Ende des *Fins- / bury-Circus*, im Mittelpunkte der *City*. Der Sarg im Todtenge- / wölbe der Kirche, in welchem die Gebeine des grossen Künstlers / ruhen, gleicht einem grossen Violinkasten; er steht dort mitten 5/ unter den gewöhnlichen Todten, die jeder Tag dahin bringt. / Wenn das Gewölbe für die Masse zu klein sein wird, dann wird / man sie, einen wie den andern, wegschaffen, und sich ihrer auf / die erste beste Weise entledigen. Folgende Inschrift ist mit schö- / nen Buchstaben auf eine Marmorplatte eingegraben: 10

C a r l   M a r i a   V o n   W e b e r
Obiit June 1826.
This humble inscription was offered as a tribute
of respect to the genius of this great composer.
January 1840. 15
By W. H. Grattan.

III
191

Neue Zeitschrift für Musik XIV./15, 19. Februar 1841, S. 62b   [Vermischtes]

* * * Der Nbgr. Correspondeut enthält eine hübsche Anek- / dote: Hr. Kalkbrenner in Paris läßt seinen talentvollen / etwa 10jährigen Sohn Arthur öfters auch improvisiren. / In einer Gesellschaft vor Kurzem in einer solchen freien Phan- / tasie begriffen, stockt der Kleine auf einmal. Der Vater drängt 5/ fortzufahren. „Aber, lieber Papa," antwortet der Sohn, / „ich besinne mich nicht mehr genau."

mittlerer Asterisk tief gestellt. – Die Anekdote muss aus der Spielpra-xis jener Zeit heraus verstanden werden. Viele der von den Zuhörern mit Staunen wahrgenommenen Improvisationen sind in Wirklichkeit im voraus sorgfältig ausgearbeitete und auswendig gelernte Stücke gewesen, die man als ‚Improvisation' tarnte, um besondere Bewunderung zu erregen. Dergleichen wird auch von Beethoven berichtet. Kalkbrenners Sohn war ‚stecken' geblieben, sein Gedächtnis hatte versagt, und er wußte nicht mehr weiter. – Schumann griff die Zeitungsnachricht vermutlich mit Freuden auf.

III
192

Allgemeine Wiener Musik-Zeitung [I]/26, Dienstag [Dinstag] 2. März 1841, S. 108a
[Miscelle]

Der Chevalier d'Orleans, Großprior von Frankreich, ein großer / Freund der Musik, bot dem berühmten Clavierspieler Marchand / freie Wohnung, Tafel, Kutsche und Pferde und einen ansehnlichen Gehalt / an, wenn er ihm zuweilen auf dem Flügel etwas vorspielen wollte.

Marchand nahm dieß Anerbieten an, aber, da er ein bizarrer [5]/ Kopf war, so forderte er schon nach etwa sechs Wochen seinen Abschied.

Der Prinz war darüber sehr verwundert. „Gnädiger Herr!" sagte / Marchand: „ich erkenne Ihre Huld mit dem größten Dank; aber / ich verdiene sie nicht. Sie könnten mich einmal hören wollen, wenn ich / keine Lust zu spielen hätte. Ich würde dann keine Taste anrühren. [10]/ Sie würden es mir vielleicht verzeihen, aber ich es mir nie. Ich will / also lieber wieder völlig frei seyn!"

Der Prinz, der die Leutseligkeit selbst war, bat ihn dringend zu blei- / ben und gestand ihm alle möglichen Freiheiten zu, aber der eigensinnige / Virtuose blieb nicht. [15]

Die Anekdote ist ohne Quellennennung wörtlich der Weberschen
,Caecilia' vom Dezember 1824 (II./5, S. 85) nachgeschrieben, s. II/176.

III
193
Zeitschrift für Deutschlands Musikvereine und Dilettanten I./2, 1841, S. 241
[Miscellen] [10. Beachtenswerthes im Gebiete der Kunst]

Nach den in Hamburg erscheinenden Blättern für Mu-
/ sik und Literatur, soll in Meiningen der Sohn eines dor- /
tigen Orchestermitgliedes – ein junger Violinspieler – /
nachdem er Ole Bull gehört, wahnsinnig geworden seyn.

III
194
Allgemeine Wiener Musik-Zeitung [I]/27, Donnerstag 4. März 1841, S. 112a-112b
[Miscelle]

K ü n s t l e r c a p r i c e.
Man klagt in unseren Zeiten allgemein über die
eigenthümlichen / Launen der Musiker, Sänger, Tänzer,
Schauspieler und wie die Vir- / tuosen der freien Künste
aller Art sonst noch heißen mögen. Inwiefern / diese
Klage über den Eigensinn der genialischen Wesen, die
sich in ihrer / Kunst auszeichnen, gegründet oder nicht
gegründet sind, überlasse ich [5]/ einem jeden näher zu
bestimmen. Daß diese Klagen aber nicht allein den /
Virtuosen unserer Zeit zur Last fallen, lehrt uns die
Geschichte und sie / gibt uns dadurch Beweise, daß der
Mensch sich in allen Zeiten nur mit / mehr oder minderen
Modificationen gleichbleibt. Im alten Rom waren / die
Flötenspieler sehr wichtige Personen, die man bei
religiösen Ge- [10]/ bräuchen zur Verherrlichung der Feste,
zur Stimmung der Gemüther / nicht entbehren konnte,

und denen man daher auch manches Vorrecht / gestattete. Zu diesen gehörte denn auch, daß sie jährlich einmal im Tem- / pel des Jupiter spielen durften. Späterhin nahm man ihnen dieses Recht, / und – die Künstler im Gefühl ihres Werthes exilirten sich alle sammt [15]/ und sonders nach Tibur, dem heutigen Tivoli, das damals nicht unter / römischer Herrschaft stand. Rom trauerte, denn bei Opfern und Spielen / ertönte keine Flöte mehr, und den Leichenbegängnissen folgte keine [112a // 112b] Trauermusik. Man schickte Abgesandte an die beleidigten Künstler, aber / vergebens, denn ihr Ehrgefühl verwarf die angebothene Aussöhnung. [20]/ Man nahm also seine Zuflucht zur List, und wählte ein Mittel, das, / wie der Geschichtschreiber behauptet, seinen Zweck nicht verfehlen konnte. / Und dieses Mittel war? – Ein Schmaus, zu dem sie auf ein Landgut / geladen, und wo dem Bachus, einem Verwandten ihres Schutzpatrons, / reichliche Opfer gebracht wurden. Wohl bezecht, packte man die tau- [25]/ melnden Virtuosen auf Wagen und brachte sie eingewiegt in Morpheus / Armen nach Rom. Erwacht am andern Morgen, mögen sie freilich vir- / tuosenmäßig die Augen aufgerissen und nach Künstlermanier etwas un- / geberdig um sich geschlagen haben. Indessen man stimmte ihren Lieb- / lingston an, man scherzte, man lachte, räumte ihnen ihre alten Rechte [30]/ wieder ein, und – Staat und Flötenspieler waren ausgesöhnt.

Morpheus (μορφεύς) altgriechisch = Gestalt) ist der Gott der Träume, der sich in jede Gestalt verwandeln kann.

III
195

Allgemeine Wiener Musik-Zeitung [I]/29, Dienstag [Dinstag] 9. März 1841, S. 120a
[Bunterlei]

– Der bekannte Violinvirtuos Haumann zu Paris hatte dem / gleich bekannten Künstler Panofka daselbst eine Violine als einen / echten Guarnerius für 3000 Franken verkauft. Der Käufer glaubte spä- / ter zu bemerken, daß dieß Instrument kein Guarnerius sey, und klagte / daher gegen den Verkäufer auf Annullirung des Kaufes. Drei vom Ge- ⁵/ richtshof zugezogene Sachverständige erklärten, die Geige sey allerdings / ein echter Guarnerius, doch seien, wie bei allen ältern Instrumenten, / einige Ausbesserungen von anderer Hand daran. Auf den Grund dieser / Erklärung hat der Gerichtshof den Kauf für null und nichtig erklärt. / Die Entscheidung der höheren Instanz ist noch zu erwarten.
10

Theodor Haumann (1808-1878) war ein bekannter belgischer Gei-genvirtuose und Geigenlehrer. – Heinrich Panofka (1807-1887) gab seine Laufbahn als Geigenvirtuose auf, nachdem er 1831 ein großes vä-terliches Vermögen geerbt hatte. Zunächst Musikschriftsteller in Berlin mit zahlreichen Beiträgen für Schumanns Zeitschrift, ging er 1834 nach Paris, studierte Gesang und wurde ein gesuchter Gesang-lehrer. Haumann verfaßte mehrere Gesangslehrbücher und betätigte sich auch als Komponist von Violinmusik.

III
196

Allgemeine Wiener Musik-Zeitung [I]/36, Donnerstag 25. März 1841, S. 148a
[Bunterlei]

(Prag.) Der Cellist Hr. Lidel hat an dem gründlichen Musiker / Wenzel Joh. Tomaschek einen eifrigen Vertheidiger gegen die Wiener / Kritik gefunden. Jetzt wird es die Welt doch glauben, daß Lidel ein / Künstler sey! Jedenfalls handelt der gute Tomaschek sehr politisch; / er denkt, man muß der schwächeren Partei Beistand leisten und denen [5]/ helfen, die sich selbst nicht helfen können. – [193] In „Ost und West" liest / man, ein junger Violinspieler habe einem Concerte Ole Bull's bei- / gewohnt und sey darauf wahnsinnig geworden. – d.

Andreas Lidel ([1740]-[1789]), bis 1774 Violoncellist und später Hof-kapellmeister der Esterhazis, war vor allem auch ein virtuoser Bary-tonspieler, der dieses von Esterhazy geschätzte Streichinstrument (Haydn hat über einhundert Baryton-Trios komponiert) um zusätzli-che metallne Resonanzsaiten erweiterte.

III
197

Allgemeine Wiener Musik-Zeitung [I]/38, Dienstag [Dinstag] 30. März 1841, S. 159a-159b   [Miscellen]

Beaumarchais hatte sich durch seinen „Figaro" viele Feinde / gemacht, und dennoch wurde ihm der Zutritt zu den königlichen Prin- / zessinnnen in ihrer reizenden Einsamkeit von Bellevue gestattet. Eines / Morgens lustwandelte der Componist mit den königlichen Prinzessinnen [159a // 159b] und dem Marquis von Ballroi. Um Beaumarchais, dessen Va- [5]/ ter ein Uhrmacher war, lächerlich zu machen, benützte der Marquis die / obwaltende Gelegenheit, zog eine kostbare Uhr aus der Tasche, reichte / sie dem Künstler, indem er sagte. „Sehen Sie doch einmal nach, mein / Herr, woran es liegt, daß meine Uhr zu spät geht, Sie müssen sich / darauf verstehen." Beaumarchais nahm die Uhr, betrachtete [10]/ sie einen Augenblick – und ließ sie absichtlich auf den Boden fallen, / so daß sie in Stücken sprang. Ballroi war außer sich und nannte / ihn einen Ungeschickten. – „Sie haben recht, Herr Marquis," versetzte / der Künstler kaltblütig, „so nannte mich auch mein Vater, indem / er behauptete, ich sey nicht für sein Metier geschaffen; deßhalb ent- [15]/ schloß ich mich, Komödien zu schreiben; und Sie wissen, Herr Marquis, / wie gut es mir gelungen ist, eingebildete Thoren zu schildern, die sich / für groß halten, weil sie die Kunst verstehen, die Nase hoch zu tragen, / und die Backen aufzublasen." – Die Prinzessinnen lächelten und der / beschämte Marquis sammelte die Trümmer seiner Uhr vom Boden auf, [20]/ während er sich in die Lippen biß.

Pierre-Augustin Caron de Beaumarchais (1732-1799, 1762 geadelt), war Uhrmacher (Erfinder der Doppelkommahemmung), Hofbeamter, Musiker, Komponist, Harfenlehrer (er entwickelte ein eigenes Harfen-Pedalsystem), Diplomat, Agent, Spekulant, Abenteurer, Hochstapler, Schriftsteller (‚Die Hochzeit des Figaro‘, Vorgeber für Goethes ‚Clavigo‘), Verleger (Voltaire-Gesamtausgabe), Geheimagent, Waffenhändler (er versorgte die amerikanischen Aufständischen gegen England mit Waffen und Munition), Intrigant, Revolutionär und noch etliches andere.

III
198

Allgemeine musikalische Zeitung XLIII/13, 31. März 1841, Sp. 286   Feuilleton]

Zur Vervollständigung der Nachricht über Karl Maria von / Weber's Begräbniss in London (s. Feuill. S. 157) ist aus den von / Ado. Schäfer redigirten Sächsischen Vaterlandsblättern Folgendes zu / bemerken. Gleich nach Weber's Tode bildeten seine Verehrer, dar- / unter Moscheles, Braham, George Smart, ein Comité zur Errichtung [5]/ eines Denkmals; die Comité-Mitglieder, zwölf an der Zahl, be- / schlossen, die Garantie für die Kosten zu übernehmen. Leider / konnte dies Denkmal in der St. Paulskirche oder Westminster- / Abtei keinen Platz finden, da Weber Katholik war; man wählte / daher die Moorfields-Kapelle. Weber's sterbliche Ueberreste lie- [10]/ gen in einem zinnernen Sarge, der, fest verlöthet, von einem zwei - / ten hölzernen umschlossen ist. Letzterer war ganz mit Sammet / überzogen und auf dem Deckel eine grosse Metallplatte eingeschla- / gen, welche Weber's Wappen und folgende Inschrift führt: Hic / iacet I Carolus Maria Freiherr I von Weber I Nuper I Praefectus [20]/ Musicorum Sacelli Regii I apud Regem Saxonum. I Natus urbe Eu- / tin, I inter Saxones I Die XVI. Decembris MDCCLXXXVI. I Mor- / tuus Londini I Die V. Junii MDCCCXXVI. I Anno quadragesimo I / Aetatis suae. (Die von uns S. 157 mitgetheilte Platte mit engli- / scher Aufschrift ist also jedenfalls erst später angebracht worden.) [25]/ Die Beisetzung in dieser Kapelle erfolgte am 21. Juni 1826, es / wurde dabei ein Todtenamt gehalten und Mozart's Requiem auf- / geführt. –

Uebrigens hat die königliche Kapelle zu Dresden bereits Ein- / leitungen getroffen, „dass offizielle Nachricht über die Sachlage [30]/ und alle einschlagende Umstände nach Dresden zur öffentlichen / Kenntniss gelangen." – Jüngst gab die Dresdner Liedertafel ein / Konzert, dessen Ertrag zu den Kosten von Weber's Translazion / bestimmt ist.

Hic jacet . . . = Hier liegt (ruht) Carl Maria Freiherr von Weber, ehe-mas Kapellmeister der Königlichen Kapelle des Königs von Sachsen. Er wurde am 16. Dezember 1786 in Eutin in Sachsen geboren. Er starb in seinem vierzigsten Lebensjahr am 5. Juni 1826 in London. – Zum Vorgang der maßgeblich auch von Richard Wagner im Umfeld des entstehenden Nationalismus betriebenen ‚Translokation', wie es damals hieß, s. III/Vorwort, s. IV/Vorwort.

Allgemeine Wiener Musik-Zeitung [I]/42, Donnerstag 8. April 1841, S. 175b-176b
[Miscellen]

Thomas Genues, ein beachtenswerther spanischer Componist un- / serer Zeit, schrieb für das Teatro Valle zu Rom die Oper: „La / Battaglia di Lepanto" und wollte sie 1836 am 4. Mai mit großem / Pomp zur Ausführung bringen. Der Maestro, mit der Hauptprobe / nicht zufrieden, hielt bei dem Director um Aufschub der Aufführung an, 5/ erhielt dieselbe jedoch nicht. Da ersann er folgende List, um zum Be- / sitze seiner Partitur und Stimmen zu gelangen. Vorgebend, als hätte / er noch einige nöthige Abkürzungen und Verbesserungen darin vorzu - / nehmen, läßt er sich nach der Probe sein Verlangtes geben, geht nach / Hause, schnürt Sack und Pack zusammen, und entwischt noch in derselben 10/ Nacht aus Rom, dem Director folgenden Zettel hinterlassend: „Da ich in / der Hauptprobe bemerkte, daß meine Oper noch nicht reif zur Auf- / führung ist, so habe ich den von meiner Ehre mir gebotenen heftigen

. . . . .

[175b // 175a] Entschluß gefaßt, diese Stadt sogleich mit der Partitur zu verlassen; / alle Ihre Bemühungen, mich aufzufinden, sind vergebens. Leben Sie 15/ wohl!" Der Director war nicht wenig erschreckt, als ihm dieser Zettel / eingehändigt wurde; wirklich waren seine Nachstellungen vergebens. / Zu Ende Mai kehrte jedoch der Componist zurück, die Oper wurde ge- / geben, fiel aber gänzlich durch.

—————— [200]

Man fragte Gluck, warum die Worte des Orest: „Die Ruhe / kehrt wieder in mein Herz zurück," von so unruhigen Figuren der Bässe / und Violinen begleitet würden, da dieses doch mit jenen Worten in / Widerspruch stehe? – „Seht ihr denn nicht ein," antwortete der / große Meister, „daß dieser Mensch lügt? Wie kann Ruhe in seinem 5/ Herzen seyn, da er so eben seine Mutter getödtet hat?" – Ein An- / derer beklagte sich darüber, daß die Arie: „Dir rufet Charon" – auf / einer einzige Note motivirt sey: „Mein Freund," sprach Gluck, „in / der Hölle ersticken die Leidenschaften und die Stimme verliert ihre Beu- / gungen!" 10

[201]

Cimarosa sah vollkommen ein, daß Mozart in den tiefen / harmonischen Verbindungen und in den reicheren Mitteln des Orche- / sters die Keime zu einer bedeutenden Umwälzung der Tonkunst aufge- / funden hatte, und die deutsche Schule ist es vorzüglich, in welcher sich / diese Umwälzung späterhin vollbrachte. Man erinnere sich der geistrei- 5/ chen Worte, welche Cimarosa an einen Maler richtete, der ihn, / entweder aus Schmeichelei oder aus Unwissenheit, über den Componisten / des Don Juan stellte, „Was würden Sie dazu sagen," erwiederte der / Tonkünstler lächelnd, „wenn jemand sie über Raphael setzte? – / Cimarosa's Ruhm war so glänzend, daß er, obwohl nur kurze Zeit, 10/ selbst Mozart verdunkelte.

[202]

Der bekannte Componist Vogel kam in dürftigen Umständen / und unbeachtet nach Paris, hatte aber dort das Glück, in einem feu- / rigen Verehrer der Tonkunst einen vielvermögenden und einflußreichen / Gönner zu finden. Unter der Ägide dieses Mäcens componirte er seine / erste Oper „Demofonte," und der Beschützer brachte es durch sein 5/ Ansehen dahin, daß der Director der großen Oper das Werk annahm / und es vorläufig seinem Orchester zum Durchspielen im Theater vor- / legte. Die nationalstolzen Tonkünstler stutzten beim Anblicke der frem- / den Waare und sahen mit weitaufgesperrten Augen bald die Partitur, / bald den Director, bald sich untereinander an. – Mehrere Orche- 10/ sterstimmen: „Von wem ist denn die Oper da?" – Stimme / des Directors: „Von einem Hrn. Vogel, der mir durch einen / bedeutenden Mann, dessen Wünsche ich berücksichtigen muß, empfohlen / worden." – Die Vorigen: „Vogel?! Vogel?! Von dem / wissen wir nichts." – „Wer unter uns kennt ihn?" – Eine Or- 15/ chesterstimme: „Ich. Es ist ein deutscher Musikus, ein lockerer / Zechbruder, der in allen Kneipen herumläuft und alle Abende mit / einem deutschen Rausche zu Bette geht." – Tutti: „Der mag / etwas Saubere zu Markte bringen!! Ist es auch der Mühe / werth, sein Charivari durchzuspielen?" Der Director beschwich- 20/ tigte die Erhitzten und die Oper wurde vorgenommen. Je tiefer / die Spielenden in die Ouverture hineinkamen, desto tiefer war / auch der Eindruck, welchen die Composition in den Erstaunten her- [176a // 176b] vorbrachte. Mit jedem neuen Blatte wendete sich nun das Blättchen / zu Gunsten des verhöhnten Fremdlings. Zuletzt allgemeine Bewunde- 25/ rung, allgemeines Bravissimo-Rufen. – Vogel, der bisher versteckt / hinter den Coulissen gelauscht hatte, trat jetzt plötzlich hervor, ver- / beugte sich gegen das Orchester und dankte ihm für seinen Beifall. / „Aber nicht wahr, meine Herren!" fügte er schalkhaft hinzu, „Sie wer- / den jetzt zugeben müssen, daß man dergleichen nicht beim Wasser 30/ zu Stande bringt?" – „Ei so trinke denn so lange und so viel du / willst!" – schrie alles unter Klatschen und Lachen zusammen – „trinke / Wein so viel in dich hineingeht; wir sehen schon, du lieferst uns kein / Wasser!"

> Der Hornist und Kammermusiker Johann Christoph Vogel (1756-1788), seit 1776 in Paris, steht als erfolgreicher Komponist in der Nachfolge Glucks.

[203]

Gluck fand Begeisterung inmitten einer schönen Wiese. Ein In- / strument vor sich, eine Bouteille Champagner zur Seite, schrieb er / seine beiden Iphigenien, seinen Orpheus, und andere Werke, welche / ihm einen so hohen Rang in der Kunstgeschichte sichern.

[————] [204]

Haydn, ein Freund der Einsamkeit, steckte den Ring an den / Finger, welchen ihm Friedrich II. geschickt hatte, setzte sich an sein / Fortepiano, und nach einigen Minuten schwelgte er in himmlischen / Phantasien.

[————] [205]

Mozart componirte nie mit größerer Begeisterung, als wenn die / Nothwendigkeit ihn drängte, wenn der Augenblick der Darstellung / schon vor der Thüre war.

[————] [206]

Sacchini konnte nicht zehn Tacte schreiben, wenn seine Frau / nicht bei ihm saß und seine Katze, in die er ganz vernarrt war, sich / spielend um ihn schmiegte.

[————] [207]

Cimarosa mochte gern Tumult und Geräusch um sich haben; wenn / er arbeitete, war es ihm angenehm, seine Freunde um sich zu sehen. / Oft entwarf er in einer einzigen Nacht acht bis zehn Arien, die er so- / dann ausarbeitete, wenn er Besuch hatte.

[————] [208]

Paesiello componirte im Bette. Alle diese Meisterwerke leich- / ter Grazie sind unter der Nachtmütze und Bettdecke entstanden.

 [209]

Sarti liebte die tiefe Nachtstille. In einem weiten von einer / herabhängenden Lampe matt erleuchteten Saale schrieb er.

[————] [210]

Zingarelli pflegte, ehe er an die Arbeit ging, eine Stelle in / der Bibel, den Kirchenvätern oder einem classischen Autor zu lesen.

[————] [211]

Hummel, ehe er öffentlich phantasirte, pflegte gerne in Bach's / „temperirtem Claviere" eine Zeitlang zu spielen.

(D. Aufm.)

III
212

Allgemeine Wiener Musik-Zeitung [I]/43, Samstag 10. April 1841, S. 180a
[Miscelle]

Man erzählt sich eine Anekdote, welche nichts weniger bezweckt, als / Rossini das Eigenthum einer seiner beliebtesten Melodien zu nehmen. / Ein Componist, Namens Baroni, der in der ersten Hälfte des acht- / zehnten Jahrhunderts in Florenz in hoher Achtung stand, verlor plötz- / lich wie unser Beethoven das Gehör. Er wendete sich an alle Ärzte [5]/ der Stadt, vergebens; endlich pilgerte er nach Loretto. Hier geschah / ein Wunder zu seinen Gunsten; er bekam sein Gehör wieder und com- / ponirte in seiner Dankbarkeit gegen die heilige Madonna in Begeiste- / rung zu ihrem Preise einen Chor, der unter dem Namen Litania della / santa Casa am 15. August 1737 zum ersten Mal gesungen wurde. [10]/ Diese Litanei wurde seitdem alle Jahre bei dem Feste der Madonna wie- / derholt und auf Rossini, der einmal dabei zugegen war, machte die / Melodie einen solchen Eindruck, daß er wie Moliere ausrief: „Ich /

nehme das Gute, wo ich es finde," und dieselbe in seinem „Tancred" / anbrachte, wo sie so viel Bewunderer gefunden hat. Das wäre das be- [15]/ rühmte: „Nach so viel Leiden etc."

Antonio Baroni (1738-1792) war von 1770-1777 als Nachfolger Jommellis Hofkapellmeister in Stuttgart. Danach ging er in seine Geburtsstadt Rom zurück und war bis zu seinem Tod Kapellmeister an ‚San Pietro in Vaticano' und seit 1790 zusätzlich an ‚San Apollinare' (Collegium Germanicum). Muzio Clementi gehörte zu seinen Schü-lern. – Rossini: ‚Tancredi', Venedig 1813. – Die musikalische Bega-bung Muzio Clementis (1752-1832) wurde von einem Engländer auf einer Reise in Italien entdeckt. Mit Zustimmung der Eltern nahm er den Vierzehnjährigen mit nach England und ließ ihn ausbilden. Cle-menti wurde als Pianist wie als Komponist und Lehrer hochberühmt und von Beethoven gerade auch als Komponist geschätzt. Er war mit Haydn, Mozart, Liszt und vielen anderen bedeutenden Künstlern sei-ner Zeit bekannt. Konzertreisen führten ihn in die führenden Resi-denzstädte Europas. Zu seinen Schülern zählt John Field. Seine be-rühmteste Arbeit ist das aus 100 Etüden bestehende, 1826 abge-schlossene Klavier-Unterrichtswerk ‚Gradus ad Parnassum', s. II/198. Zum Wettstreit mit Mozart (1781) s. II/259, II/278; zu Jommelli s. I/100.

III
213

Allgemeine Wiener Musik-Zeitung [I]/44, Dienstag [Dinstag] 13. April 1841, S. 183a-184a   *[Musikalischer Salon] [Miscelle] [unterm Strich]*

Fürst Nicolaus Esterhazy war ein so großer Verehrer der schö- / nen Künste, daß er sich auf seinem Schlosse Esterhaz in Ungarn ein / wahres Eldorado der Kunst schuf. Er unterhielt daselbst eine ausge- / zeichnete Operngesellschaft, welche mancher großen Residenz zur Zierde / gedient haben würde. Die berühmtesten Sänger und Sängerinnen wur- [5]/ den aus Italien verschrieben, und Künstler wie Murati, Nencini, /_Bologna und Sessi, standen in seinem Engagement und sangen in / dem Opernhause zu Esterhaz. Seiner ganz besonders ausgewählten / Capelle, welche beinahe die größten Virtuosen damaliger Zeit vereinte, / stand der große Joseph Haydn als Capellmeister vor. Maestrino, [10]/ der in einem großen Rufe als Violinconcertist stand, befand sich ge- / rade damals in Esterhaz, als Fürst Nicolaus einen Besuch von meh- / reren vornehmen Fremden erhielt, welche seine berühmte Capelle, be- / sonders aber den Virtuosen Maestrino zu hören wünschten. Bald / waren die Solostücke auf Befehl des Fürsten, der sich durch den aus- [15]/ gebreiteten Ruf, den seine Capelle sogar im Auslande genoß, nicht / wenig geschmeichelt fühlte, an die ausgezeichnetsten Künstler der Capelle [183a // 183b] vertheilt, und um dem Ganzen die Krone aufzusetzen, sollte zuletzt / Maestrino mit einem „Capriccio" in Doppelgriffen von seiner eige- /_nen Composition die Fremden überraschen. [20]

Der Fürst selbst führte seine Gäste in das Opernhaus, und kaum / war derselbe in der Loge sichtbar, als das Concert begann. Die frem- / den Herrschaften waren von der außerordentlichen Virtuosität der Künst- / ler hoch entzückt und ihre Erwartung spannte sich auf's Höchste, als / endlich die Nummer erschien, in welcher der Violinist als Glanzpunct [25]/ des Concertes hervortreten sollte. Der Vorgänger Maestrino's war / schon längst abgetreten und mit Ungeduld harrte man bereits längere / Zeit dem Auftreten des Concertisten entgegen, allein das Proscenium / blieb leer, Maestrino erschien nicht. Eine lange Stille herrschte un- / ter den Orchestermitgliedern, die Fremden sahen mit fragenden Blicken [30]/ bald nach dem erhöhten Platze im Orchester, bald nach dem Fürsten, der / bereits durch bedeutsame Winke seinen mühsam verhaltenen Unmuth zu / erkennen gegeben hatte. – Der Künstler erschien noch immer nicht; da / schickte der Fürst einen Jäger ab, der bald mit der Nachricht zurück- / kam, Maestrino sei kurz zuvor, als die

Reihe des Auftretens an ihn [35]/ gekommen wäre, nach Hause gegangen.

Ein plötzliches Unwohlseyn, das ihm zugestoßen, mußte demselben / vor der Hand bei dem Fürsten, so wie bei den fremden Gästen als Vor- / wand seiner Entfernung dienen; allein kaum waren letztere abgereist, / als Nicolaus den Künstler zu sich bescheiden ließ, und ihn in harten [40]/ Worten des Unmuthes über sein Weggehen aus dem Concerte zur Rede / stellte. In gewandter Rede, die ihm eigen war, suchte sich Maestrino / dadurch zu entschuldigen, daß er vorgab, ein unglückliches Ereigniß / ganz besonderer Art habe sein Auftreten für dießmal verhindert. Ge- / spannt fragte Nicolaus, worin dieses unglückliche Ereigniß bestanden? [45]

„In einem Öhlflecke auf meinem seidenen Strumpfe, der mich / zwang nach Hause zu gehen und mich umzukleiden," versetzte ruhig / Maestrino. Betroffen über ein so naives Geständniß, starrte ihn an- / fangs der Fürst in wortlosem Erstaunen an, bis er in den Ausruf. „Ein / Öhlfleck war das Hinderniß?" ausbrach. „Ja, Euer Durchlaucht," [50]/ entgegnete bescheiden Maestrino, und mit ernster Würde fuhr er fort: / „Dieser unbedeutende Fleck war Ursache genug, mich von dem öffentlichen / Auftritte abzuhalten; denn das Publicum hat das Recht zu fordern, daß der / Künstler selbst nicht durch die unbedeutendste Kleinigkeit die Achtung / gegen dasselbe verletze und es dadurch beirre; dem Künstler aber muß [183b [55]//184a] daran gelegen seyn, die Illusion des Entzückens, in welche sein Talent / den Zuhörer allenfalls versetze könnte, auch nicht durch die kleinste / Vernachlässigung im Äußern zu stören!"

Niccolò Mestrini (nicht Maestrino, 1748-1789) war ein italienischer Violinvirtuose, der mit Sondervergütung seit 1780 für einige Jahre unter Haydn in Esterhaz wirkte.

III

214

Allgemeine Wiener Musik-Zeitung [I]/53, Dienstag [Dinstag] 4. Mai 1841, S. 220b
[Miscelle]

Der italienische Sänger Guadagni war eben so berühmt wegen / seines großen Talentes, wie wegen seines Hochmuthes; das Erstere / verschaffte ihm große Reichthümer, der Letztere zog ihm mitunter ge- / waltige Kränkungen zu. Folgendes geschah ihm zu Parma: Der Herzog, / welcher ihn gern sah, hatte sein ausgezeichnetes Talent zweien vornehmen [5]/ französischen Cavalieren gepriesen, welche seinen Hof besuchten. Er for- / derte Guadagni auf, seinen Ruf zu rechtfertigen; der Sänger aber, / welcher die Franzosen nicht leiden konnte, sang ganz erbärmlich und / spielte noch schlechter, wobei ihm eine Heiserkeit als Vorwand diente. / Der Herzog gewährte ihm sechs Tage, dann mußte er wieder auftreten, [10]/ aber er sang noch schlechter als das erste Mal. Ein neuer Aufschub ward / ihm gestattet, als er aber endlich in einem Concerte bei Hofe singen / sollte, war er nirgends zu finden – er war auf die Jagd gegangen. / Empört über diese Unverschämtheit, ließ der Herzog den Sänger ins Ge- / fängniß werfen und zwar mit dem Befehle, ihm acht Tage nichts als Brot [15]/ und Wasser zu reichen. Diese Anordnung behagte Guadagni keines- / wegs, denn er war noch leckerer als übermüthig. Am neunten Tage / ward ihm endlich in seinem Kerker ein köstliches Mahl aufgetragen und / ein Beamter bekam Befehl, ihm dabei Gesellschaft zu leisten. In dem / Augenblicke aber, als der ausgehungerte Gefangene über die Speisen [20]/ herfallen wollte, hielt sein Tischgesellschafter ihn zurück. „Einen Augen- / blick, mein Herr," sprach er, „ich habe strengen Befehl, Sie nicht / eher essen zu lassen, als bis Sie mir etwas vorgesungen haben werden." / – „Ich

singen? wie kann ich singen, ich sterbe fast vor Hunger."
– / „Gleichviel, erst nachdem Sie gesungen haben,
dürfen Sie essen." 25/ Guadagni sang, der Beamte wollte
sich darauf entfernen. – „Wie, / Sie wollen fort? Wollen
Sie mir nicht bei Tische Gesellschaft leisten?" / fragte der
Sänger. – „Nein," entgegnete jener kaltblütig, „ich habe /
keine Zeit, denn ich muß heute noch drei Spitzbuben
hängen." – „Wie, / Sie wären - - „Der Scharfrichter? Ihnen
zu dienen. Sie 30/ wollten nicht auf den Befehl des
Herzogs singen – jetzt haben Sie dem / Henker etwas
vorsingen müssen." Die Sache ward schnell bekannt und
/ Guadagni sah sich genöthigt, seine Schande fern von
Italien zu / verbergen.

Der italienische Opernsänger Gaetano Guadagni (1728-1792, seit 1785
als Folge eines Schlaganfalls der Sprache beraubt) ging in die
Musikgeschichte als einer ihrer bedeutendsten Kastratensänger (Alt)
sowohl als Sänger wie als Schauspieler ein. Man sagte ihm makello-se
körperliche Schönheit und ein gebildetes Auftreten nach. Seine
Verbindung mit Glucks Opernreform (er sang in Glucks ‚Orfeo' die Titelpartie des Orpheus) prägte seinen Ausdrucksstil. – Die Anekdote
gehört in die Kategorie vom überheblichen Künstler, s. I/220 (Caffarelli),
II/45 (Abell), III/182 (Abell), III/60 (Mara).

III
215

Neue Zeitschrift für Musik XIV./42, 24. Mai 1841, S. 170a-170b *[Vermischtes]*

* * * Wien, den 8. Mai ⸺ Thalberg gab jetzt zwei / zum
Erdrücken volle Concerte, spielte auch sehr schön und
ge- / fiel ungemein; er scheint jedoch ganz das
Gegentheil von Liszt / zeigen zu wollen. Th. nimmt jetzt
viel gemäßigtere Tempi's, / als früher, spielt auch äußerst
zart und sehr ruhig (vielleicht 5/ gar zu sehr), und
verschmäht alle Knalleffecte; nur sind seine / Concerte
etwas monoton, weil er stets allein und nichts als / seine

Compositionen spielt. Am meisten gefiel die neue sehr / schöne Etude in A-Moll. Er geht diesen Herbst nach Italien, / dann nach Paris und London, und später wie es heißt nach [10]/ Amerika. – Die Italiener machen dieses Jahr nicht so / ungeheuer Furore, wie früher. Mad. Schoberlechner, die eine / große Künstlerin ist, war sehr krank, und hat viel an Kraft / der Stimme verloren, die Frezzolini ersetzt die Ungher nicht, / eben so wenig Soletti den Ronconi. Badiali und Moriani [15]/ sind sehr brav, die Perle aber ist Donzelli – ein Riese, / er singt hinreißend und seine Stimme ist noch klingend, schön / und kräftig; als Othello ist er bewunderungswürdig. – Un- / sere Mlle. Lutzer hat in Mailand auf der Scala sehr wenig / Glück gemacht; man schreibt von dort: „sie kann froh sein, [20]/ daß sie ohne äußere Zeichen des Mißfallens weggekommen / sei". –

mittlerer Asterisk tief gestellt. – zu Jenny Lutzer s.III/83.

III
216

Neue Zeitschrift für Musik XIV./42, 24. Mai 1841, S. 170b   [Vermischtes]

* * * Rossini, der bisher im Rufe des Geizes stand, soll / sich plötzlich gänzlich umgewandelt haben und verschwenderisch / großmüthig zeigen. Den Zeitungen zufolge hätte er ein Capi- / tal von 600000 Frcs. zur Errichtung eines Spitals für kranke / Musiker ausgesetzt, ertheilte öffentlichen unentgeldlichen Gesang- [5]/ unterricht [etc.] –

mittlerer Asterisk tief gestellt. – [etc.] = (tironisches) Sigel.

III
217

Allgemeine Wiener Musik-Zeitung [I]/68+69, Dienstag + Donnerstag 8. + 10. Juni 1841, S. 288b [Bunterlei]

(B o l o g n a.) Rossini hat 600,000 Fr. zur Gründung eines / Asyles für alte und schwächliche Musiker ausgesetzt, und gründet da- / neben eine öffentliche und unentgeltliche Gesangsschule in seiner Va- / terstadt Bologna; die Direction übernimmt er selbst. Jedenfalls ist ein / solches Unternehmen eine Demonstration, welche Vieles, was über ⁵/ dieses merkwürdigen Mannes Character gesagt wurde, niederschlägt.

(P. T. B.)

Viele Zeitgenossen warfen Rossini Geiz vor.

III
218 / 219

Allgemeine Wiener Musik-Zeitung [I]/74, Dienstag 22. Juni 1841, S. 311a-311b [Miscellen]

Als der wackere Götz von Berlichingen seine Hand vor / Landshut verloren hatte, führte er bekanntlich das Schwert in einer [311a // 311b] künstlich von Eisen verfertigten, und war so, obgleich verstümmelt, / seinen Feinden nicht minder furchtbar, als zuvor. Ähnliches Unglück / und ähnliche Hilfe finden wir in der Geschichte eines französischen Musi- ⁵/ kers. Desmasures, Organist zu Rouen (um das Jahr 1780), war / ein leidenschaftlicher Jäger; eine Flinte, die ihm unversehends in der / Hand losging, riß ihm die drei letzten Finger der linken Hand weg. / Desmasures ließ sich künstliche Finger ansetzen, und ruhte nicht, bis / er mit denselben fast eben so fertig spielte, als mit den natürlichen. – [10]/ (Quando non è vero etc. !!) //

Die Zeit- und Ortsangabe in der Anekdote (1780, Rouen) dürfte unrichtig sein. Der in der Musikgeschichte bekannte französische Ba-rock-Komponist und Organist Charles Desmazures (nicht: Desmasu-res, 1669-1736) wirkte an der Kathedrale von Marseille und starb auch in Marseille. Mit dem, zusätzlich fett gedruckten, >Quando non è vero etc.< (Wenn es nicht wahr ist, usw. [ist es doch gut erfunden]) bezweifelt der Anekdotenschreiber selbst sogar den Wahrheitsgehalt seiner eigenen Geschichte als Ganzes.

[219]

Tartini träumte, er habe einen Bund mit dem Teufel geschlossen, / und hörte diesen auf seiner Violine eine unvergleichbare treffliche So- / nate spielen. Entzückt fuhr er auf, sie niederzuschreiben. Umsonst! doch / legte er seiner nächsten Composition, die er sein Bestes nannte, den / Titel: „Teufels-Sonate" bei. Ihm weihte Antonio Pimbolo von [5]/ Padua das hyperbolische Distichon:

Hic fidibus, scriptis, claris hic magnus alumnis,
Cui par nemo fuit, forte nec ullus erit.

Giuseppe Tartini (1692-1770) war ein bedeutender italienischer Geiger, Komponist, Musiktheoretiker und Musikpädagoge, der eine neue Spielweise (Betonung der Bogenführung) begründete. – hyperbolisch = übertreibend. – Distichon = zweizeilige Strophenform (Verspaar). – Hic fidibus . . . = „Hier sind treue, schreibende, berühmte Studenten, / Ihm war Niemand ebenbürtig, und vielleicht wird es auch Niemand je sein." Die erste Zeile des Distichons ist mehrdeutig (fidelis heißt treu, aber auch ehrlich oder zuverlässig; scribere heißt schreiben, aber auch prägen, zeichnen, schriftstellern, dichten; clarus heißt klar [deut-lich] und hell, aber gleicherweise laut, glänzend, ausgezeichnet, be-deutend, berühmt.) Auch in der deutschen Sprache steht das Wort ‚schreiben' nicht nur für schriftstellern oder dichten, sondern unter an-derem für ‚komponieren'.

220

Allgemeine musikalische Zeitung XLIII/25, 23. Juni 1841, Sp. 503-504

[Feuilleton]

Rossini hat in Bologna, seiner Vaterstadt, eine Stiftung von / 600,000 Franken zur Gründung eines Hospitals für arme und alte [503 // 504] Musiker gemacht. Er will auch eine öffentliche Gesangschule dort / errichten, worin der Gesangunterricht unentgeltlich ertheilt wer- / den soll, deren Direkzion er sich jedoch auf seine ganze Lebens- 5/ zeit vorbehält.

Verbunden mit einer Charakterspekulation erschien diese Mitteilung bereits am 8. Juni 1841 in der ‚Allgemeine Wiener Musik-Zeitung', s. III/217.

221

Allgemeine musikalische Zeitung XLIII/25, 23. Juni 1841, Sp. 504

[Feuilleton]

Russland verbietet gegenwärtig die Einfuhr von musikalischen / Komp_osizionen, welche theils als Variazionen, theils als Potpour- / ri's u. dergl. polnische Nazionalgesänge enthalten oder verarbei- / ten. So erhielten unlängst mehrere Leipziger Musikalienhandlun- / gen dergleichen Notenwerke, darunter einige von Burgmüller, als 5/ unerlaubt zurück.

222

Neue Zeitschrift für Musik XIV./52, 28. Juni 1841, S. 210b   *[Vermischtes]*

* * * Liszt hat in London das Malheur gehabt, im / Wagen umgeworfen zu werden und sich die linke Hand

zu be- / schädigen. Er spielte trotzdem in einer Soiree, die im Hause / der Herzogin von Sutherland für die Polen gegeben wurde, / aber, von Hrn. Benedict begleitet, mit der rechten Hand al- [5]/ lein, was denn die englische Noblesse sehr in Staunen ver- / setzte. –

mittlerer Asterisk tief gestellt. – Droschkenunfälle, meist durch betrunkene Kutscher oder durchgehende Pferde verursacht und häufig auch mit tödlichem Ausgang, waren im 19. Jahrhundert an der Tagesordnung. Daher begrüßten die Zukunftsforscher der Jahrhundertwende die aufkommende Automobilindustrie, weil es ohne Pferde und mit in der ausschließlichen Verantwortung von Menschen gelenkten Fahrzeugen künftig keine Verkehrsunfälle mehr geben werde. – s. III/58.

III
223 / 224

Allgemeine Wiener Musik-Zeitung [I]/77, Dienstag 29. Juni 1841, S. 324a
[Miscelle]

Von welcher richtigen Seite Mozart, bloß von seinem Genius / geleitet, die Dinge der Musikwelt ansah, bezeugt wohl folgende kleine / Anekdote. Er kam auf seinen Reisen in das Haus des damaligen N. / von N., der Musik sehr schätzte, und dessen jetzt berühmter Sohn von / 12 oder 13 Jahren schon sehr brav Clavier spielte. [5]

„Aber, Herr Capellmeister," sagte der Knabe, „ich möchte so gern / zuweilen auch Etwas selbst componiren; sagen Sie mir nur, wie ich's / anfange?"

„Nichts! Nichts!" Müssen warten!"

„Sie haben ja noch viel früher componirt." [10]

„Aber nicht gefragt! – Wenn man den Geist dazu hat, so / drückt's und quält's Einen; man muß es machen und macht's auch und / fragt nicht d'rum."

Der Knabe stand beschämt und traurig, da Mozart dieß her- / auspolterte. – Endlich nach einer längeren Pause fuhr der so hart An- [15]/ gegangene fort: „Ich meine ja nur, ob Sie mir kein Buch vorschlagen / können, woraus ich's recht machen lernte."

„Nun schaun's" – antwortete Mozart freundlicher, und strei- / chelte dem Kleinen die Wangen – „das ist all' wieder nichts! Hier, / hier und hier (er zeigte auf Ohr, Kopf und Herz) ist Ihre Schule. – [20]/ Ist's da richtig, dann in Gottes Namen die Feder in die Hand, und / steht's geschrieben; hernach einen verständigen Mann darüber gefragt."

Die Anekdote ist ohne Quellennennung wörtlich der Rochlitzschen ‚Allgemeinen musikalischen Zeitung' von 1799 (AmZ I/30, 24. 4. 1799, Sp. 480) nachgeschrieben (s. I/47).

[224]

Der Kaiser Joseph sprach bei seiner Reise durch Bologna den / berühmtesten Musikgelehrten und gründlichsten Contrapunctisten, den / Italien in der neuesten Zeit gehabt hat, den Pater Martini. Ihr / Gespräch betraf die Kunst.

„Wird es nicht dahin kommen," fragte der Kaiser, der so gern [5]/ fragte, weiter, „daß man über die Producte der Musik eben so gründ- / lich, eben so gemeinverständlich, und eben so einverstanden urthtelt und / schreibt, als über die Producte anderer Künste, – der Malerei zum / Beispiel?"

„Ich glaube nicht, Ew. Majestät," antwortete der Pater.
10

„Warum nicht?"

„Die eine Ursache liegt wohl in dem Wesen der musikalischen Kunst; / die andere in denen, welche darüber schreiben wollen."

Der rasche Joseph, der vielleicht eine lange Deduction des ge- / lehrten Theoretikers fürchtete, fragte schnell nach der Erläuterung der 15/ zweiten Ursache.

„Weil die Schriftsteller nicht Musik verstehen, und die Musiker / nicht schreiben können," – sagte der Pater.

Das jetzige Deutschland hat dieses Urtheil keineswegs zu nichte / gemacht. 20

Auch diese Anekdote ist, den letzten Satz ausgenommen, wörtlich, ohne Quellennennung, der Rochlitzschen ‚Allgemeinen musikali-schen Zeitung' von 1799 (AmZ I/41, 10. 7. 1799, Sp. 656) nachge-schrieben (s. I/52). Im letzten Satz äußert Rochlitz die Hoffnung, das *jetzige Deutschland*" werde *„vielleicht*" dieses Urteil *„zu nichte machen*", womit er Recht behielt. – zu Padre Martini s. II/198.

III
225

Euterpe I/6, 1841, S. 94-95   [Mannichfaltiges]

In Anton Schindler's (Musikdirector und Pro- / fessor der Tonkunst) Biographie von Ludwig von Betho- / ven, Münster 1840 bei Aschendorf, heißt es S. 136:

„Im April jenes Jahres (1823) überbrachte ihm / die Gräfin Schafgotsch aus Warmbrun in Schlesien 5/ seine erste Messe mit einem neuen, von einem dorti- / gen Musikdirector Herrn Scholz verfaßten deut- / schen Text. Wir saßen eben zu Tische. Betho- / ven öffnete schnell das Manuscript und durchflog / einige Seiten. Als er zum „Qui tollis" kam, liefen 10/ ihm die Thränen aus den Augen, und er mußte / aufhören, indem er von dem unbeschreiblich schönen / Texte aufs tiefste gerührt sagte: „Ja, so habe ich / gefühlt, als ich dieses schrieb!" Es war dies das / erste und letzte mal, daß ich ihn in Thränen sah. 15/ Er beabsichtigte jenem trefflichen Herrn Scholz eben / seine zweite Messe zur Abfassung eines deutschen Tex- / tes zuzuschicken, als er die Nachricht von seinem / Tode erhielt [etc.]" [94 // 95]

Wo ist dieser deutsche Text hingekommen? Sollte [20]/ er nicht in Warmbrun, vielleicht im Archiv der dortigen / katholischen Kirche [etc.], aufzufinden sein?   J.

[etc.] = als (tironisches) Sigel. − Zeilen [1, 4] und [20] volle, Zeilen [5] bis einschließlich [19] halbe Einrückung. − Jahreszahlen fettsatzähnlich. − Im Inhaltsverzeichnis ist der Name Beethoven richtig geschrieben. − J. = der Mitherausgeber der ‚Euterpe' Friedrich August [Leberecht] Jakob (1803-1884), Kantor in Konradsdorf bei Hainau in Schlesien, Verfasser zahlreicher Schulliederbücher, Gesangsanweisungen für Volksschulen und (evangelisch-reformatorischer) Choralarbeiten, so-wie von Aufsätzen in musikpädagogischen Zeitschriften, Komponist von Männergesangs-Quartetten und Liedern für Männerchor. Er zog sich 1880 zum Ruhestand nach Hohenwiese bei Greiffenberg in Schlesien zurück.

III

226

Allgemeine Wiener Musik-Zeitung [I]/78, Donnersstag 1. Juli 1841, S. 325a-326b
[Kopfartikel]

Gespräch zwischen mir und Kaiser Joseph II. im Jahre 1786 *).

Als ich, um mein Oratorium „Hiob" in Wien aufzufüh- / ren, dahin gereist war, wünschte ich meine zwölf Sinfonien / über die Metamorphosen des Ovid in dem Augarten zu mei- / nem Benefiz aufzuführen. Hierzu war die Erlaubniß vom Kai- / ser Joseph unumgänglich nöthig. Ich ging also zu ihm, und bat [5]/ ihn darum.

Schon vorher wurde ich prävenirt, daß der Kaiser seine / eigene Art zu *sprechen* und hauptsächlich Jemanden Etwas abzu- / fragen hätte, und / man ihm kurz, bündig, ohne Menschenfurcht, / ja selbst trocken antworten müßte, weil er alle kriechenden und [10]/ demüthigen Ausdrücke für Schmeichelei hielt, und deßwegen / haßte. Der Kaiser bewilligte mein Gesuch, und nachdem / er mir über meinen aufgeführten „Hiob" viel Verbindliches und / Gnädiges gesagt hatte, begann folgender Dialog:

D e r   K a i s e r. Sind Sie noch immer in Schlesien an- 15/ gestellt?

I ch. Ja! E M. 20/

K a i s e r. Als was?

I ch. Als Amtshauptmann.

K a i s e r. Was für Geschäfte haben Sie bey Ihrem Amts- / posten zu besorgen?

I ch. Publica, Politica und Judicialia! 25/

K a i s e r. (ernsthaft) So? Haben Sie aber auch hinläng- / liche Fähigkeit zu Ihrem Amte?

I ch. Schon dreizehn Jahre stehe ich an diesem Posten, / und dieses ist, wie mich dünkt, hinlänglicher Beweis, dass ich / ihm gewachsen bin. 30

K a i s e r. (wie oben) Ei wo Tausend hätten Sie denn die / Kenntniß hierzu gesammelt?

---

*) Diese höchst merkwürdige Unterredung ist der Selbstbiographie / Hern. Ditter von Dittersdorf entnommen; obgleich sie durch 35/ die Veröffentlichung der Leipziger musikal. Zeitung vom Jahre / 1798 allgemein bekannt wurde, so ist doch seit dieser bereits ein / Zeitraum von 43 Jahren verflossen, und sie ist daher für die Jetzt- / zeit eine gewiß sehr interessante Neuigkeit.   D. R.

[325a // 325b]

I ch. Es wäre mir eine unauslöschliche Schande, wenn 40/ ich – in Wien gebohren und erzogen – weiter nichts, / als bloß Violinspielen und Componiren gelernt hätte.

K a i s e r. Hm! Ihre Antworten sind sehr rund!

I ch. (im ehrfurchtsvollen Tone) Man hat mich belehrt, / daß man E. M. kurz, bündig, rund und wahrhaft antworten 45/ müsse; habe ich gefehlt, so bitte ich um Gnade!

K a i s e r. (im vorigen freundlichen Tone). Man hat Sie / recht belehrt; und Ihre Antworten haben mich nicht im Gering- / sten beleidigt. – Haben Sie denn Mozart spielen gehört?

I ch. Schon dreimal! [50]

K a i s e r. Wie gefällt er Ihnen?

I ch. Wie er jedem Kenner gefallen muß.

K a i s e r. Haben Sie auch Clementi gehört?

I ch. Ich hab' ihn auch gehört.

K a i s e r. Einige ziehen ihn dem Mozart vor. Was ist [55]/ Ihre Meinung hierüber? Gerade heraus!

I ch. In Clementi's Spiel herrscht viel Kunst und Tief- / sinn, in Mozart's aber nebst Kunst und Tiefsinn außeror- / dentlich viel Geschmack.

K a i s e r. Das Nämliche sag' ich auch. Es ist mir lieb, [60]/ daß wir einerley Meynung sind. Was sagen Sie aber zu Mo- / zart's Compositionen?

I ch. Er ist unstreitig ein großes Originalgenie, und ich / habe bisher noch keinen Componisten gefunden, der einen so / erstaunlichen Reichthum an neuen Gedanken besäße. Ich wünschte, [65]/ er wäre nicht so verschwenderisch damit. Er läßt den Zuhörer / nicht zu Athem kommen; denn kaum will man einem schönen / Gedanken nachsinnen, so steht schon wieder ein anderer da, der / den erstern verdrängt, und das geht immer in einem fort, so / daß man am Ende keine dieser wahren Schönheiten im Gedächt- [70]/ nisse aufbewahren kann.

K a i s e r. Wahr! Nur in Theaterstücken, dünkt mich, / daß er öfters zu viele Noten anbringt, worüber die Sänger sich / sehr beklagen.

I ch. Wenn man aber die Gabe besitzt, durch Harmonie [75]/ und Geschicklichkeit im Begleitungsspiel den Sänger doch nicht / zu verdecken, so halte ich das für keinen Fehler. [325b // 326a]

K a i s e r. Distinguo. – Wenn man die Gabe besitzt die / Sie in Ihrem „Hiob" gezeigt haben. – Was sagen Sie zu / H a y d n's Compositionen? [100]

I ch. Von seinen Theaterstücken habe ich keines gehört.

K a i s e r. Sie verlieren nichts dabei, denn er macht

es / wie M̲o̲z̲a̲r̲t̲; was halten Sie aber von seinen Stücken / für die Kammermusik?

I c h. Daß sie die Sensation, die sie in der ganzen Welt [105]/ machen, mit allem Rechte verdienen, und daß er nie Gefahr lau- / fen wird ̲s̲ich auszuschreiben, wie schon vielen Anderen geschehen / ist, welche mit jenen Insecten zu vergleichen sind, deren Exi- / stenz nur von früh Morgens bis Abends dauert. Denn er weiß / jeden, selbst trivialen Gedanken so aufzustutzen, daß er dem [110]/ erfahrnen Kenner gleichsam neu wird.

K a i s e r. Tändelt er nicht manchmal gar zu sehr?

I c h. Er hat die Gabe zu tändeln, ohne jedoch die er- / habene Kunst herabzuwürdigen, und zu entheiligen.

K a i s e r. Sie haben nicht Unrecht. (nach einer Pause) [115]/ Hören Sie: Ich habe schon vor einiger Zeit zwischen H̲a̲y̲d̲e̲n̲ / und M̲o̲z̲a̲r̲t̲ eine Parallele gezogen. Ziehen Sie mir auch / eine, damit ich sehe, ob sie auch mit der meinigen überein- / stimmt.

I c h. (mit gezogenen Achseln) E. M. legen mir da eine sehr / verfängliche Frage vor. [120]

K a i s e r. O! i̲ch kenne schon die Modestie von Euch Herren / Diktatoren! Bey Ihnen hätte ich so eine Grimasse am wenig- / sten vermuthet, da Sie nach Ihrem eigenen Geständnisse wis- / sen, daß ich runde Antworten liebe.

I c h. Nun wenn es denn seyn mu̲ß̲, so erlauben mir [125]/ E. M. wenigstens , ehe ich Ihre Frage beantworte, eine Vor- / frage!

K a i s e r. Auch das!

I c h. Was ziehen E. M. für eine Parallele zwischen / K l o p st o c k's und G e l l e r t's Werken? [130]

K a i s e r. (nach einer Pause) Hm! – Daß beide große / Dichter sind. – Daß man K̲ ̲l̲ ̲o̲ ̲p̲ ̲st̲ ̲o̲ ̲ck̲'s Gedichte öfter als ein- / mal lesen müsse, um alle Schönheiten zu entschleiern – daß / hingegen G̲e̲l̲l̲e̲r̲t̲'s Schönheiten schon beym ersten Anblick / ganz enthüllt da liegen. [135]

I c h. Hier haben E. M. Ihre Frage selbst beantwortet.

K a i s e r. Mozart wäre also mit Klopstock, und /
Haydn mit Gellert zu vergleichen?

I ch. So halte ich dafür.

K a i s e r. Ich kann nichts dawider einwenden. 140

I ch. Darf ich so kühn seyn, E. M. um Ihre Parallele /
zu fragen?

K a i s e r. Die sollen Sie gleich erfahren: Ich verglich
/ M o z a r t's Composition mit einer goldenen Tabatiere,
die in / Paris gearbeitet, und H a y d n's Composition mit
einer detto, 145/ die in London verfertigt ist. Beyde sind
schön, die erste ihrer [326a // 326b] vielen
geschmackvollen Verzierungen, die zweite ihrer Simplic-
/ ität und ausnehmend schönen Politur wegen. – Auch
hierin sind / wir fast einerlei Meinung, und daher freut es
mich, daß ich / bey näherer Bekanntschaft einen ganz
andern Mann an Ihnen 150/ finde, als man Sie mir
beschrieben hat.

I ch. Wie das, E. M.?

K a i s e r. Man hat mir gesagt, daß Sie ein Egoist
wä- / ren, der weder einem Virtuosen noch einem
Komponisten die / mindeste Ehre gönnte; daß Sie
überhaupt stolz und aufgebla- 155/ sen seien. Mir ist es
recht lieb, daß ich gerade das Gegentheil / erfahre, auch
wird es mich freuen, Sie während Ihres hiesigen /
Aufenthaltes noch öfters zu sprechen, und Sie werden
mich / um dieselbe Stunde, wie heute, immer finden.

Carl von Dittersdorf. 160

Die Anekdote ist, unter Anpassung an die österreichische Orhogra-phie
und Schreibart von 1841 und der zusätzlichen Anmerkung, mit
Quellennennung wörtlich der Rochlitzschen ‚Allgemeinen musikalischen Zeitung' von 1799 (nicht 1798) entnommen (unter der Überschrift ‚Anekdote': AmZ I/46, 13. 3. 1799 [der (I.) Jahrgang begann am
3. October 1798 und endete am 25. September 1799], Sp. 378-382), s.
I/45. – distinguo = ich unterscheide mich, ich bin anderer Meinung. –
‚um dieselbe Stunde' = Der Kaiser hatte feststehende Audienztermine.
– Erratum zu I/45[68]: statt >dieser Schönheiten< lies >dieser wahren
Schönheiten<.

Allgemeine Wiener Musik-Zeitung [I]/78, Dienstag 1. Juli 1841, S. 327b   *[–]*

Denkwürdigkeiten.

(Wunderbares Echo bei Clyde.) Unfern von Glasgow ergießt sich / ein salziger See bei Clyde in einen Fluß. An diesem See liegt ein / Landhaus mit Namen Rosneath. Hier findet man ein Echo, das in sei- / ner Art vielleicht einzig ist, und das von den felsigen Hügeln, die sich / um den See her lagern, erzeugt wird. Ein reisender Engländer, der $^{5/}$ sich mit einer ganzen Gesellschaft dahin begab, um es genauer zu unter- / suchen, schreibt darüber Folgendes: Nach mancherlei kleinen Versuchen, / ließen wir einen von unsern Musikern gegen Norden hin auf dem Wald- / horn – erst einzelne Töne, dann kleine Sätze blasen. Das Echo nahm / sowohl die einzelnen Töne als auch die kurzen Sätze sogleich auf, wie- $^{10/}$ derholte sie sehr deutlich, aber – eine Terz tiefer. Sobald das erste / Echo geendet hatte, nahm ein zweites dasselbe auf, wiederholte gleichfalls / deutlich und genau, aber – wieder einen Ton tiefer; endlich eben so / ein drittes, nochmals einen Ton tiefer. So blieb es bei allen andern / Versuchen und Veränderungen der Töne und melodischen Sätze in Höhe $^{15/}$ und Tiefe. Auch die ausgerufenen Worte wiederholten die Echo's mit / gleicher Herabstimmung des Sprachtones.

. . . . . [228]

(Ein Katzenconcert.) Im Jahre 1789 gab ein Venetianer, / der aus Spanien kam, in London ein Concert mit e i l f Katzen. Er / hatte seine musikalischen Consorten jahrelang im Singen eingeübt; / einer jeden war ihre besondere Stimme zugetheilt, mit der sie auf einen / Wink ihres Orchesterdirectors richtig einfiel. Sie hielten ziemlich ge- $^{5/}$ nau Tact.

Beide Anekdoten sind ohne Quellennennung aus derselben Nummer der Rochlitzschen ‚Allgemeinen musikalischen Zeitung' von 1799 (unter der Überschrift ‚Seltsamkeiten': AmZ II/3, 16. 10. 1799) nachgeschrieben, die (physikalisch unglaubwürdige) erste wörtlich (Sp. 52-53, s. I/70), die zweite, ausgenommen die ersten 7 [8] Wörter, ebenfalls wörtlich (Sp. 50, s. I/67).

III
229 / 230

Allgemeine Wiener Musik-Zeitung [I]/78, Dienstag 1. Juli 1841, S. 328a
[Miscellen]

Der englische Sänger Spranger Barry verband mit seiner / Silberstimme eine ausgezeichnete Überredungsgabe und höchst einneh- / mende Manieren. Ein Architekt, welchem er für Arbeit am Dubliner / Theater einiges Geld schuldig war, erschien an Barry's Hause, und / verlangte von dem Diener ziemlich laut die Berichtigung seiner Forde- 5/ rung. Mr. Barry, der das hörte, sprach aus dem Fenster: „Zürnen / Sie nicht, mein Herr, erweisen Sie mir vielmehr die Gefälligkeit, her- / aufzukommen, damit wir näher über die Sache reden." – „Ei, das / lasse ich bleiben," antwortete der Mann; „hundert Pfund sind Sie mir / jetzt schuldig, und gehe ich erst hinauf, so komme ich nicht mehr los, 10/ bis ich Ihnen zwei Hundert schulde."

Spranger Barry (1719-1777) war ein irischer Schauspieler und mehrfacher Theatergründer. Er zählt zu den bedeutendsten Shakespeare-Darstellern seiner Zeit. – Die Anekdote nimmt Verhaltensweisen vorweg, die man später beispielsweise Richard Wagner nachsagte.

[230]

Einer der berühmtesten Claviermacher der Seinestadt bittet Thal- / berg höflichst zu sich, mit dem Ansuchen, er möchte ihm in seinem an / herrlichen Flügeln überreichen Magazin das schönste, beste Clavier be- / zeichnen.

Thalberg willfahrt, und gibt, nachdem er sorgfältig ge- /
prüft, ein Instrument als das in jeder Beziehung
Ausgezeichnetste an. 5/ Darauf legt der Claviermacher
Thalberg ein leeres Blatt Papier / mit dem Ansuchen hin,
daß derselbe seinen Namen hinschreibe. Es ge- /
schieht; nun nimmt noch der Bittsteller selbst die Feder
zur Hand, schreibt / die Worte. „dedié à Monsieure," über
dem Namen Thalberg, / und legt das Blatt dann auf den
von dem Künstler als vorzüglich be- 10/ zeichneten
Flügel. – Fürwahr, eine graziöse Erfindung, Jemanden, /
wie Thalberg, ein Souvenir zu machen!

---

zu Thalberg s. III/34.

III
231

Allgemeine Wiener Musik-Zeitung [I]/80, Dienstag 6. Juli 1841, S. 335b-336a

[–]

Denkwürdigkeiten.

(Benedict Friedr. Zink) war in seiner frühen Jugend
auf beiden / Ohren taub, so, daß man nur durch Schreien
sich ihm verständlich / machen konnte, auch schien er
von der Natur in Ansehung seiner / Geistesgaben sehr
stiefmütterlich ausgestattet zu seyn. Man ahnte daher / in
ihm den großen Tonkünstler nicht, der er in der Folge
geworden, 5/ ja man setzte ihn sogar oft zurück, bis ein
Zufall ihn in den Stand / setzte, das Gegentheil zu
beweisen. Einst nahm ihn einer seiner Ver- / wandten mit
nach einem Weinhause und gab dem Knaben in seinem /
Unverstande so viel zu trinken, daß er ganz berauscht zu
Bette gebracht / werden mußte und dort in einen
lethargischen Schlaf verfiel, der volle 10/ 24 Stunden
dauerte. Als man ihn endlich mit Schreien weckte und /
zum Essen nöthigte, beschwerte er sich über die

lärmende Weise, mit der [335b // 336a] man sich ihm verständlich zu machen suche, da er doch sehr gut höre. / Seine Umgebung war hoch erstaunt darüber, und meinte, wohl ein / Wunder müsse dem armen Jungen das Gehör verschafft haben. Bei [15]/ näherer Untersuchung aber entdeckte man, daß aus seinen Ohren eine / Unreinlichkeit geflossen war, die das Zerplatzen eines inneren Geschwüres / zu verrathen schien. Von dieser Stunde an war sein Gehör sehr fein / und nun entwickelte sich zugleich mit den übrigen Seelenkräften vorzüg- / lich sein musikalisches Talent sehr bald, so daß man diesem Zufalle einen [20]/ ausgezeichneten Tonkünstler zu verdanken hatte.

Die Anekdote ist ohne Quellennennung wörtlich der Rochlitzschen ‚Allgemeinen musikalischen Zeitung' von 1801 (unter der Überschrift ‚Anekdote': AmZ IV/1, 1. 10. 1801, Sp. 15-16) nachgeschrieben, s. I/141. Nach dem 3. Wort wurden 14 Wörter des Originals weggelas-sen (*„der nämliche, dessen Tod in No. 45 des 3ten Jahrg. d. Z. ge-meldet wurde"*), was in diesem Zusammenhang Sinn machte, dem Leser aber gleichzeitig jeden Hinweis auf die Originalquelle verwehr-te.

III
232 / 233

Allgemeine Wiener Musik-Zeitung [I]/80, Dienstag 6. Juli 1841, S. 336a-336b
[Miscellen]

Philipp Emanuel B̲a̲c̲h̲ lebte schon lange in Berlin, ohne daß es / Friedrich dem Zweiten eingefallen wäre, diesen Tonkünstler kennen zu / lernen, dessen Ruf bereits halb Europa durchflogen hatte. Endlich be- / stürmte man den König mit dem Lobe dieses Mannes so sehr, daß er / den Befehl gab, B̲a̲c̲h̲ solle nach Potsdam kommen und vor ihm spielen. [5]/ Der Capellmeister erschien. Nach einer kurzen Unterredung über die Mu- / sik fragte Friedrich: „Kann E̲r̲_auch über unbezifferten

Baß aus dem / Stegreif eine Melodie herunterspielen?" –
„Ich will es versuchen Eure / Majestät!" erwiederte Bach.
Der König legte ihm die Baßstimme / einer Graun'schen
Symphonie, von der er gewiß wußte, sie sey nie in [10]/
andere Hände als die seinigen gekommen, vor. Bach
setzte sich auf des / Monarchen Geheiß an's Clavier,
stellte die Stimme verkehrt auf das / Pult und spielte
meisterhaft. Als er geendigt hatte, sagte Friedrich: /
„Brav! Nun sehe ich, daß man mir nicht zu viel von Ihm
gesagt hat / und er sein Handwerk versteht!" – Das war
aber auch Alles, wodurch [15]/ der deutsche Künstler vom
deutschen Friedrich belohnt wurde!

Die unstimmige preußenfeindliche Anekdote ist ein wörtlicher Nachdruck ohne Quellennennung aus der Rochlitzschen ‚Allgemeinen musikalischen Zeitung' von 1800 (AmZ III/4, 22. 10. 1800, Sp. 71-72),
wobei aus im Original ‚Friedrich dem Großen' ‚Friedrich II.' im Nachdruck wird, s. I/136. Philipp Emanuel Bach war schon beim Kronprinzen Friedrich fest angestellt und blieb es auch nach dessen Krönung
zum König (1740). Im Jahre 1768 nahm er den Ruf nach Hamburg als
Nachfolger Telemanns an.

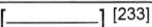 [233]

Friedrich II. ertheilte selten jemandem die Erlaubniß
seinen Con - / certen beizuwohnen und ihn auf der Flöte
zu hören. Ein junger vor- / nehmer Engländer, der auf
Reisen war, wußte sich demungeachtet diese / Gunst zu
verschaffen. Der königliche Virtuose war eben guter
Laune, / unterhielt sich mit dem Fremden und fragte ihn
zuletzt: „Ob er auch [5]/ ein Instrument spiele!" – „Ja, Sire,"
– „Was?" – „Die Flöte!" / antwortete dieser. Friedrich,
dem nichts empfindlicher war, als sich / von irgend
jemanden, gleichviel ob als Feldherr, Staatsmann oder /
Flötenspieler, übertroffen zu fühlen, ahnete nicht, was
ihm bevorstand, / und ersuchte den jungen Mann sich
hören zu lassen. Dieser zog bereit- [10]/ willig sogleich
seine Flöte aus der Tasche, beklagte aber, daß er keine /
Musikalien bei sich habe, und bat ohne weitere

Umstände den König, / ihm welche geben zu lassen. Man brachte verschiedene Quanz'sche Con- / certe herbei, in deren Besitz niemand war, als der König selbst, ganz / eigens für sein schweres Spiel gesetzt. Der Engländer ließ das erste [15]/ das beste, das ihm in die Hände fiel, auflegen und spielte es mit einer / solchen Präcision, mit so viel Ausdruck und Wahrheit, daß selbst / Quanz darüber erstaunte. Man gab ihm ein zweites Concert, schwe- / rer noch als das erstere, und der Fremde, hier eben so wenig in Ver- / legenheit, leistete was er geleistet hatte, mit verdoppelter Kunst. Fried- [20]/ rich, schon ärgerlich, ließ sich seine Flöte geben und spielte selbst; viel- / leicht schlechter als sonst. Diesen Moment benutzte der Engländer und / schlich sich zum Musikzimmer mit seinem Begleiter, der wahrscheinlich / der Hofmeister war, hinaus. Der König wurde seine Entweichung ge- / wahr, und ließ ihn in allen Gasthäusern Potsdams aufsuchen. Allein der [25]/ junge Mann, der es gewagt hatte, ein Nebenbuhler Friedrichs auf [336a // 336b] der Flöte zu seyn, war mit Extrapost verschwunden, und der gekrönte / Tonkünstler hatte nicht einmal die Genugthuung, seine Neugierde zu / befriedigen; denn nur aus dem Golde, womit der junge Flötenspieler / im Gasthofe bezahlt hatte, und der Achtung, mit welcher ihm seine [30]/ Bedienten begegneten, konnte man schließen, daß der Fremde kein ge- / meiner Engländer gewesen sey.

Auch diese, wenn auch abgeschwächt ebenfalls preußenfeindliche Anekdote ist ein wörtlicher Nachdruck ohne Quellennennung aus der Rochlitzschen ‚Allgemeinen musikalischen Zeitung‘ von 1800 (AmZ III/5, 29. 10. 1800, Sp. 85-86 [Anekdote]). Aus im Original ‚Friedrich dem Großen‘ wird ‚Friedrich II.‘ im Nachdruck, s. I/137. – zu Quantz (nicht: Quanz) s. I/54.

Allgemeine Wiener Musik-Zeitung [I]/81, Donnerstag 8. Juli 1841, S. 340a
[Miscelle]

Jomelli hatte sehr frühzeitig – zu allererst als Sänger und / Clavierspieler, bald darauf als Operncomponist, und in der letzteren / Qualität ganz vorzüglich durch seine Recitative mit voller Orchesterbe- / gleitung – seinen Ruhm in Italien so weit verbreitet, daß er zur er- / ledigten Capellmeisterstelle zu St. Peter in Rom in Vorschlag kam. 5/ Um hierzu zu gelangen, mußte sich aber jeder einer sehr strengen Prü- / fung unterwerfen. Jomelli, der bisher in seinen Arbeiten weit mehr / seinem Gefühle gefolgt, als sich um die Theorie bekümmert hatte, fürch- / tete diese Prüfung, und ging deßhalb auf kurze Zeit zu dem Pater Mar- / tin nach Bologna, studierte unter dessen Leitung mit allem Fleiße, kam nun 10/ zurück und stellte sich zur Probe – jedoch mit der ausdrücklichen Bedin- / gung, daß, möge er angenommen oder abgewiesen werden, sich seine / Examinatoren sodann von ihm müßten prüfen lassen. – Dürfte doch / mancher andere Candidat unter demselben Vorbehalt sich zum Examen / stellen! Der Erfolg möchte wohl nicht selten derselbe seyn, wie bei Jo- 15/ melli. – Man schickte ihm den folgenden Tag die Ernennung zum Ca- / pellmeister und von einer Prüfung war keine Rede mehr.

Die Anekdote ist ohne Quellennennung wörtlich der Rochlitzschen ‚Allgemeinen musikalischen Zeitung‘ von 1799 (unter der Überschrift ‚Anekdote‘: AmZ I/46, 14. 8. 1799, Sp. 768) nachgeschrieben, s. I/53. – zu Jommelli (nicht: Jomelli) s. I/100.

235

Allgemeine Wiener Musik-Zeitung [I]/82, Samstag 10. Juli 1841, S. 344b
[Miscelle]

Als der König F̲r̲i̲e̲d̲r̲i̲c̲h̲ II. von Preußen im letzten schlesischen / Kriege eine Nacht in einem schlesischen Dörfchen zubrachte und des / Abends in der Stube, die Parterre war, umherging und auf seiner / Flöte phantasirte, bemerkte er, daß der Schulmeister des Ortes im fest- / lichen Staate vor dem Fenster lauschte, aber sich sehr sorgsam an die ⁵/ Mauer drückte, um nicht bemerkt zu werden. Der König öffnete das / Fenster: „Was will Er?" Bis zum Tode erschrocken stotterte der gute / Mann: „Ew. königl. Majestät – Dero unterthäniger Knecht – bin / so ein großer Liebhaber von der ed̲e̲ln Musik – da konnte ich denn dem / Triebe nicht widerstehen" – – „Nun so b̲e̲l̲i̲b̲' Er hier!" sagte der ¹⁰/ König, öffnete die Fensterflügel, und spielte noch eine Weile fort. / Der ehrliche Alte, dem weder so gute Musik, noch so freundliche Milde / von einem Zweiten vorgekommen seyn mochte, hörte entzückt zu. End- / lich legte der König die Flöte weg und wollte das Fenster zumachen. / Mit übereiltem Entzücken rief der Alte: „Nein, Eure Majestät, das ¹⁵/ hätt' ich Ihnen n̲i̲c̲h̲t̲ z̲u̲g̲e̲t̲r̲a̲u̲t̲!"

Die Anekdote ist ohne Quellennennung, einschließlich der Sperrung in der letzten Zeile, wörtlich der Rochlitzschen ‚Allgemeinen musikali-.schen Zeitung' von 1799 (unter der Überschrift ‚Anekdoten': AmZ I/49, 4. 9. 1799, Sp. 832) nachgeschrieben, s. I/57. Im Nachdruck wurde der 1. Satz weggelassen und die Stelle ‚von einem Großen' (I/57[20]) durch ‚von einem Zweiten' ersetzt. Der Druckfehler befindet sich nur im Nachdruck. – Die Anekdote enthält merkwürdigerweise keinen Hinweis auf das Fehlen einer Wachmannschaft. Der König öffnet das Fenster ohne Sorge, es könnte sich um einen Attentäter oder einen feindlichen Soldaten handeln, der es auf ihn abgesehen hat.

Allgemeine musikalische Zeitung XLIII/28, 14. Juli 1841, Sp. 549-550
[Feuilleton]

Ein Pariser Mechanikus, Herr *Ed. Guerin*, will eine Maschine / erfunden haben, welche die Eingebungen der Fantasie, denen man / sich am Pianoforte überlässt, augenblicklich niederschreibt. Die / Franzosen machen ein grosses Rühmens davon; sie scheinen nicht / zu wissen, dass diese Erfindung der musikalischen Stenographie [5]/ schon vor langer Zeit in *Teutschland* gemacht worden ist. Be- / reits im Jahr 1752 erfand, wie Forkel's Almanach von 1782 er- / zählt, der Bürgermeister *Unger* zu Einbeck eine solche, an jedem / Klavier anzubringende Maschine, brachte sie aber nicht selbst zur / Ausführung. Dies geschah erst später durch einen Berliner, Na- [10]/ mens *Hohlfeld*, der sie zu einem hohen Grade von Vollkommen- / heit erhob. Die Maschine wurde jedoch vernachlässigt, stand / lange in dem (damaligen) Gebäude der Berliner Sing-Akademie [549 // 550] und ist dann mit demselben verbrannt. (Vergl. diese Blätter, / Jahrgang 1809, S. 52.) [15]

Allgemeine Wiener Musik-Zeitung [I]/84, Donnerstag 15. Juli 1841, S. 351 [–]

Denkwürdigkeiten.

(Marion de Lorme.) Der Name einer großen französischen Lau- / tenspielerinn und Sängerinn, von deren musikalischen Talenten, wie von / den großen Reizen ihres Körpers und Geistes, mehrere franz. Schriftsteller / mit Entzücken sprechen, verdient wohl, wenn auch nur ihres außerordent- / lich hohen Alters wegen, in diesen Blättern aufbehalten zu werden. [5]/ Sie war 1618 geboren und starb 1752, folglich hat sie ein Alter von / 134 Jahren erreicht. Der bekannte Chevalier de Grammont, der ihr / feuriger Liebhaber in ihrem 38. Jahre war und der sie in seinen Me- / moires den reizendsten Engel in ganz Frankreich nennt, ahnete wohl / nicht, daß sie nachher noch beinahe ein ganzes Jahrhundert (96 Jahre) [10]/ leben und, wie ein Freund von Laborde sie gesehen haben will, einer / scheußlichen Mumie ähnlich sehen würde. – In ihrem hohen Alter, das / sie kindisch machte, ward sie von ihren Domistiken rein ausgeplündert, so / daß sie dadurch in das äußerste Elend versetzt worden wäre, wenn / nicht ein großmüthiger Pfarrer sie gänzlich aus seinen Mitteln bis zu [15]/ ihrem Tod verpflegt hätte.

> Marion Delorme war eine legendenhafte französische Kurtisane (1613-1650), der nachgesagt wurde, ihren frühen Tod inszeniert zu haben, um einer Verhaftung zu entgehen. Sie sei nach England ge-flüchtet, später zurückgekommen, und nach einem weiteren wüsten Leben 1706 beziehungsweise 1741 endgültig verstorben.

III
238 / 239 / 240 / 241 / 242 / 243
Allgemeine Wiener Musik-Zeitung [I]/84, Donnerstag 15. Juli 1841, S. 351b-352a
[Miscellen]

W. A. Mozart, der deutsche Amphion, war der Musikmeister / der Constanze Weber, Enkelinn Carl Maria v. Weber's. Bald ent- / spann sich zwischen Lehrer und Schülerinn ein Liebesverhältniß. Obwohl / nun der Brautwerber eine vielleicht nicht allzu ernstlich gemeinte, ab- / schlägige Antwort erhielt, unter dem Vorwande, daß er zur Zeit noch [5]/ einer fixen Anstellung ermangle, so bekümmerte solches denselben nur / wenig, er wagte vielmehr einen Geniestreich, und entführte sein liebes /

Bräutchen mit ihrer Einwilligung, aus der eigenen, im Stadthause, / „zum Auge Gottes" genannt, befindlichen Wohnung. An diesem Tage / ward zufälliger Weise des Mädchenräubers Oper: „Belmont und Con- [10]/ stanze oder die Entführung aus dem Serail," im Nationaltheater ge- / geben, und sogleich regnete es Witzspiele, als die Sache bekannt wurde. / Kaiser Joseph selbst taufte in scherzhafter Laune den Titel dieser / Operette um und nannte sie: „Mozart und Constanze, oder die Entfüh- / rung aus dem Auge Gottes".[15]

[———————] [239]

Das Althergebrachte war den Griechen in keiner Sache heiliger / denn in der Kunst, da sie diese als ein unmittelbares Geschenk der Musen / und Gottheit ansahen. Timotheus Milesius ward aus der Stadt ver- / wiesen, weil er die Lyra um vier neue Saiten vermehrte, und eine / Menge bis dahin noch unbekannter Tonfiguren, als Läufe, Triller u. s. w. [5]/ bildete, auch seine Spielweise nach dem Ausspruche der Obrigkeit die / Sittlichkeit gefährde.

> Gemeint ist Timotheos von Milet (Τιμόθεος ὁ Μιλήσιος; um 450-um 360 vor Christus), ein griechischer Dichter aus Milet, der in die grie-chische Musik dramatische Momente einbrachte und dadurch zum führenden Mitgründer einer ‚neuen' Musik wurde, mit der gegen die herkömmliche Vorstellung des Musikbegriffs verstoßen wurde. Zum Zeitpunkt der Anekdote, also bis zur Auffindung des Timotheus-Papy-rus (1902), kannte man ihn nur fragmentarisch aus Texten anderer antiker Schriftsteller. Zum Sachverhalt s. ausführlicheren Kommentar III/1.

[———————] [240]

Der Dichter Carpani setzte einst seinen Freund Haydn zur / Rede, wie es doch komme, daß seine meisten Kirchenstücke gar zu mun- / ter, ja humoristisch-leichtfertig gerathen seyen. Haydn antwortete hier- / auf: „Ich weiß es nicht anders zu machen; wie ich's habe, so gebe ich's. / Wenn ich aber an Gott denke, so ist mein Herz so voll Freude, daß mir die [5]/ Noten wie von der

Spule laufen. Und da mir Gott ein fröhlich Herz / gegeben hat, so wird er es mir schon verzeihen, wenn ich ihm fröhlich diene."

Der in Wien wirkende italienische Schriftsteller (Theoretiker, Librettist, auch Spitzel für die österreichische Zensurbehörde) Giuseppe Carpa-ni (1752-1825) ist Verfasser einer auf italienisch 1812 bei Buccinelli in Mailand veröffentlichten Haydn-Biographie: *„Le Haydine: ovvero lettere su la vita e le opere del celebre maestro Giuseppe Haydn"* (VIII+298 Seiten).

[————] [241]

Nach Beendigung des verheerenden Krieges 1763, als König Fried- / rich nach Berlin zurückkehrte und sich im Schlosse Charlottenburg auf- / hielt, befahl er, in der dasigen Schloßcapelle das Graun'sche Te / Deum aufzuführen. Man berichtete ihm, daß die Orgel von den Russen / so sehr beschädigt worden, daß sie derzeit ganz unbrauchbar geworden ⁵/ sey. Friedrich gab sogleich Befehl, das Te Deum ohne Orgel auf- / zuführen. Man vermuthete in dem erneuerten Befehl die Veranstaltung / eines großen Dankfestes in Gegenwart des ganzen Hofes, wegen glück- / licher Beendigung des Feldzuges; allein wie war man erstaunt, als zur / bestimmten Stunde der König ganz allein erschien, sich dem Orche- ¹⁰/ ster gegenüber in eine Ecke setzte, und das Zeichen zum Beginnen gab. [351b // 352a] – Da saß der lorbeerbekränzte Kriegsheld, von dessen Winke das Le- / ben Tausender abhing, der, ein Todesengel, über die Heere seiner / Feinde schwebte und beugte sein Haupt, um die Thränen zu verbergen, / die ihm heiß die Wangen herabrollten. Die Allgewalt der Musik hat ¹⁵/ sein Herz tief bewegt, er, den der Donner der Kanonen nicht erschüt- / tern konnte, dessen Herz unter dem Kugelregen von tausend Feuer- / schlünden ruhig geblieben, er weinte bei den einfachen Harmonien eines Graun'schen Te Deums.

[————————] [242]

Der berühmte Componist Benda litt sehr an Zerstreuung. Als / ihm seine Gattinn gestorben war, setzte er sich an sein Fortepiano, um / seinen Seelenschmerz durch die Zaubermacht seiner Töne zu lindern. Da / fiel es ihm beim Phantasiren auf demselben bei, daß es der Anstand / erheische, den Todesfall seinen Verwandten und Freunden zu melden. 5/ Da er sich aber angewohnt hatte, nichts ohne den Rath seiner Gattinn / zu thun, so eilte er nach ihrem Zimmer, und die Thüre öffnend, sagte / er: „Was meinst du, liebes Kind, muß ich nicht – – –“ Hier lag / die entseelte Hülle. Schmerzlicher kann keine Enttäuschung seyn.

Georg Benda, nicht zu verwechseln mit Franz Benda, galt den Zeitgenossen als Inbegriff des Typs ‚Harmlos zerstreuter Künstler‘. Man erzählte sich von ihm kaum glaubliche Geschichten, vergl. I/122-129. Eine davon, die III/242 ähnelt, wurde fälschlicherweise auf Johann Sebastian Bach übertragen, s. I/126.

[————————] [243]

König Friedrich Wilhelm II. ließ zur Verherrlichung des Car- / nevals den damals berühmten Capellmeister Naumann nach Berlin / kommen. Der Monarch, selbst Künstler, ergriff bei Gelegenheit einer / abzuhaltenden Opernprobe ein Violoncell und spielte seine Stimme treff- / lich durch. Geehrt und erfreut durch solche Herablassung ward Neu- 5/ mann im Dirigiren immer lebendiger. Als ihm der königliche Künstler / an einer leidenschaftlichen Stelle nicht rasch und laut genug mit ein- / griff, rief er im glühenden Eifer: „Mehr preußisches Feuer, Euer Maje- / stät!“ und der Monarch folgte freudig dem Commandowort des Meisters.

III
244

Allgemeine Wiener Musik-Zeitung [I]/86, Dienstag 20. Juli 1841, S. 360b
[Miscelle]

Johann Stamitz, der Vater einiger nun auch verstorbenen ge- / schickten Musiker, war bekanntlich nicht nur ein vortrefflicher Di- / rector, sondern auch einer der vorzüglichsten Violinisten seiner Zeit. Er / machte viele Kunstreisen, erwarb sich Ehre und Geld, begnügte sich / aber gemeiniglich mit der ersten, und – verspielte das letzte wieder. [5]/ Auf einer solchen hatte er vor dem Churfürsten von der Pfalz gespielt, und / dieser schenkte ihm hundert Ducaten. Den Abend ist Maskerade. Sta- / mitz geht hin, spielt und verliert seine hundert Ducaten. Den an- / dern Morgen kommt der Kammerdiener des Churfürsten und bringt ihm / dieß Geld zurück mit der Warnung, sich nicht wieder so unbesonnen [10]/ ins Spiel einzulassen; denn es war der Churfürst selbst gewesen, der ihm / am Abend abgewonnen, was er ihm am Morgen geschenkt hatte. / Stamitz nahm allerdings beides, Geld und Warnung, mit aufrich- / tigem Dank an, hat aber wahrscheinlich auch beide bald wieder ausser / Acht gelassen. [15]

Die Anekdote ist ohne Quellennennung unter Anpassung an die österreichische Orhographie von 1841 wörtlich der Rochlitzschen ,Allgemeinen musikalischen Zeitung' von 1804 (unter der Überschrift ,Anekdoten': AmZ VI/22, 29. 2. 1804, Sp. 363) nachgeschrieben, s. I/193. – zu Stamitz s. I/62.

Allgemeine Wiener Musik-Zeitung [I]/88, Samstag 24. Juli 1841, S. 372a
[Miscelle]

Der berühmte Violinist, Ritter Esser, gab ein Concert in Lon- / don und wurde beim Schluß seines ersten Allegro ausgepfiffen; ganz / ruhig wartete er ab, bis sich der Lärm gelegt hatte, gab das Tempo / zum Adagio an, legte während des Ritornells den Bogen weg, nahm / die Geige unter den Arm, pfiff sein Solo und accompagnirte sich mit 5/ der Violin pizzicato. Dieß frappierte, man lachte, klatschte bei den Pau- / sen, am Ende erschallte das lauteste Bravo. Der Virtuos verbeugte / sich ehrerbietig gegen das kunstfreundliche Publicum und sagte. „Sehr / gern bequeme ich mich nach dem Geschmacke der verehrungswürdigen / Kenner, seit sie mich haben bemerken lassen, daß er auf's Pfeifen ge- 10/ richtet ist!" Bravo! riefen von Neuem – wenn auch nicht so Viele, als / vorher. Indessen machte die Sache eine Theeanekdote und sonach das / Glück des Virtuosen auf geraume Zeit.

Die Anekdote ist ohne Quellennennung unter Anpassung an die österreichische Orhographie von 1841 wörtlich der Rochlitzschen ‚Allgemeinen musikalischen Zeitung' von 1804 (unter der Überschrift ‚Anekdote': AmZ VI/25, 21. 3. 1804, Sp. 420) nachgeschrieben, s. I/200.

 [246]

Ein guter, eifriger Musikliebhaber aus einer preußischen Provin- / zialstadt las in den Zeitungen, daß Gluck's „Alceste" zum Carneval / in Berlin gegeben wurde. Er konnte dem Wunsche, das berühmte Werk / zu hören, nicht widerstehen und machte die beträchtliche Reise im / schrecklichsten Wetter zu Fuß. Er kommt in's Wirthshaus – aber, 5/ ist es nun zu spät, oder fehlt es ihm an allen Bekanntschaften, / kurz: er kann durchaus kein Billet mehr bekommen. Er ist außer sich. / Der Wirth richtet ihn mit der vertrauten Insinnation auf, daß die / Militärwache es manchmal bei dieser Gelegenheit nicht allzu genau / nehme und einem preußischen halben Gulden wohl schwerlich widerstände. [10]/ „Ich verstehe!" sagte der Liebhaber erfreut, „lassen Sie mich machen!" / – Er eilt nach dem großen Theater der italienischen Oper, er tritt in / je weiten Umgebungen. Ganz unbekannt mit dem Terrain, durch den / Glockenschlag und die da- und dorthinströmende Menge noch mehr ver / wirrt, von den Lichtern geblendet, weiß er sich gar nicht zu helfen, [15]/ geht aber in der Betäubung frisch darauf los. Er kommt an eine / Thüre mit Wache besetzt; „Billet!" schnurrt diese. „Mein Freund," / entgegnet der Fremde leise und beweglich; „ich bin zu spät und fern- / her gekommen: wenn Er mir zum Eintritt verhelfen wollte – –" / Er drückt ihm den halben Gulden in die Hand. „Schon gut!" sagt der [20]/ Schnurrbart freundlicher: „da gehen Sie nur rechts nach der nächsten / Thür." – Der Fremde geht, er kommt zur nächsten Thür: wieder eine / Wache: „Billet!" – „Sein Camerad hat mich an ihn gewiesen." - / sagt er; übrigens – Alles wie oben. – Der Fremde geht immer / weiter rechts, er hört zitternd von innen die Instrumente anstimmen: [25]/ endlich wieder eine Thür und wieder eine Wache, Alles, wie vorher, / außer daß der Soldat wirklich die Thüre öffnet, den Entzückten schnell / hinaus schiebt, und schnapp! die Thür hinter ihm wieder zuwirft. Jetzt / will jener frei athmen, reibt sich die Augen, weil er nichts sieht, und / entdeckt endlich, daß er – unter Gottes freiem Himmel [30]/ steht, und nur in der äußern Gallerie die Runde ganz um das Haus herum gemacht hat.

Die Anekdote ist ohne Quellennennung unter Anpassung an die österreichische Orhographie von 1841 wörtlich der Rochlitzschen ‚All- gemeinen musikalischen Zeitung' von 1804 (unter der Überschrift ‚Anekdote': AmZ VII/4, 24. 10. 1804, Sp. 62-63) nachgeschrieben, s.

III
247

Allgemeine musikalische Zeitung XLIII/30, 28. Juli 1841, Sp. 600   *[Feuilleton]*

Das Urtheil gegen *Spontini* ist nunmehr vom Kammergericht in / Berlin gefällt; es lautet auf sechsmonatliche Festungsstrafe. Der / König hat jedoch den Verurtheilten begnadigt und ihm einen sie- / benmonatlichen Reiseurlaub bewilligt.

III
248

Allgemeine Wiener Musik-Zeitung [I]/90, Donnerstag 29. Juli 1841, S. 380b
[Bunterlei]

(Das Doppelgenie.) Als unser Landsmann, der Böhme F. / Ulm, Begleiter Ole B u l l's in Kopenhagen war, gab eine dänische / Zeitung die Nachricht, das von Rustow und dem Schiffsbaumeister / Lanner (so stand statt Lanna irrthümlich gedruckt) gebaute treffliche / Dampfschiff Bohemia sey glücklich in Dresden eingetroffen. Ein Däne [5]/ äußerte gegen Hrn. Ulm die Verwunderung, wie man ein doppeltes / Genie seyn und treffliche Walzer und Dampfschiffe componiren und / bauen könne.   (Ost u. West.)

Allgemeine Wiener Musik-Zeitung [I]/91, Samstag 31. Juli 1841, S. 384a-384b
[Miscelle]

Kirnberger machte in früheren Jahren oft kleine Reisen zu Fuß / und gewöhnlich mit sehr geringer Habe. Einmal war auch diese auf- / gezehrt, er hatte keinen Heller, und war doch sehr hungrig. Da er [384a // 384b] eben durch – ich weiß nicht mehr welches Städtchen geht, regt das / klingende Schild von einem der besten Wirthshäuser seinen Appetit so [5]/ lebhaft auf, daß er dem Triebe, in die Gaststube zu gehen und sich / Essen geben zu lassen, nicht widerstehen kann, ungeachtet er nicht weiß / wovon er die Mahlzeit bezahlen soll. Indem er sich's wohlschmecken / läßt, rasirt der Barbier des Orts den Gastwirth, erzählt Stadtneuig- / keiten, und unter andern auch etwas von dem Cantor an der Schule [10]/ und Hauptkirche. Kirnberger bemerkt, daß man mit großer Ach- / tung von ihm und seinen musikalischen Kenntnissen spricht. Die Mahl- / zeit ist verzehrt: Kirnberger fragt zitternd und zagend: „Was bin / ich schuldig, Herr Wirth?" – „Acht Groschen." – Kirnberger / bittet um ein Blatt Papier, Feder und Tinte, schreibt einen Ca- [15]/ non von seiner Erfindung auf, und bittet nun den Barbier, zum Herrn / Cantor zu gehen, ihm dieß Blatt zu geben, und sich dafür acht Gro- / schen auszubitten, – weil, was auf dem Blatt stände, so eben bloß / für ihn niedergeschrieben worden wäre. Der Barbier geht, kommt wie- / der: „Da sind acht Groschen, und hier noch zwei – die sind wohl für [20]/ meinen Weg?" Kirnberger ließ sie ihm gern, bedung sich nur ein, / daß er ihm den Bart abnähme, und wanderte dann, eben so leicht zu- / frieden und sorgenfrei, als vorher, weiter fort.

Die Anekdote ist ohne Quellennennung unter Anpassung an die österreichische Orhographie von 1841 wörtlich der Rochlitzschen ‚Allgemeinen musikalischen Zeitung‘ von 1804 (unter der Überschrift ‚Anekdote‘: AmZ VI/32, 9. 5. 1804, Sp. 547-548) nachgeschrieben, s. I/208. Der Name, die erste (gesperrte) Nennung ausgenommen, wird im Original als Majuskel (K.) geschrieben. – zu Kirnberger s. I/201.

III
250

Allgemeine Wiener Musik-Zeitung [I]/91, Samstag 31. Juli 1841, S. 384b

[–]

Denkwürdigkeiten.

Camden in seiner Geschichte sagt von der Königinn Elisabeth / von England sehr naiv: „Sie sang und spielte die Laute so gut, als / es sich von einer Prinzessinn erwarten läßt. Die martialische Jungfrau / ließ, ganz wie Matrosen für ihre Flotte, Musiker für ihre Capelle und / die Kathedralkirchen pressen. Sie fertigte dazu förmliche Preßdecrete aus. 5/ In des Ritters Sloane Sammlung befindet sich das Original eines / solchen Decrets, von ihr selbst unterzeichnet, abgedruckt. Man besitzt / noch die große Sammlung von Liedern und andern Musikstücken, die / sie zu ihrem und ihrer Damen Gebrauch unter dem Titel: „Das Jung- / frauenbuch,“ zusammenbringen ließ. Um ihren Geschmack in der In- 10/ strumentalmusik wird man sie wenigstens nicht beneiden; denn ihre / Tafelmusik bestand in der Regel aus 12 Trompeten, 2 Paar Pauken, / und so vielen Querpfeifen, Jagdhörnern und Trommeln, als sich zu- / sammenbringen ließen.

Die Anekdote ist ohne Quellennennung unter Anpassung an die österreichische Orhographie von 1841 wörtlich der Rochlitzschen ‚Allgemeinen musikalischen Zeitung‘ von 1802 (unter der Überschrift ‚Anekdote‘: AmZ IV/45, 4. 8. 1802, Sp. 735-736) nachgeschrieben, s. I/162.

III
251

Euterpe I/7, 1841, S. 111-112   *[Nota bene]*

Ein Mechanicus in Böhmen hat ein musikalisches Ruhebett / erfunden. Sobald man sich darauf niederlegt, wird durch die / Kraft des Drucks ein innerer Mechanismus in Bewegung ge- / setzt, und es ertönt alsbald ganz leise eine sehr sanfte Arie [111 // 112] von Auber, ungefähr so lange, als man Zeit zum Einschlafen [5]/ gebraucht. Am untern Ende des Ruhebettes befindet sich eine / Uhr, deren Zeiger man beliebig richten kann. Zur bezeichneten / Stunde läßt sich alsdann ein Marsch von Spontini hören, und / zwar mit solchem Getöse, daß er selbst die Siebenschläfer auf- / zuwecken im Stande wäre. [10]

III
252

Allgemeine Wiener Musik-Zeitung [I]/93, Donnerstag 5. August 1841, S. 391b
                                            [Bunterlei]

Der berühmte Maler Ingres, zugleich ein ausgezeichneter Ken- / ner und Liebhaber der Musik, kehrte nach einer sechsjährigen Abwesen- / heit nach Paris zurück. Er überreichte dem gefeierten Tondichter Che- / rubini dessen noch vor der Abreise von ihm angefangenes, aber erst / in Rom vollendetes Porträt, als schlagenden Beweis, daß er auch in [5]/ weiter Ferne des geliebten Freundes mit treuer Innigkeit gedacht habe. / Aus Dankbarkeit veranstaltete Cherubini eine musikalische Abendun- / terhaltung, in welcher die schönsten Stellen der köstlichen Quartetten / aufgeführt wurden, welche der unsterbliche Tondichter der "Tage

der Ge- / fahr" während der Abwesenheit seines
Freundes componirt hatte. [10]

,Tage der Gefahr', gemeint ist Luigi Cherubinis (1760-1842) 1800 in
Paris nach einem Libretto von Jean Nicolas Bouilly uraufgeführtes, zur
Kategorie der ,Schreckens- und Rettungsoper' gehörendes Büh-
nenwerk „Les deux journées ou Le porteur d'eau", in Deutschland un-
ter dem verkürzten Titel ,Der Wasserträger' bekannt. – Jean-Augu-ste-
Dominique Ingres (1780-1867).

III
253

Allgemeine Wiener Musik-Zeitung [I]/96, Donnerstag 12. August 1841, S. 404b
[Bunterlei]

Ein großer Tonmeister versichert, daß seit 20 Jahren
die Stim- / mung aller Instrumente beinahe um drei
Viertel eines Tones höher / geworden sey, weßhalb uns
manche Arien von Mozart so hoch er- / scheinen und von
vielen Sängern nicht gesungen werden können.
O. u. W.

zum Thema s. III/166 Kommentar.

III
254

Allgemeine Wiener Musik-Zeitung [I]/97, Samstag 14. August 1841, S. 408b
[Bunterlei]

(Berlin.) Dr. Mendelssohn-Bartholdi bezieht vom 1. /
August an einen Jahresgehalt von 3000 Thalern und ist
dem Cultus- / Ministerium zur Disposition gestellt.

Ein Jahresgehalt von 3000 Talern entsprach ungefähr dem Gehalt
eines sächsischen Ministers. Wagner bezog in Dresden vor Abzug

Steuern (Armensteuer) 1500 Taler, der dienstältere Reißiger 1800 Taler.

III
255

Allgemeine musikalische Zeitung XLIII/33, 18. August 1841, Sp. 670

[Feuilleton]

Der Morning Herald berichtet über ein neues musikalisches / Instrument, die *Felsenharmonika* genannt, mit welchem am 12. / Juni in der Royal Musical Library zu London Versuche ange- / stellt wurden. Das sogenannte Instrument besteht aus einer / Reihe nach der Tonleiter geordneter Basaltstücke, wie sie in [5]/ den Steinbrüchen von Cumberland gefunden werden, von 4 Zoll / Länge und entsprechender Breite und Dicke bis zu 4 Fuss / Länge. Diese Steine werden mit hölzernen Klöppeln geschlagen, / haben einen Umfang von 5 ½ Oktaven und ihre Töne sollen an / Fülle und Wohllaut die des Pianoforte übertreffen. Der Erfinder [10]/ ist ein Steinmetz Namens Richardson, der bei seinen Arbeiten in / den Cumberlandischen Bergen dem Basalt dieses Geheimniss ab- / lauschte, nach vielen Versuchen mit seinem Instrumente zu Stande / kam und seine Knaben im Spielen desselben einübte.

Bruchstrich waagerecht.

III
256

Allgemeine Wiener Musik-Zeitung [I]/100, Samstag 21. August 1841, S. 420a

[–]

M i s c e l l e.

Die geistreiche Opernsängerinn A̲r̲n̲o̲u̲l̲d̲ in Paris hatte fast gar / keine Stimme mehr; doch wußte sie durch den Zauber ihrer Gestalt / und ihres Spiels die Zuschauer so zu entzücken, daß sie immer den / rauschendsten Beifall gewann. Der Abbate G., welcher eines Abends, / als auch Alles von dieser Sängerinn entzückt, als Kenner um seine ⁵/ Meinung über sie befragt wurde, sagte: „Das ist das schönste Asthma, / das ich in meinem Leben gehört habe."

Die Anekdote ist ohne Quellennennung unter Anpassung an die österreichische Orhographie von 1841 wörtlich der Härtelschen ‚Allgemeinen musikalischen Zeitung' von 1821 (unter der Überschrift ‚Anekdote': AmZ XXIII/50, 12. 12. 1821, Sp. 847) nachgeschrieben, s. II/113, 62. – zusätzlich zu Sophie Arnould s. I/248

III
257

Allgemeine musikalische Zeitung XLIII/34, 25. August 1841, Sp. 694

[Feuilleton]

. . . – Vor einigen Mona- / ten starb zu Versailles Mademoiselle *Adeline*, Sängerin an der / alten italienischen Oper zu Paris, besonders im komischen Fach / ausgezeichnet, 81 Jahre alt. In der Revoluzionszeit verlangte / einmal das Publikum von ihr, dass sie auf dem Theater die Car- ⁵/ magnole singen sollte; sie verweigerte es und ging lieber von / der Bühne ab. /

s. dazu III/262.

III
258

Allgemeine Wiener Musik-Zeitung [I]/106, Samstag 4. September 1841, S. 444]
[verdruckt als S. 440b] [–]

Denkwürdiges.

Unter den mancherlei Denkmahlen für Musiker ist jenes des Cantors / Rudroff zu Marienburg gewiß nicht uninteressant. Es ist dort näm- / lich ein Gerippe dargestellt, welches auf eine Notentafel deutet und / zwar auf die Finalpause – Der hat ausgesungen!

III
259

Allgemeine Wiener Musik-Zeitung [I]/107, Dienstag 7. September 1841, S. 447b
[–]

Denkwürdiges.

(Doctor Gall und Abt Vogler.) Der durch seine Schedellehre / berühmte Doctor Gall wurde bei seinem Aufenthalte in Wien von / einem Fremden besucht, der sich ihm als Professor der Mathematik vor- / stellte. Nach einer gewöhnlichen kurzen Einleitung fiel das Gespräch / auf die neue Schedellehre. Der Mathematiker hatte bald dieß bald [5]/ jenes dagegen einzuwenden, wodurch der Doctor zur Widerlegung der / Einwürfe gezwungen wurde, sich aber dabei immer mehr ereiferte, / bis er zuletzt als Argumentum sich den Schedel des Mathematikers zur / Untersuchung ausbat. Dahin wollte ihn dieser bringen; allein wie sehr / war er erstaunt, als ihm jener nach kurzer Betastung des Knochenbaues [10]/ seines Schedels sagte: „Sie mögen ein ganz guter

Professor der Ma- / thematik seyn; obgleich Sie die Natur zum Mus̲i̲k̲e̲r̲ bestimmt hat."

Dieser Vorgang findet sich zum erstenmal 1805 von Johann Friedrich Reichardt (in einem größeren Zusammenhang) in seiner ‚Berlini-schen musikalischen Zeitung' erzählt (BmZ I/64, S. 254b), s. I/295; zur Gallschen Schädellehre s. auch I/296.

III
260

Allgemeine Wiener Musik-Zeitung [I]/108, Donnerstag 9. September 1841, S. 451b   *[Musikalischer Salon]*

Denkwürdiges.

(Mus̲i̲k̲ a̲l̲s̲ M̲i̲t̲t̲e̲l̲ g̲e̲g̲e̲n̲ G̲e̲i̲s̲t̲e̲s̲z̲e̲r̲r̲ü̲t̲t̲u̲n̲g̲.) Es ist / schon sehr viel über die wohlthätige Wirkung gesprochen und geschrieben / worden, welche die Musik auf Geisteskranke ausübt, als daß nachste- / hender Fall zu den unerhörten gehörte, allein merkwürdig bleibt er / doch immerhin, und deßhalb wollen wir ihn auch unsern Lesern nicht [5]/ vorenthalten. Ein Mädchen aus einem guten Hause in Norddeutschland / verfiel in Folge einer unglücklichen Liebe in eine so tiefe Träumerei, / die nicht selten in gänzliche Bewußtlosigkeit überging, bis sie zuletzt / von einem hi̲e̲tzigen Fieber ergriffen wurde, das ihr Leben in Gefahr / brachte. Die Kunst der Ärzte rettete sie noch vor dem Tode; sie genas, [10]/ allein eine gänzliche Geistesabwesenheit blieb ihr in Folge dieser Krank- / heit zurück. Sie war wohl körperlich gesund, schien aber eine Abgestorbene / für diese Welt, in einer andern zu leben. Alle Mittel s̲ie von diesem / Stumpfsinne zu heilen, waren vergebens. Zufällig bemerkte man, daß / ihre theilnahm̲losen steinernen Züge bei einem im Nebenzimmer zum [15]/ Pianoforte gesungenem Liede auf Momente belebt wurden, ja daß / sich ein sanftes Lächeln wie ein lichter Sonnenblick über sie hinzog. Die-

/ ses wurde sogleich dem Arzte hinterbracht, der auf den glücklichen Ge- / danken verfiel, durch einfache Melodien, die sie als Kind gekannt und / gerne gesungen, in dem Gemüthe der Unglücklichen die Erinnerung an [20]/ die schöne Zeit der Kindheit hervorzurufen. Er machte den psychologischen / Schluß, daß durch die Vergegenwärtigung der früheren Vergangenheit / die Erinnerung an die letzten unglücklichen Erlebnisse aus ihrem Gedächt- / nisse verdrängt und dadurch vielleicht eine Heilung oder doch eine Linderung / ihres unglücklichen Zustandes bezweckt werden könnte. Kaum vernimmt [25]/ die Kranke die ersten Töne, so wird in ihren Zügen eine Bewegung / sichtbar, die sich immer mehr steigert, je länger sie zuhorcht, endlich / bricht sie in einen Strom von Thränen aus, verhüllt sich das Gesicht / mit beiden Händen und schluchzt laut auf. Sie erwacht wie aus einem / tiefen Schlafe und fragt die in ängstlicher Erwartung sie umstehenden [30]/ Angehörigen: „Wo bin ich? – Was ist mit mir geschehen?" – Sie / wußte nichts von ihrem Zustande während der Krankheit, und der Ur- / sache derselben war sie sich nur wie eines halbvergessenen Traumes / bewußt. Nach einigen Wiederholungen dieses Mittels genas die Kranke / gänzlich, und blühte wieder zu einem neuen Leben auf. [35]

III
261

Allgemeine Wiener Musik-Zeitung [I]/109, Samstag 11. September 1841, S. 455b

[–]

M i s c e l l e n.

(Ein Matrose rettet durch den Gesang sein Schiff.) / Ein braver brittischer Matrose war leidenschaftlicher Liebhaber des Ge- / sanges. Wein, Spiel, das Geschwätz seiner Cameraden – alles das / reizte ihn wenig. Er war allein, sprach selten; sang, brummte und / pfiff aber immerfort. Einst hatte er im See die Nachtwache, und ver- ⁵/ trieb sich die Zeit, wie gewöhnlich, mit Singen. Plötzlich entdeckt er / im Vordertheil des Schiffes Feuer, stürzt in die Cajüte des Capi- / täns, weckt diesen; aber – der Schrecken hat ihm die Sprache benommen, / er kann durchaus nur lallen. Dem Officier reißt endlich die Geduld, und er / befiehlt ihm zu singen, wenn er nicht reden könnte. Siehe, da war das Band ¹⁰/ seiner Zunge los; er fängt nach einer seiner Lieblingsmelodien an / – etwa:

Es brennt, es brennt im Vordertheil!
Es brennt, ach Herr, es brennt!

Der Capitän springt auf, commandirt, und das Schiff wird – gerettet. ¹⁵

Die Anekdote ist ohne Quellennennung unter Anpassung an die österreichische Orhographie von 1841 fast wörtlich der Rochlitzschen ‚Allgemeinen musikalischen Zeitung' von 1801 (unter der Überschrift ‚Anekdote': AmZ IV/12, 16. 12. 1801, Sp. 191) nachgeschrieben, s. I/143. Die geklammerte Titelzeile fehlt im Original, einige Wörter wurden im Nachdruck ausgelassen (etwa ‚fluchend') beziehungsweise ausgetauscht und anders zusammengestellt).

III
262

Allgemeine Wiener Musik-Zeitung [I]/110, Dienstag 14. September 1841, S. 460b
[Musikalischer Salon]

Todesfälle.

; in Versailles segnete die einst so / beliebte Sängerinn der italienischen Oper Dlle. Adeline das Zeitliche. / Eigentlich sollte es das „Spätliche" heißen, denn die Verstobene ver- / blich im 81. Lebensjahre. In der Revolutionszeit mußte sie die Bühne / verlassen, weil

sie sich weigerte, dem Verlangen des Publicums zu ge- ⁵/
nügen und die Carmagnole zu singen.

Carmagnole = um 1792 populär gewordener und sich vom Namen her
auf die piemontesische Stadt Carmagnola beziehender Reigen-tanz mit
Spottversen auf den französischen König und die Königin, der von den
Jakobinern während der Hinrichtungen als Revolutions-lied gesungen
und getanzt wurde. Nach seiner Ernennung zum Kon-sul hat Napoleon
die Carmagnole verboten. Die Bezeichnung wurde auf ein mit und ohne
Ärmel versehenes Oberteil (Kamisol) übertra-gen, das die Jakobiner als
Kleidungsstück propagandistisch bevor-zugten, weil es vordem
einfache Leute waren, die es trugen. – vergl. III/255.

III
263

Euterpe I/9, 1841, S. 144   *[Mannichfaltiges]*

Herr Rector M. aus F. spielt in einer fremden Kirche
die / Orgel. „Wer ist der vortreffliche Organist?" frägt der
eben / anwesende Graf Y. – Herr M. wird ihm nach dem
Gottes- / dienste vorgestellt. „Bewerben Sie sich um die
Pfarrstelle / zu X." sagt der Graf. Die Bewerbung erfolgt
und der Graf, ⁵/ als Patron, verleiht Herrn M. ohne
Weiteres die Pfarre, / eine der reichsten des Landes. Ist
faktisch.

In diesem Zusammenhang bedeutet ‚Patron' eine Persönlichkeit, der
die Verfügungsgewalt über eine bestimmte Ortskirche zusteht.

III
264

Allgemeine Wiener Musik-Zeitung [I]/118, Samstag 2. Oktober 1841, S. 496b
[Correspondenz]

(Lüttich.) Der großherzige Rubini, dessen freiwilliger
Abtritt / von der Bühne ein unersetzlicher Verlust für die

italienische Oper ge- / nannt werden muß, hat allhier einen glänzenden Beweis seiner Güte / gegeben. Mehrere Künstler der italienischen Gesellschaft, welche hier / den Sommer über spielten, geriethen durch die Zahlungsunvermögenheit ⁵/ des Directors in die äußerste Noth. R̲ub̲in̲i bezahlte ihre Schulden / und beschenkte sie mit dem nöthigen Reisegelde zur Rückkehr nach Paris. / Wahrlich, diese Großmuth – die muß man loben.

Der italienische Tenor Giovanni Battista Rubini (1795-1854) war einer der berühmtesten und auch historisch bedeutendsten Sänger seiner Zeit. Er trug die Erfolge Rossinis, Donizettis und Bellinis in Neapel, Mailand und Wien mit, erwarb ein ungeheures Vermögen und erhielt zuletzt einen Herzogstitel.

III
265

Allgemeine Wiener Musik-Zeitung [I]/119, Dienstag 5. Oktober 1841, S. 500a

[–]

Omnibus für Musik.

Ein Pariser Blatt meldet, daß D̲on̲iz̲e̲t̲t̲i so eben eine Sym- / phonie componirt und vollendet habe, der er nach dem Stoff, den sie / durch Töne darstellt, den Titel: „Tortursymphonie" gab. Sie soll ein / grandioses Werk, eine der kühnsten Schöpfungen des Meisters seyn, und / die Qualen der Tortur, so wie diese furchtbare Rechtsoperation selbst ⁵/ mit einer Wahrheit versinnlichen, die in vielen Momenten die Haut / schaudern, die Haare sträuben, den Athem stocken macht. Die Musik / soll hier geleistet haben, was nur der Malerei möglich ist. Man sieht / den Gefangenen, den eines Mordes verdächtigen jungen Mann, aus / vornehmer Familie, schön wie ein Adonis, auf de̲n faulem Stroh- ¹⁰/ lager eines dunke̲ln Kerkers seufzend liegen. Man hört, wie er den Wän- / den klagt: „Ich bin unschuldig." Man vernimmt die Tritte der Hen- / kersknechte, welche kommen ihr unglückliches Opfer zur Folterkammer / abzuholen. Die Eisenthür öffnet sich knarrend, vier schreckliche Kerle / mit einer Blendlaterne versehen, deren matter Schimmer ihre Gestal- [15]/ ten noch wilder macht, treten ein und schleppen Alwin fort in das / Schreckensgemach, wo seiner alle Formen der Marter harren. Er wird / gespannt, gezwickt, geschlagen, geschnitten, gebrannt, gebrüht, ge- / preßt, man hört, man sieht diese Proceduren, die Schauer des Ent- / setzens erfüllen uns, gepaart mit Bewunderung von Alwin's Helden- [20]/ muth, der gelassen bei allem bleibt was geschieht, jede neue Marter / nur mit einem feierlichen: „Ich bin unschuldig!" übersteht und am Ende / auf dem Höhengipfel der Schmerzen nur ein „O weh!" ausruft. Dieses / „O weh!" ist das Höchste was Tonkunst je ausgedrückt! Es ist mon- / strös. Kaum ist es verklungen, so kommt der Befehl an die Henkers- [25]/ knechte abzulassen, da sich Alwin's Unschuld erwiesen hat. Er springt / ab von der Folterbank und ruft triumphirend: „Himmel, ich danke / dir!" eilt in die Arme der trostlosen Seinen und fängt ein häusliches / Leben an. (Pesther Tageblatt.)

III

266

Allgemeine Wiener Musik-Zeitung [I]/123, Donnerstag 14. Oktober 1841, S. 513a-513b [Kopfartikel]

Seyfried über Beethoven.

. . . wohnten / wir beide in einem und demselben Hause, besuchten fast tagtäglich, da / wir eine Garçon-Wirthschaft trieben, selbander das nämliche Speise- /

haus, und verplauderten zusammen manch unvergeßliches Stündchen in / collegialischer Traulichkeit; denn Beethoven war damals heiter, zu [5]/ jedem Scherz aufgelegt, frohsinnig, munter, lebenslustig, witzig, nicht / selten auch satyrisch; noch hatte ihn kein physisches Übel heimgesucht; / kein Verlust eines, sonderlich dem Musiker so höchst unentbehrlichen Sin- nes seine Tage getrübt; nur schwache Augen waren ihm aus früher / Kindheit als Nachwehen der bösartigsten Pockenseuche zurückgeblieben, [10]/ und diese zwangen ihn, schon im angehenden Jüngslingsalter zu con- / caven, sehr scharfen Brillengläsern seine Zuflucht zu nehmen.

. . .[513a // 513b] . . . beim Vortrage / seiner Concertsätze lud er mich ein, ihm umzuwenden; aber – hilf [15]/ Himmel! – das war leichter gesagt als gethan; ich erblickte fast lauter / leere Blätter; höchstens auf einer oder der andern Seite ein Paar, nur / ihm zum erinnernden Leitfaden dienende, mir rein unverständliche ägyp- / tische Hieroglyphen hingekritzelt, denn er spielte beinahe die ganze Prin- / cipalstimme bloß aus dem Gedächtnisse, da ihm, wie fast gewöhn- [20]/ lich der Fall eintrat, die Zeit zu kurz ward, solche vollständig zu Pa- / pier zu bringen. So gab er mir also nur jedesmal einen verstohlenen / Wink, wenn er mit einer dergleichen unsichtbaren Passage am Ende / war, und meine kaum zu bergende Ängstlichkeit, diesen entscheidenden / Moment ja nicht zu verabsäumen, machte ihm einen ganz köstlichen [25]/ Spaß, worüber er sich noch bei unserm gemeinschaftlichen, jovialen / Abendbrote vor Lachen ausschütten wollte.

Ein ähnliches Spielverhalten wird von anderen Komponisten, etwa Mozart, berichtet, s. Mozart-Joseph II. (I/38); vergl. dazu Schneider-Friedrich II. (I/56).

Allgemeine Wiener Musik-Zeitung [I]/124, Samstag 16. Oktober 1841, S. 517b-518b

[–]

Die Gewalt der Musik.

(Mitgetheilt von F. M. Fischer.)

Wenn gleich schon längst Rameau's Musik verklungen ist, so / wird der Name dieses großen Tonkünstlers, der die Wiedergeburt der / französischen Musik verbreitete, doch nie vergessen werden.

Er war ein glühender, liebenswürdiger Enthusiast für seine Kunst, / er lebte nur in ihr, und alles in der Natur bezog er auf sie. 5

Einst war er bei einem Freunde zum Mittagsessen im Garten ge- / laden. Als er dort, kurz vor der Tafel, sich erging, bemerkte er mit / Erstaunen, daß zwei große Schildkröten (welche der Wirth gezähmt / hatte) ihm wie Hunde nachfolgten. „Hm!" rief er aus, „ich möchte / doch wissen, ob dieses schwerfällige, träge Thier auch mit einer Reiz- 10/ barkeit für irgend einen Gegenstand begabt ist." – In diesem Augen- / blicke trat der letzte von den erwarteten Gästen, ein gewisser Bar- / baud, herein, der den Gesang leidenschaftlich liebte und selbst eine / schöne Stimme besaß. Da man sogleich zur Tafel ging, so blieb Ra- / meau's Ausruf unbeantwortet. Allein der Wirth hatte ihn nicht über- 15/ hört, und mit dem Willen, einen Scherz zu veranstalten, stand er unter / irgend einem Vorwande vom Tische auf. Beim Dessert wurden Rame- / au's Blicke auf eine verdeckte, in eine Serviette gehüllte Schüssel ge- / zogen. Von Natur aus lebhaft und neugierig, konnte er dem Verlan- / gen nicht widerstehen. die Serviette zu lüften und den Deckel wegzu- 20/ nehmen. Überrascht aber fuhr Rameau zurück, und wäre beinahe / über diesen Scherz unwillig geworden, als er die größte der vorhin / erwähnten Schildkröten ganz gelassen im Topfe sitzen sah. Allein sein / Unwillen legte sich augenblicklich, als der Wirth erklärte, es sey nur [517b // 518a] darum geschehen, um einen Versuch zu machen, ob die Schildkröten 25/ des Gefühls für Musik wirklich ganz beraubt wären, oder nicht. . – / Barbeaut wurde ersucht zu singen. – Gefällig verließ dieser seinen / Sitz, kniete der Schildkröte gegenüber, und begann mit gedämpfter, / angenehmer Stimme eine damals sehr beliebte Arie *). Anfänglich saß / die Schildkröte stille, streckte aber bald den Kopf aus ihrer Schale, 30/ verlängerte den Hals, drehte ihn nach dem neuen Amphion, und / schien in der That sehr aufmerksam zuzuhorchen. Rameau's Augen / funkelten vor Vergnügen und Wonne. – Nun verstärkte Barbaut / seine Stimme, und drückte besonders das „charmant amour" in lang / gehaltenen Tönen aus. Da verließ die Schildkröte ihre Schüssel, 35

------

*) Tout ce qui respire, reconnat l'empire du charmant / amour. [518a // 518b]

wackelte über die Tafel gerade auf den Sänger zu, blieb dicht vor ihm / stehen, und schien ihm die Töne vom Munde wegschnappen zu wollen. / Jetzt konnte sich Rameau, der bis dahin mit stets gesteigertem Ent- 40/ zücken zugesehen hatte, nicht mehr an sich halten. „Meine Herren," / rief er schluchzend, und Thränen rollten ihm über die Wangen, „meine / Herren, bei Gott, sie besitzt Tonsinn, sie empfindet die Gewalt der / Musik!" – Er sprang lebhaft ergriffen auf, nahm die Schildkröte in / seine Arme, drückte sie an sich, liebkoste sie, und that mit ihr – wie 45/ mit einem Kinde.

Lange konnte Rameau diesen Vorfall nicht vergessen, und er- / zählte einige Wochen lang Jedem, der ihm nur begegnete, die Wun- / dergeschichte von der musikalischen Schildkröte.

Tout ce qui . . . = Alles, was atmet, erkennt das Reich der charman-ten Liebe.

III
268 / 269 / 270 / 271 / 272

Allgemeine Wiener Musik-Zeitung [I]/124, Samstag 16. Oktober 1841, S. 518b-519b
[Musikalischer Salon]

M i s c e l l e n.

In dem Stammbuche, das einst Henriette Sonntag aus London mit / nach Paris gebracht, finden sich 2 Herzoge, 21 Lords, 87 Baronets, / 168 Ritter, 113 andere Gentlemen und 59 Schriftsteller, worunter / namentlich Walter Scott; 43 Musik- und Gesangsvirtuosen, unter / ihnen Moscheles, Cramer, Pixis und Sir George Smart; [5]/ 38 andere Künstler; aber nur 26 Damen, worunter 22 Herzoginnen. [518b // 519a] Auf der einen Seite der rothsammeten Decken stehen die Worte: Sou- / venirs de Londres, auf der andern: Forget me not. Sie sind mit / Gold gestickt; die Blätter das allerfeinste Velinpapier. Dieß Album ist / ein Geschenk Walter Scott's.

Nicht minder interessant ist ihr Pariser Stammbuch, in dem [10]/ sich Chateaubriand, de Pradt, und unter vielen andern ho- / hen, berühmten und bekannten Personen, auch Scribe, Picard, / Delavigne, Rossini, Auber, Boieldieu, die Pasta, Ma- / libran-Garcia und Pisaroni befinden.

Henriette Sontag (nicht: Sonntag, 1806-1854), spätere Gräfin Rossi, zählt zu den außergewöhnlichsten Sängerinnen-Persönlichkeiten (leichter Koloratur-Sopran) des ersten Halbjahrhunderts, bewundert, gefeiert, und nach ihrem tragischen Tod als Opfer der Cholera in Me- xiko legendär betrauert. Von Carl Maria v. Weber entdeckt, sang sie mit erst 17 Jahren die Titelpartie der Euryanthe. – Souvenirs . . . = Erinnerungen an London. – Forget . . . = Vergiss mich [mein] nicht.

[269]

Cramer und Dussek waren Freunde, aber auch als große / Fortepianospieler höchst eifersüchtig auf ihre Kunst; sie erkannten Einer / des Andern Meisterschaft nicht nur vollkommen an, sondern fürchteten / sich auch. Beide waren einst in London zu einer Abendgesellschaft ge- / laden, als Cramer, der zuerst Erschienene, den bei weitem später ⁵/ eintreffenden Dussek um die Ursache seines Ausbleibens fragte.

„Ich habe eben ein Rondo componirt," erwiederte Dussek; „es / hat mir zwar sehr gefallen, aber dennoch hab' ich's verbrannt."

„Warum denn?"

„Warum, warum? Es kam eine verteufelt schwere Passage darin ¹⁰/ vor; ich habe sie mehrere Stunden lang, aber vergeblich, auszuführen / versucht, und da fiel mir denn ein, daß du sie wohl gar vom Blatte / spielen würdest; diese Demüthigung wollt' ich mir doch ersparen."

---

zu Johann Baptist Cramer s. III/105. – Der böhmische, sowohl als Pianist wie als Komponist bedeutende Johann Ladislaus Dussek (1760-1812), nicht zu verwechseln mit dem böhmischen Pianisten und Komponisten Franz Xaver Duschek (1731-1799), zählt zu den berühmtesten und erfolgreichsten Pianisten seiner Zeit. Er führte in Rußland, England, Deutschland und Frankreich ein wechselvoll-frei-es Leben, litt in späteren Jahren an Adipositas, verfiel dem Alkohol, wurde depressiv und starb an der typischen Alkoholfolgeerscheinung Gicht.

[270]

Eine der allerhöchsten Personen zu London sandte Salomon / zu Haydn mit dem Verlangen, ihr Clavierstunden zu geben. Haydn / sah den Freund groß an. „Ich? Ich bin ja gar kein Clavierspieler. / Und Stunden geben?" – „Ich beschwöre Sie," versetzte Salomon, / der örtlichen Dinge vollkommen kundig – „lehnen Sie es nicht ab; sonst 5/ wird's ruchbar, und dann ist's mit unserm ganzen Unternehmen, ja / mit Ihrer gesammten hiesigen Existenz am Ende. Verlangen Sie zur / Entschädigung was Sie irgend wollen; stecken Sie das Geld in die / Tasche; fahren Sie zur gesetzten Stunde hin, und seyn Sie ganz ge- / wiß, es wird ohne hin nichts d'raus und soll nur so heißen."- Haydn 10/ folgte. Das erste Mal befahl man, ihn einzuführen, sprach eine Vier- / telstunde mit ihm auf's Gnädigste, und entließ ihn. Die sämmtlichen / übrigen Stunden ließ man ihn im Vorzimmer zubringen, wo sich Haydn / gar nicht übel befand, indem jeder der Anwesenden sich beeiferte, ihn / zu unterhalten. Bei seiner Abreise erhielt er außer der ausbedungenen 15/ reichen Entschädigung, noch ein Geschenk für die als Claviermeister / geleisteten Dienste.

———————— [271]

Zu Turin bestand ehedem eine allerhöchste Vorschrift für die be- / stimmte Dauer der Spectakel im Hoftheater. Als Cimarosa daselbst / eine Oper componirte, die um eine Viertelstunde länger als die festge- / setzte Zeit währte, fragte man den König nach der Hauptprobe, ob / man sie etwa abkürzen solle. Allein der König, welchem der Maestro 5/ ohnehin besonders anempfohlen war, machte dießmal aus Achtung für / denselben eine Ausnahme des Gesetzes. Einige Tage nachher nahm Cima- / rosa beim Könige Abschied. – „Wann gedenken Sie denn abzureisen?" / – „Diese Nacht, Ew. Majestät." – „Warten Sie doch künftigen Mor- / gen ab, denn bei der Nacht könnten Sie von den Räubern angefallen 10/ werden." – „Da hat es guten Rath," antworte Cimarosa, welcher / gehofft hatte, vom Könige ein Geschenk zu erhalten; „wenn man mir / die von Ew. Majestät allergnädigst geschenkte Viertelstunde nicht raubt, / was kann man mir sonst nehmen?"

Die (in mehreren Fassungen, s. II/178, III/62 überlieferte) Anekdote ist ohne Quellennennung unter Anpassung an die österreichische Orthographie von 1841 wörtlich der Härtelschen ‚Allgemeinen musikalischen Zeitung' von 1825 (unter der Überschrift ‚Anekdoten von Cimarosa': AmZ XXVII/13, 30. 3. 1825, Sp. 216) nachgeschrieben, s. II/178. Der bestimmte Artikel >den< (hier: [10]) fehlt im Original. – zu Ci-marosa s. I/96.

[272

Beim ersten großen Musikfeste in Halle (gefeiert den 10., 11., 12. / und 13. September 1829) dirirgirte bekanntlich der Generaldirector Dr. [519a // 519b] Spontini, Ritter mehrerer hoher Orden. In den Proben hatte er / nur einen Orden angemacht; als er aber den ersten Festtag, mit seinen / glänzenden Orden und Ordensbändern geschmückt, den Directionsstuhl [5]/ betrat und viele über die Pracht dieser Orden erstaunten, fragte (wenn / ich nicht irre) der Concertmeister M...: „Was hat denn Mozart / für Orden?" Da antwortete der Musikdirector R...: „Mozart braucht / keine Orden!"

III
273

Allgemeine Wiener Musik-Zeitung [I]/126, Donnerstag 21. Oktober 1841, S. 527b

[–]

M i s c e l l e.

Der Prinz von Wales, der Vater Georgs III., war nicht nur / ein Freund der Wissenschaften und der Dichtkunst, sondern auch der / Musik und der Virtuosen. Sein heiteres Gemüth verschmähte es nicht, / sich mit letztern einen Scherz zu machen, wenn sie durch ihr Betragen /

dazu Anlaß gaben. Händel pflegte oft neue Arbeiten vor dem Prin- 5/ zen und dessen Familie aufzuführen. Händel hatte bekanntlich einen / unüberwindlichen Widerwillen gegen das Stimmen der Instrumente, / und die Instrumentalisten mußten ihre Instrumente sorgfältig in Ord- / nung bringen, ehe er erschien. Einst, vor der Aufführung eines neuen / Oratoriums, war dieß wie gewöhnlich geschehen und das Orchester in 10/ bester Bereitschaft. Da schlich sich ein Spaßvogel aus des Prinzen Ge- / folge hin und verstimmte alle Instrumente. Bei des Prinzen Ankunft / setzte sich Händel an die Orgel und gab das Zeichen zum Anfang. / Ein entsetzlicher Mißklang ward hörbar. Der entrüstete Musiker flog, / der Gegenwart des Prinzen uneingedenk, von seinem Sitze, rannte 15/ einen Contrabaß um, ergriff eine Kesselpauke und warf sie dem ersten / Violonisten an den Kopf, während ihm seine wohlgepuderte Perrücke von / der gewaltigen Anstrengung auf dem Kopf verrückt ward. Alle Zuhörer / brachen in das lauteste Gelächter aus, und die Ruhe ward nur dadurch / hergestellt, daß der Prinz sich erhob und Händel's Zorn mit der Er- 20/ klärung besänftigte, er sey es selbst, der ihm diesen Scherz gespielt habe.

Die Anekdote ist ohne Quellennennung unter Anpassung an die österreichische Orthographie von 1841 wörtlich der Härtelschen ‚Allgemeinen musikalischen Zeitung' von 1820 (unter der Überschrift ‚Anekdote': AmZ XXII/52, 27. 12. 1825, Sp. 869-870) nachgeschrie-ben, s. II/80. Der im Original in Form einer Anmerkung mitgeteilte Fundort (Quellennachweis) wurde im Nachdruck nicht mit aufgenom-men.

III
274

Allgemeine Wiener Musik-Zeitung [I]/127, Samstag 23. Oktober 1841, S. 532a

[–]

M i s c e l l e.

Johann Sebastian Bach trat einst in eine große Gesellschaft, als eben / ein Musikliebhaber am Flügel saß und phantasirte. In dem Augenblicke, / als dieser den großen Meister gewahr wird, springt er auf und endet / mit einem dissonirenden Accorde. Bach, der das hörte, wird durch den / musikalischen Übelstand so beleidigt, daß er an dem ihm entgegenkom- 5/ menden Wirth vorbeiläuft, zum Flügel eilt, den dissonirenden Accord / auflöst und gehörig schließt. Dann erst tritt er zu dem Wirthe und / macht ihm seine Eintrittsverbeugung.

> Diese beziehungsweise ähnliche Geschichten werden- auch von anderen Muskern erzählt, beispielsweise von Robert Schumann.

III
275

Allgemeine musikalische Zeitung XLIII/42, 27. Oktober 1841, Sp. 886

[Feuilleton]

Das königlich Preussische Konsistorium der Provinz Branden- / burg hat wegen der Benutzung der Kirchen zu musikalischen Auf- / führungen, wobei oft ungeeignete Stücke vorgekommen sein sol- / len, eine Verfügung an alle Ortspfarrer erlassen, inhalts deren / der König, auf Antrag des Kultusministeriums, mittels Kabinets- 5/ ordre bestimmt hat, dass Jeder, welcher eine Kirche zu musika- / lischen Zwecken benutzen will, zuvor die Bescheinigung des be- / treffenden Pfarrers beibringen soll, „dass der Text der aufzufüh- / renden Musikstücke nichts für die Kirche Anstössiges enthalte."

Allgemeine Wiener Musik-Zeitung [I]/129, Donnerstag 28. Oktober 1841, S. 539b-540a
[Musikalischer Salon]

Denkwürdiges.

Zu Ende des verflossenen Jahrhunderts hatte ein polnischer Fürst die / Bizarrerie, sich ein Orchester zu halten, welches die Musikstücke ohne / Instrumente vortragen mußte. – Wie war diese möglich? – // Er ließ mit unsäglichem Mühe- und Kostenaufwand musikalische Indivi- / duen aufsuchen, welche von der Natur mit den verschiedenartigsten [5]/ Stimmen ausgerüstet waren, diese wurden sodann durch eigens hiezu / angestellte Lehrer unterwiesen: ihren Stimmen den Klang einer Trom- / pete, eines Waldhorns, ja sogar einer Clarinette und Flöte [etc.] zu geben. / Mit diesem Orchester führte er die schönsten Harmoniestücke aus, welche / auf die Zuhörer eine außerordentliche Wirkung hervorgebracht haben sol- [10]/ len. Später verabschiedete der Fürst sein Musikchor. Ein Augen- und / Ohrenzeuge erzählt, daß er im Jahre 1804 in Stettin ein Mitglied dieser / wunderbaren Capelle getroffen habe. Er war Baßspieler ohne Baßgeige. / Die Töne dieses Instruments wußte er mit der Kehle so täuschend nachzu- / ahmen, daß man mit abgewandtem Gesichte Instrumentaltöne zu hören ver- [15]/ meinte. Um aber die verschiedenen Modulationen des Tones hervorzubrin- / gen, stemmte er den Daumen und den Zeigefinger an den Hals und wandelte / somit die Töne nach seinem Belieben. Indeß trug doch sein Gesicht deut- / lich die Spuren der Anstrengung, welche ihm dieses Verfahren kostete, / denn zeitweilig waren seine Wangen rothbraun gefärbt, während die [20]/ Augen beinahe aus ihren Höhlen treten wollten. Die Töne, welche er / auf diese Weise hervorzubringen wußte, waren aber nicht bloß dem In- / strumentalklang ganz

ähnlich, sie übertrafen ihn auch an Stärke und / Fülle. –
Es kann uns dieses ein Trost seyn in unserer Zeit der
Extra- / vaganzen in der Kunst, denn zu einer Bizarrerie
der Art hat sich un- ²⁵/ ser Jahrhundert nicht verstiegen.

[etc.] = als (tironisches) Sigel.

III
277

Zeitschrift für Deutschlands Musikvereine und Dilettanten I./3, [nach Oktober]
1841, S. 387   *[Miscellen] [19. Beachtenswerthes im Gebiete der Kunst]*

Man liest irgendwo: „Meyerbeer soll im ersten Akt /
einer neuen Oper Musik aus den hinterlassenen
Papieren / seines Freundes C. M. v. Weber benützt
haben und beab- / sichtiget, den Gewinn dieser ganzen
Oper der Familie / C. M. v. Webers zu Theil werden zu
lassen, um auf diese ⁵/ Weise seine Verehrung für den
verstorbenen Tonkünstler / an den Tag zu legen. Wenn
alle Componisten die sich / Fremdes aneignen, so
aufrichtig wären, so dürften die / Nachkommen Mozarts,
Haydn's, Beehovens etc. sich / schöner Einkünfte
erfreuen."

„Welch kühner Gedanke! Eines Pitt würdig!" ¹⁰

Aus dem Text geht (hier wie bei III/61) nicht hervor, ob Pitt der Jün-gere
(1759-1806) oder Pitt der Ältere, 1. Earl of Chatham 1708-1778)
gemeint ist. Beide waren ihrer Rhetorik und ihrer Bedeutung wegen
berühmt.

Allgemeine Wiener Musik-Zeitung [I]/132, Donnerstag 4. November 1841, S. 551b
[Musikalischer Salon]

M i s c e l l e.

Eine Sängerinn, die viel Geld verdiente, aber noch weit mehr / brauchte, bekam wieder Schuldenarrest. Das Theater konnte ohne / sie nicht auskommen; es wurde vermittelt, daß sie allezeit zur Probe / und Vorstellung im Wagen mit Wache abgeholt werden sollte. Dieß / reizte die Menge so, daß alles nun die Sängerinn hören wollte, / die – mit Wache transportirt wurde. Niemand befand sich besser da- / bei, als der Directeur. Aber die Gläubiger wußten sich auch zu helfen! / Sie gingen zum Directeur und sagten: sie würden sich mit Mad. – / vergleichen und, um nicht länger Aufsehen zu machen, ihren Arrest auf- / heben. Meine Herren, einen Vergleich! sagte der Directeur. Lassen Sie / die Dame, die sich nichts daraus macht, mit Wache transportiren, so / lange dieß die Menge in mein Haus ziehet: und ich zahle Ihnen von / jeder Einnahme, die über – steigt – Gulden, auf Abschlag Ihrer / Forderungen. Das hatte man nun gewollt, und das liebe Publicum / zahlte wirklich auf diese Weise in aller Unschuld die drückendsten Schulden / der Dame ganz ab.

Die Anekdote ist ohne Quellennennung unter Anpassung an die österreichische Orhographie von 1841 wörtlich der Rochlitzschen ‚Allgemeinen musikalischen Zeitung' von 1804 (unter der Überschrift ‚Anekdoten': AmZ VI/23, 7. 3. 1804, Sp. 388) nachgeschrieben, s. I/195.

Allgemeine Wiener Musik-Zeitung [I]/133, Samstag 6. November 1841, S. 555b-556a   *[–]*

Die Katzenorgel.

Im Jahre 1789 gab ein Venetianer in London ein seltsames Ka- / tzenconcert. Die vierfüßigen Künstler hielten vortrefflich Tact; daß sie / zuweilen distonirten, was lag daran? Das ist Künstlerschwäche! Dieß / können unsere Prime Donnen auch! Übrigens waren sie vortrefflich ab- / gerichtet, wie die russischen Bandisten, die man richtiger lebendige No- [5]/ ten nennen sollte, und gehorchten jedem Winke ihres Lehrers und Ca- / pellmeisters. Der Mann konnte mehr als Recruten einschulen, und man / wußte nicht, sollte man mehr seine macedonische Geduld und Ausdauer / bewundern, oder die armen Bestien, emsig studirend unter der Ruthe / ihres unbarmherzigen Professors. [10]

Übrigens war dieses Concert keineswegs das Erste in seiner Art. / Thiere und namentlich Katzen wurden schon früher zu einer seltsamen / äußerst chromatischen Musik abgerichtet. Lange vor den Lebenstagen des / Mannes aus der Lagunenstadt erfand man eine Art Orgel, bei welcher / Katzen die Stelle der Pfeifen vertraten. Ein derlei Instrument figurirte [15]/ auch bei der großen Procession während der Feste, welche dem König / Philipp II. in Brüssel anno 1549 gegeben wurden. Der spanische Ge- / schichtsschreiber Jean Christoval berichtet über die komischen Scenen / der damaligen Festzeit, wie folgt:

„Die Musikbande befand sich auf einem großen Wagen. In ihrer [20]/ Mitte spielte ein großer Bär die obige Orgel. Die armen Katzen befan- / den sich zwanzig an der Zahl in abgesonderten, engen Käfigen und / waren mit den Schwänzen an die Schlägel gebunden. So oft der

Bär / die Tasten berührte, hoben sich die Saiten und zogen die Künstler wi- / der Willen an den Schwänzen in die Höhe. In Folge dieses Manövers [25]/ miauten sie dann in allen Stimmlagen nach der Natur der Arien oder / Melodien." [555b // 556a]

„Nach den Tönen dieser bizarren Orgel tanzten Affen, Bären, / Wölfe, Hirschen und andere Thiere auf einem von zwei Pferden gezo- / genen Theater ein komisches Ballet. Außerdem befand sich auf diesem [30]/ Theater ein Käfig, in welchem eine Schar Affen den Dudelsack blies / und auf andern Instrumenten spielten. Nach dieser Musik tanzten die ver-/ wunderten Thiere Solotänze, und verwirklichten die Sage von der / Circe, welche die Gefährten des Ulysses in Thiere verwandelte. Philipp II. / dieser ernste gekrönte Cato, mußte herzlich lachen und so war der Zweck [35]/ des Spectakels erreicht."

Viele musikalische Schriftsteller sprechen von dieser Katzenorgel. / Namentlich erwähnt Kircher eines ähnlichen Instrumentes, in wel- / chem die armen Sänger durch das Niederdrücken der Tasten gestochen, / und so zum Gesange gezwungen wurden. Caspar Schott beschreibt [40]/ ein Eselsconcert, das ein Sicilianer gab. Derselbe hat vier Esel als / Tenoristen, Bassisten, Altisten und Discantisten abgerichtet; sobald er / sein Musikblatt entfaltete, sangen die Bileamiten mit unnachahmlichem / Ausdrucke: „ut re mi ut," und ein schallendes Gelächter des zahlreich / versammleten Publicums belohnte ihre Kehlengeschicklichkeit. Wenn wir [45]/ der Angabe des Holländers Peter Opiner Glauben schenken dürfen, / so war Ludwig X. der König von Frankreich der Erfinder einer andern / Gattung, in welcher Schweine die Rolle der Pfeifen und Katzen ver- / traten. Es war ein Concert, würdig am Hofe des Midas gehalten zu / werden, und doch waren die Höflinge darüber entzückt. Die Schmeichler! [50]

Vater Schott schließt seine Abhandlung über diesen Gegenstand / mit folgenden trefflichen Worten: „Das Schönste degoutirt uns in der / Länge, und die herrlichste Musik wird dadurch langweilig. So kommt / es, dass die Musik der Esel uns mehr ergötzt, als Nachtigallenlieder / und Sphärenklänge, nicht weil sie lieblich, nein weil sie neu und selt- [55]/ sam ist!"

Zur Gesundheit!   G. N.

---

degoutiren (degoutieren) = als abstoßend empfinden. – Bileamiten = in diesem Zusammenhang (in einer seltsamen Umdeutung der Bileamgeschichte des Alten Testamentes) als Quartett von 4 Eseln zu verstehen. – Der deutsche Jesuit und Moraltheologe Caspar Schott (1608-1666) wirkte zunächst als Mathematik- und Philosophielehrer in Palermo. Zusammen mit seinem Vorbild Athanasius Kircher muss-te er vor den heranziehenden schwedischen Truppen aus Deutsch-land fliehen. Im Jahre 1652 schickte man ihn als Hilfskraft für Kircher nach Rom. Er kehrte 1655 nach Deutschland zurück und lehrte als Professor bis zu seinem Tod am Würzburger Gymnasium Mathema-tik und Physik. Schott wurde zudem Hofmathematiker und Beichtva-ter des Kurfürsten, erfand die Rechenmaschine (Rechenkiste) ‚cistu-la' und verfasste zahlreiche, sich an Kircher anlehnende naturwissen-schaftliche Werke. Er gilt als Vorläufer einer experimentellen Physio-logie. – zu Kircher s. I/415.

III
280 / 281

Allgemeine Wiener Musik-Zeitung [I]/134, Dienstag 9. November 1841, S. 560a

[–]

M i s c e l l e.

Kaiser Leopold I., der 1705 starb, liebte Musik außerordent- / lich und componirte selbst sehr artig. Duclos führt z. B. Variationen / über einen Menuet: „Quel caprice etc." an, die damals sehr beliebt / gewesen, jetzt aber wohl / verloren gegangen sind. Leopold hatte öfters / geäußert, daß, wenn ihn der Tod nicht überrasche, er während einer [5]/ sanften Musik in jene Welt übergehen wolle. Man hatte das für Scherz / genommen, aber er führte es wirklich aus. Da er sein Ende heranna- / hen fühlte und seine Angelegenheiten besorgt hatte, ließ er den Beicht- / vater kommen, betete mit ihm, und befahl dann, daß seine Capelle im / Nebenzimmer mehrere seiner Lieblingsstücke aufführen sollte. Dieß geschah [10]/ und er entschlummerte sanft während des Concerts.

[———] [281]

Im Jahre 1776 fanden sich viele sogenannte Damen der Halle in / der Oper zu Paris ein, da eine Vorstellung gratis gegeben wurde. / Eine Actrice sang, aber ein gewaltiges Getöse der Instrumentalmusik / erstickte ihren Gesang. Eine der Fischweiber ward ungeduldig und schrie: / „Ei so schweigt, Messieurs von der Trompete und Geige und laßt Mam- [5]/ sell singen! man wird euern Lärm Zeit genug noch zu hören kriegen! / – Schauspiele, sagt man, sind dem Volke nützlich; sollte nicht bisweilen / auch das Volk dem Schauspiele nützlich seyn?"

III
282

Allgemeine Wiener Musik-Zeitung [I]/135, Donnerstag 11. November 1841, S. 563b   *[–]*

Denkwürdiges.

In Tangermünde findet man folgende Grabschrift eines daselbst ver- / storbenen Organisten, den der Magistrat so hoch schätzte, daß er ihm / den Leichenstein und folglich auch diesen Denkspruch setzte:

Allhier liegt begraben de Organist von Tagermünde
Gott vergeb ihm alle seine Sünde, [5]
Daran wir keinen Twiefel han,
Den he was Gottes Spählmann.

Die Anekdote ist ohne Quellennennung unter verquerer Anpassung an die österreichische Orhographie von 1841 wörtlich der Rochlitz-schen ‚Allgemeinen musikalischen Zeitung' von 1804 (unter der Überschrift ‚Anekdoten': AmZ VI/23, 7. 3. 1804, Sp. 388) nachge-schrieben, s. I/196. Im Original von 1804 heißt es richtig >Tanger-münde<.

III
283 / 284 / 285 / 286 / 287

Allgemeine Wiener Musik-Zeitung [I]/135, Donnerstag 11. November 1841, S. 563b-564a   [–]

M i s c e l l e n.

Als Auber's Oper: „die Stumme von Portici," auf dem Hof- / theater in Paris gegeben, und dem Könige sehr gefallen hatte, über- / sandte der Monarch als Zeichen seiner Zufriedenheit den Dichtern / Scribe und Delavigne ein Prachtexemplar des Tacitus und / dem Componisten eine kleine Bronzestatue Heinrichs IV. [5]

----

[284]

Malsburg bemerkt: Das a hat einen sanften Klaggesang, das / u etwas Dumpfes, das i etwas Zierliches, das o etwas Stolzes, das / e etwas Weltliches, oft aber auch Seele. – So findet er in dem au / etwas Brausemdes, in dem eu Feuriges, in dem ei Gleißendes, dem / ö Körniges und dem ü etwas Blühendes. [5]

Der in Kassel geborene Freiherr Ernst Friedrich Georg Otto von der Malsburg (1786-1824) war ein deutscher Schriftsteller, Dichter, Über-setzer (aus dem Spanischen und Englischen), Jurist und Diplomat. Er unterhielt bedeutende Verbindungen zu vielen literarischen Kreisen, vor allem zu den Romantikern um die Brüder Grimm.

. . . . .

----

[285]

Einst wurde Benda Morgens um 2 Uhr mit einer Arie in / „Romeo und Julie" fertig. In voller Begeisterung über diese wohlge- / rathene Composition nahm er ein kleines

Clavier unter den Arm und / lief damit zum Verfasser des Textes, G̲o̲t̲t̲e̲r̲, weckte ihn aus dem Schlafe / und schrie: „Nunmehr bin ich mit der Arie fertig! – Ich will S̲i̲e̲ [5]/ Ihnen vorspielen!" – Er setzte sein Clavier auf den Tisch und spielte / sie dem Dichter vor, nahm solches darauf wieder unter den Arm und / ging nach Hause.

Die (ursprünglich von Reichardt erzählte) Anekdote ist ohne Quellen-nennung unter Anpassung an die österreichische Orhographie von 1841 wörtlich (mit einigen kleinen, dem Verständnis dienenden Ände-rungen) der Rochlitzschen ‚Allgemeinen musikalischen Zeitung' von 1800 (unter der Überschrift ‚Anekdoten': AmZ II/51, 17. 9. 1800, Sp. 875-877) nachgeschrieben, s. I/123. – zu Benda s. I/122, zu Gotter s. I/93.

[286]

Man erzählt von Sebastian B̲a̲ch, daß er, als sein Vater alle / Musikalien, und selbst sein Instrument von ihm entfernt, sich selbst auf / einem Tische ein Griffbr̲e̲t fabricirt, und darauf Abends bei Mondschein / stille Musiken aufgeführt habe.

[287]

Ein junger Componist in Paris, dessen erster, schwächlicher Ver- / such vor Kurzem auf die Bühne gebracht wurde, trat vor Anfang des / Stückes, sehr bang vor dem Erfolg, zum wachthabenden Sergenten / und bat: er möchte doch ja ein scharfes Auge auf das Parterre haben, / es wären einige Leute hereingegangen, die von seinen Gegnern bestochen [563b [5]// 564a] wären, und es sey glaublich, daß diese am Ende aus jener Ursache zu / lärmen versuchen. – Der Sergent versprach es wohlwollend; aber die / Operette wurde complett ausgepfiffen. „O mein Herr," sagte der Componist / beim Herausschleichen zum Sergenten, „was hatten Sie versprochen?" / – Ja, lieber Herr," antwortete dieser, „wenn ein P̲aar bestochen sind, [10]/ werden wir wohl mit ihnen fertig; aber wenn's, wie heute, a̲l̲l̲e̲ s̲e̲c̲h̲s̲- / h̲u̲n̲d̲e̲r̲t sind – was können wir da machen?"

III
288

Allgemeine Wiener Musik-Zeitung [I]/139, Samstag 20. November 1841, S. 583b
[Musikalischer Salon] [–]

M i s c e l l e.

In dem selbst verfertigten Testamente eines nun verstorbenen Land- / edelmannes fand sich folgende Stelle:

„Mein ehrlicher Schulmeister ⁓⁓⁓ bekommt 20 Fr. für die Be- / gleitung meiner Leiche, aber unter der Bedingung, daß er nicht singt, / er macht zu viel Schnörkel dazwischen, und die sind mir fatal zu hören." [5]

III
289

Allgemeine musikalische Zeitung XLIII/47, 24. November 1841, Sp. 989
[Feuilleton]

In Antwerpen hat die Regierung verordnet, dass bei den / ersten Debüts der Bühnenkünstler fortan nicht mehr das Zischen / und Pfeifen der Zuschauer, sondern ein wirkliches Abstimmen der / Abonnenten über die

Zulassung oder Verwerfung des Debutanten / entscheiden soll. Demgemäss hat kürzlich eine solche (geheime) [5]/ Abstimmung der Abonnenten Statt gefunden, wobei u. A. die / Primadonna und der erste Tenor verworfen wurden. Die zweite / Sängerin nahm schon zuvor ihre Entlassung, weil sie sich einer / solchen Abstimmung nicht unterwerfen wollte.

III
290

Allgemeine Wiener Musik-Zeitung [I]/141, Donnerstag 25. November 1841, S. 591b   [Musikalischer Salon] [–]

M i s c e l l e.

E i n   g e n i a l e r   G e d a n k e.

Ein berühmter deutscher Liedercomponist, der sich auch im lyrischen / Drama mit vielem Glücke versucht hatte, hinterließ nach seinem Tode / sechs Opern im Manuscripte. Der Bruder und Erbe des Verstorbenen / trug nach mehreren Jahren einer großen deutschen Bühne die Partituren / zur Auswahl der zur Aufführung geeignetsten Oper gegen ein billiges [5]/ Honorar an. Die Direction, schlau oder naiv wie sie war, äußerte ihre / Bereitwilligkeit zur Aufführung einer neuen Oper des verstorbenen, / Europa bekannten Liedercomponisten, falls ihr gestattet würde, aus den ge- / dachten sechs Opern eine Einzige zusammenstoppeln / zu dürfen. Wär' der Gedanken nicht so verflucht gescheid, man wär' [10]/ versucht, ihn herzlich dumm zu nennen!

III
291

Allgemeine musikalische Zeitung XLIII/49, 8. Dezember 1841, Sp. 1046
[Notizen]

Ein nicht ungeschickter Organist begleitete vor Kur- / zem einen Festchoral, der für die Posaunen ausgesetzt / worden war, so willkürlich, dass er am Ende einer / Gesangzeile, während die Bläser D dur erschallen lies- / sen, den Septimenakkord auf A spielte. Es wäre un- [5]/ glaublich, wenn man nicht wüsste, dass abgeschmackte / Arroganz zuweilen leicht in Tollheit ausartete. Derglei- / chen abscheuliche Störungen der Andacht einer ganzen / Gemeinde sollten auf das Schärfste gerügt werden.

Zu dieser Zeit bedeutet >willkürlich< nicht mehr, wie noch um 1800, >absichtlich<, >gewollt<, >bewusst<, >aus freier Entscheidung über-legt< (s. un-willkürlich), sondern >unüberlegt<, >verantwortungslos gleichgültig<, >nach Gutdünken zufällig<.

III
292

Allgemeine musikalische Zeitung XLIII/49, 8. Dezember 1841, Sp. 1047
[Feuilleton]

Paganini's Sohn ist nach Rom gereist, um beim Papste eine / Revision des Prozesses zu erlangen, nach welchem der Leiche / seines Vaters bis jetzt eine Ruhestätte in geweihter Erde von der / geistlichen Behörde im Sardinischen verweigert wird.

Allgemeine Wiener Musik-Zeitung [I]/148, Samstag 11. Dezember 1841, S. 620a
[Musikalischer Salon] [–]

M i s c e l l e.

Johann Sebastian Bach's Vater, Johann Ambrosius, damals / Hof- und Stadtmusikus in Eisenach, hatte einen Zwillingsbruder, Joh. / Christoph, der Hof- und Stadtmusikus zu Arnstadt war. Diese Zwil- / linge sind vielleicht die einzigen ihrer Art und die merkwürdigsten, die / man kennt. Sie waren einander so ähnlich, daß selbst ihre beiderseiti- ⁵/ gen Frauen sie nicht anders, als durch ihre Kleidung von einander un- / terscheiden konnten; sie liebten sich aufs Zärtlichste; Sprache, Gesin- / nung, der Styl ihrer Musik, ihre Art des Vortrages, ihre sonstigen / Lieblingsneigungen u. s. w. Alles war einander gleich. Wenn einer krank / war, war es der andere auch. Auch starben sie bald nach einander. Sie ¹⁰/ waren ein Gegenstand der Bewunderung für Jeden, der sie sah.

Allgemeine Wiener Musik-Zeitung [I]/151, Samstag 18. Dezember 1841, S. 632b
[Musikalischer Salon] [–]

M i s c e l l e.

Als Quanz 1777 starb, hatte er gerade von seinem dreihun / dertsten Flötenconcert das erste Allegro und das Adagio fertig. König / Friedrich II. ließ sich die Schreibtafel bringen, worauf sie Quanz / entworfen hatte, machte ganz in Quanzens Geiste das letzte Allegro / dazu, und füllte die verschiedenen Lücken im Adagio. Dieses Adagio, ⁵/ als das letzte Werk dieses

Componisten, hatte eine simple und sehr rüh- / rende Melodie. Der König sagte, nachdem er das Concert mit seiner / Kammermusik gespielt hatte, zum verstorbenen Concertmeister Franz / Benda: „Man sieht, Quanz ist mit sehr guten Gedanken aus der / Welt gegangen." [10]

zu Quantz (nicht: Quanz) s. I/54

III
295

Allgemeine Wiener Musik-Zeitung [I]/152, Dienstag 21. Dezember 1841, S. 635b-636a   *[Musikalischer Salon] [–]*

M i s c e l l e.

Als Himmel (später Capellmeister in Berlin, geb. 1765, ge- / storben 1814) noch unter Naumann's Leitung in Dresden studierte, / sprach er oft in den geselligen Cirkeln eines nahen Rittergutsbesitzers / ein. Hier kam einst die Rede auf einen Schulmeister in dem nur einige / Stunden entfernten Dorfe R‿‿‿, welcher nicht bloß Schul-, sondern [5]/ auch Orgelmeister heißen solle, weil er, seines Orgelspiels wegen, weit / und breit berühmt sey, und mit seltener Fertigkeit auf jenem Instru- / mente besonders eine seltene Kraft besitze, das Vorspiel dem ganzen / Liede, das Zwischenspiel aber jedem Liederverse ja jeder Sangzeile treff- / lich anzupassen. [10]

Himmel war neugierig, den Hern Collegen kennen zu lernen. / Der nächste Sonntag ward bestimmt, diese Neugier zu befriedigen. / Man fuhr in großer Gesellschaft nach R‿‿‿ und wohnte dort in der / herrschaftlichen Emporkirche, dem Gottesdienste bei. Der wackere Schul- / meister, schon aus Gewohnheit und Neigung, sein Orgelspiel allemal [15]/ - wenn auch nur ländliche Ohren ihm horchten – meisterhaft übend, / fühlte dennoch immer einen besonderen Sporn zu besonderer Kraft- /

äußerung, wenn er in der hochadeligen Emporkirche seine gnädige / Herrschaft, oder wohl gar Gäste derselben bemerkte.

Er spielte also auch dießmal so recht con amore und befriedigte [20]/ nicht nur den großen Himmel, sondern übertraf sogar dessen Erwartung, / so daß letzterer seiner Gesellschaft den Vorschlag that, dem braven Vir- / tuosen nach dem Segensprechen einen Besuch auf der Orgelbank abzu- / statten, ihm Dank und Achtung für sein meisterhaftes Spiel zu bezeigen / und sich von ihm noch eine Fuge zum Besten geben zu lassen. [635b [25]// 636a]

Nun hatte der wackere Schulmeister gegen seine gnädige Herrschaft / oft den Wunsch geäußert, Himmel kennen zu lernen und ihn spielen / zu hören. Wie würde ihm das musikalische Herz im Leibe gehüpft haben, / wenn er gewußt hätte, daß Himmel mit unter den fremden Gesich- / tern in der herrschaftlichen Emporkirche sich befand, ihn zu behorchen, [30]/ daß Himmel es war, der jetzt, vertraulich auf die Achsel ihn klo- / pfend, sagte: „Bravo! Herr Schulmeister, Sie sind ein echter Orgelmei- / ster!" – daß Himmel es war, der sich sogar eine Fuge von ihm / ausbat.

Der ländliche Virtuose nahm natürlich die Bitte für Befehl an [35]/ und griff und trat nun wieder so kunstvoll in sein Orgelwerk, daß / Himmel ihm nicht bloß mit dem Munde, sondern auch im Herzen / seine Achtung zollte.

Als der Schulmeister entzückt über des Fremden Lob von der Or- / gelbank stieg, fragte er nur so gelegentlich Himmel: ob er auch mu- [40]/ sikalisch sey. – „Ich klimpere und stümpere ein wenig," und griff dabei / so auf den Tasten der Orgel herum, wie einer, der kaum eine leichte / Melodie auf dem Clavier zu spielen, geschweige denn einen Choral / auf der Orgel vorzutragen im Stande ist, setzte sich aber auf die Or- / gelbank, und fing allmählig an, immer besser und kunstvoller zu grei- [45]/ fen und zu treten, bis er sich endlich in Phantasien verlor, daß dem / Schulmeister Hören und Sehen verging, und er in die Worte ausbrach: / „Ach Gott! Da ist man ja wie im Himmel!"

„Das nun eben nicht," entgegnete der Virtuos, „aber doch in / der Nähe, denn – ich heiße Himmel." Die Gesellschaft lachte, – [50]/ der Schulmeister war wie aus den Wolken gefallen. Wer das im Augen- / blick sich bildende Gemisch von Staunen und Ehrfurcht, Verlegenheit / und Schreck in seiner Seele schildern könnte, der wäre in der Sprache / – was der Schulmeister auf der Orgel war – Virtuos.

Friedrich Heinrich Himmel (1765-1814) war Komponist und Pianist, aber kein Organist. Nicht als Pianist, wohl als Komponist und Mensch war er umstritten. Er studierte in Halle zunächst Theologie, kam als Feldprediger nach Berlin und gewann die Gunst von König Friedrich Wilhelm II., der ihn nach Dresden zu Naumann schickte und ihn 1795 zum Nachfolger des wegen jakobinischen Verhaltens gekündigten Reichardt ernannte. Seinen Kompositionen sprach man Tiefsinn ab. Himmel befand sich in ständigen Geldschwierigkeiten. Man sagte ihm eine ‚liederliche' Lebensführung, Trunksucht und Intrigantentum nach und brachte ihm wenig menschliche Achtung entgegen. – zu Rei-chardt (1752-1814) s. I/281, II/250; zu Johann Gottlieb Naumann s. I/242, I/281.

III
296 / 297
Neue Zeitschrift für Musik XVI./1, 1. Januar 1842, S. 4b   *[Vermischtes]*

* * * Welch bewegtes Leben Liszt führt, mag eine Auf- / zählung seiner in der letztern Zeit gegebenen Concerte bewei- / sen: Am 28. Nov. Concert in Weimar, d. 29. Hofconcert / ebenda, d. 30. Concert in Jena, d. 4ten Dec. Concert in / Dresden, d. 6ten Mitwirkung im Concert v. Clara Schu- [5]/ mann, d. 9ten 2tes Concert in Dresden, d. 11ten Mitwir- / kung im Quartett v. Lipinsky, d. 13ten

Concert in Leipzig, / d. 14ten Concert in Altenburg, den 16ten Mitwirkung im / Gewandhausconcert in Leipzig, den 18ten Concert in Halle, / d. 19ten 2tes Concert ebenda [etc. etc.] – [10]

| mittlerer Asterisk tief gestellt. – [etc. etc.] als (tironische) Sigel. |

[————] [297]

* * * Als in einer kleinen Stadt Weber's Oberon-Ouver- / ture zum erstenmal probirt wurde, wollte der Anfang dem / Cantor durchaus nicht in den Kopf; er bestand darauf, daß / das zweite Horn die Stelle mitmachen müsse, wie folgt:

| mittlerer Asterisk tief gestellt. |

III
298

Allgemeine Wiener Musik-Zeitung II/16, Samstag 5. Februar 1842, S. 62b [–]

Laudatores temporis acti.

Daß ältere Personen der Zeit, in welche ihre Jugendjahre fielen, / mit Entzücken gedenken, ist eine natürliche Sache. Daß sie den Stand- / punct der damaligen Kunst auf Kosten der jetzigen erhöhen, ist eben so / bekannt. Wer hat nicht irgend jemanden unter seinen Bekannten, der bei / Gelegenheit der Reprise einer ältern Oper ausruft: Diese Oper hät- [5]/ ten Sie vor 25 oder 30 Jahren so und so besetzt hören sollen. Ja, ja, / unsere jetzigen Sänger haben keine Schule, keine Methode mehr! und / was dergleichen Klagen und Ausrufungen sind. Am häufigsten jedoch / hört man über den Verfall der echten italienischen Gesangskunst jam- / mern, und wie unsere jetzigen Sänger lauter Empiriker und Naturalisten [10]/ seyen. Für diese Klagenden und Jammernden setze ich folgende, einem / Buche über die Gesangskunst entnommene Stelle her, an welcher sie / sich erbauen mögen: „E qui son costretto con meraviglia a con- / fessarviche io non intendo come non ostante tanti valenti / virtuosi, che hanno sostonuto, e sostengono l'onor dell' arte [15]/ (versteht sich di canto) sia invalsa „una voce" in Italia, che è / decaduta la musica, „che non vi sono più scuole, nè bravi / cantanti." Vi sono pure gl'ottimi maestri, vi sono pure i va- / lorosi scolari; non saprei a che altro attribuirne la cagion / vera, „che all'essersi obbliati gl'antichi sistemi, ed il buon uso [20]/ delle antiche scuole" etc. Wenn derselbe Meister der Gesangskunst eine / Seite später davon spricht, daß halbausgebildete Sänger nur schnell / dem Theater zueilen, um den größtmöglichsten Gewinn aus ihrer / Stimme zu ziehen: senza riguardo all'età, alle stagioni, alle / compagnie, li pregiudicano la sanità, la voce, il petto, ed il [25]/ costume, so sollte man meinen, diese Worte wären im Jahre 1842 / oder wenigstens 41 gedruckt worden; sie sind aber einer Zeit entnom- / men, die man die Zeit der Gründlichkeit genannt hat, und die man / daher jetzt spottweise die Zopf- und Perrückenzeit nennt; mit Einem / Worte, diese Zeilen finden sich in : Mancini's Pensieri e riflessio- [30]/ ni pratiche sopra il canto figurato und sind im Jahre 1774 in / Wien gedruckt, wo der Autor kaiserlicher Singmeister war. — Wir aber ler- / nen daraus, daß die Klagen über den Verfall der Kunst stets dieselben / bleiben, wie die über die schlechten Zeiten, daß daher unsere in Jahren / vorgerückten Kunstrichter und Dilettanten Unrecht haben, und daß, [35]/ wenn wir älter werden, wir es wahrscheinlich eben so machen werden, / ohne zu bedenken, daß die Kunst ihre

Stadien hat, und wenn sie auch / einen scheinbaren Rückschritt macht, doch im ewigen Fortschreiten be- / griffen ist, wie jede Geschichte der Musik genugsam ausweist.

I g n. L e w i n s k y. [40]

Laudatores . . . = [Die] Lobredner einer vergangenen Zeit [Epoche]. – E qui son . . . = Und hier bin ich mit Verwunderung gezwungen, Euch [Ihnen] zu bekennen, dass ich nicht begreife, wie sich – trotz so vieler tüchtiger Virtuosen, welche die Ehre der Kunst hochgehalten haben und noch hochhalten (versteht sich der Gesangskunst) – „eine Mei-nung" in Italien durchgesetzt hat, nämlich dass in Italien die Musik in Verfall geraten ist, es keine Schulen mehr gibt noch tüchtige Sänger. Und doch gibt es ausgezeichnete Lehrmeister und vorzügliche Schül-er. – senza riguarda . . . = ohne Rücksicht auf das Alter, Saisons [Spielzeiten], die Ensembles, so beeinträchtigen sie die Gesundheit, die Stimme, die Brust und das Brauchtum [das gesellschaftliche Um-feld]. – Mancini's . . . = Gedanken und Überlegungen zum canto figu-rato.

III
299 / 300

Allgemeine Wiener Musik-Zeitung II/16, Samstag 5. Februar 1842, S. 63a-63b, 63
[Miscellen]

Die alten Gäste der Pariser komischen Oper wissen noch von einer / schönen Sängerinn zu erzählen, die 1809 oder 1810 dort in den ersten / Parthien excellirte. Dlle. Landie, so hieß sie, war kaum 17 Jahre alt; / ihrer wartete die glänzendste theatralische Laufbahn, denn sie hatte / die höchst gefährliche Ehre, die Aufmerksamkeit eines der Brüder Napoleons / auf sich zu ziehe.r. Sie war ihm mehr als eine gewöhnliche Liebschaft, / eine ernste Leidenschaft fesselte ihn an sie. Der Kaiser, der indessen auf / Rechnung seines Bruders Pläne entwarf, zu denen eine Liebesgeschichte / zu einer Sängerinn wenig paßte, handelte mit gewohnter Rücksichts- / losigkeit; die Direction mußte ihren Vertrag mit Dlle.

Landie um- / stoßen, und die Polizei wies sie aus der Hauptstadt. Um ihre ganze / künstlerische Zukunft war es geschehen; sie versank in Dürftigkeit, die / bei zunehmendem Alter immer trostloser ward. Schon vor einem Jahre / war sie vor das Polizeigericht gestellt worden, weil sie bettelnd in den / Straßen betroffen worden war. Damals hatte der Marquis v. R. – , / ein Schriftsteller von Ruf, die Nachsicht der Behörde für die Arme, / die er in den Tagen ihres Glanzes gekannt, in Anspruch genommen. / Auch jetzt versuchte er, bei dem Gerichte seinen Einflluß zu Gunsten der / einst Gefeierten geltend zu machen, da eine zweite Anklage wegen Bet- / telei sie wieder mit der Polizei in Collision gebracht hatte.

Der Präsident des Gerichtes stellte ihr schonend vor, wie sie schon / einmal verhaftet, nur der Nachsicht der Richter es verdankt habe, daß / ihr die Strafe nachgelassen worden sey; um so mehr hätte sie sich daher hüten sollen, sich wieder desselben Vergehens schuldig zu machen.

„Ich bettelte nicht," antwortete sie, „ich ging nur in den Galle- / rien der großen Oper auf und ab, um die Herren Duprez und Le- / vasseur zu erwarten, die mich oft unterstützten."

Der Marquis v. R – fügt seinen früheren Bitten hinzu, Dlle. / Landie spricht nicht bei vollem Verstande, sie gedenkt noch immer / der schönen Zeit, da sie Mehul's und Boieldieu's Liebling ge- / wesen, die sich ihr auch im spätern Unglück hilfreich erwiesen hätten.

[63a // 63b] Das Gericht muß, den bestehenden Gesetzen gemäß, die arme Sän- / gerinn zu 14tägigem Gefängnisse verurtheilen.   (E.)

. . . . .

Der Director des Orchesters der großen Oper in Paris hat / eine Vorrichtung erfunden, um die Choristen auf der Bühne fortwäh- / rend im gleichen Tacte mit dem Orchester zu erhalten. Er hat nämlich / bei seinem Pulte Fußtasten anbringen lassen, die durch einen einfachen / Mechanismus den Anfang jedes Tactes an die Coulissen anschlagen 5/ so, daß die Chöre in genauer Verbindung mit dem Orchester bleiben / und es den Führern derselben leicht gemacht wird, die Massen zu / leiten.

Ath – s. = Karl Groß.

III
301

Allgemeine Wiener Musik-Zeitung II/19, Samstag 12. Februar 1842, S. 76a
[Notizen]

Kindertheater sind im südlichen Italien nichts Seltenes; jetzt gibt in / Bologna eine Gesellschaft von fünf Kindern sogar ganze Opern.

III
302

Allgemeine musikalische Zeitung XLIV/9, 2. März 1842, Sp. 178-179
[Winke für allerlei Leser] [Kopfartikel]

IV.

Eine räthselhafte akustische Erscheinung scheint Fol- / gendes: In der Zeitzer Haupt- (Michaelis-) Kirche mit / einer seit einigen Jahren neu erbauten und guten Orgel / von Böhme, mit 30 klingenden Stimmen, geschieht es / nicht selten, dass, wenn die dem Altare gegenüberste- 5/ hende Orgel am Ende eines Liedes schweigt, deren /

Echo zu dem Ohre eines auf dem Orgelchore befindli- / chen Zuhörers, aber fast um einen guten halben Ton / tiefer herüberkommt. Die übrigens nicht hohe Kirche mit / 182' Länge und 75' Breite hat im Schiff 10 Pfeiler. [10]/ Eine ähnliche Erscheinung findet auch in der dasigen / schönen und hallendern Schloss- oder Trinitatiskirche / Statt, wo, sonderbar genug, zwar dem Sänger oder Spie- / ler der schöne von ihm ausgehende Ton in unentweih- / ter, unschuldvoller Form wieder dem Gefühle zurück- [178 [15]// 179] kehrt, während doch auch der Schlussorgelton immer / nur vertieft gehört wird. Wie? sollten wohl die von der / Orgel ausgehenden und wiederkehrenden Luftschwingun- / gen bei ihrer Wiederkehr gleichsam ermatten? Jenes / darum nicht, weil man ja sonst in einem Echo bei dem [20]/ von Zeitz 1¼ Stunde entfernten Schlosse Haynsburg / nicht den Ton einer Singstimme oder eines Waldhorns / so treu und unverfälscht wieder hören könnte, als es / wirklich doch der Fall ist. Was hat es also sonst mit / obiger Erscheinung für eine Bewandniss? Eine befrie- [25]/ digende Erörterung darüber wäre hier vielleicht nicht / am unrechten Orte. *D. R.*

' = Fuß. – Die keineswegs rhetorisch gemeinte Frage der Redaktion, also Finks, wie die Vorgänge zu erklären seien, beantwortet ein moderner Informatiker wie Dr. Christian Uhrig annähernd einhundert Jahre später in einer, um mit Fink zu sprechen, ‚befriedigenden Erör-terung‘, die an dieser Stelle nur verkürzt mitgeteilt werden kann. Die Besucher der Zeitzer Kirche haben richtig gehört, nur das Phänomen eines Echos mit dem Phänomen überlagernder Wellen verwechselt. Unter einem Echo versteht man in der Akustik einen Schall-Rückwurf mit geringerer Energie, wobei man bei einem gerufenen Satz den In-halt des Satzes wiedererkennen kann. Bei dem Zeitzer Vorgang han-delt es sich nicht um ein Echo im herkömmlichen Sinne, sondern um Schallwellen, die in größeren verwinkelten Gebäuden an verschiede-nen Ecken und Flächen unterschiedlich gebrochen werden, sich da-bei gegenseitig überlagern (interferieren) und alle möglichen Arten von Frequenzen entstehen lassen. Die Zeugen haben also tieferfre-quente Überlagerungen von aus verschiedenen Richtungen kom-menden

Reflexionen von Schallwellen gehört. Dieser Hall-Effekt kann auch in einer gebirgigen oder in einer mit Gebäuden bebauten Ge-gend mit mehreren vorhandenen, den Schall unterschiedlich bre-chenden Flächen entstehen.

III
303

Neue Zeitschrift für Musik XVI./21, 11. März 1842, S. 84b   *[Vermischtes]*

* * * Der Preußische Gesandte Bunsen gab bei der / Taufe des Prinzen v. Wales seinem Souverain zu Ehren ein / sehr glänzendes Morgenconcert, wobei Moscheles auf einem / Flügel von Erard spielte, den auch sogleich der König für / sein Schloß in Berlin kaufte. Merkwürdig sind die Worte [5]/ der Majestät, die sie zugleich dem Meister Moscheles sag- / te: „Sie sind der Erste – versicherte sie – der mir / „eine Idee von der Wirkung gab, welche man auf dem Cla- / „vier hervorbringen kann. Der Eindruck auf mich war so / „lebhaft, daß ich ihn nie vergessen werde." Neukomm spielte [10]/ dazu einen Choral auf einer trefflichen Orgel von Gernié. –

mittlerer Asterisk tief gestellt.

III
304

Caecilia XXI./81, [vor 15.] März 1842, S. 59-60   *[Recensionen und Anzeigen]*

L. van Beethoven in seiner guten Laune.

X. brachte *Beethoven* das Trio in C moll für Pianoforte, Vio- / line und Violoncell (op. I. Nr. 3), welches er als Quintett für / zwei Violinen, zwei Violen und Violoncell arrangirt hatte, zur / Ansicht, wahrscheinlich um des Meisters Meinung darüber zu er-

[59 // 60] fahren. *Beethoven* muss Vieles an der Arbeit auszusetzen gefunden [5]/ haben; dennoch war ihm aber das Unternehmen anziehend genug, / um es einer eigenen Bearbeitung und manchen Abänderungen zu / unterwerfen. Dadurch entstand nun natürlich eine neue, von der / Arbeit des *X.* ganz verschiedene Partitur, auf deren Umschlag der / geniale Meister in seiner guten Laune eigenhändig folgenden Titel [10]/ schrieb:

Bearbeitetes Terzett zu einem vierstimmigen Quintett
vom Herrn Gutwillen,
und aus dem Schein von fünf Stimmen zu wirklichen fünf
Stimmen / an's Tageslicht gebracht, wie auch aus
grösster Miserabilität zu [15]
einigem Ansehen erhoben
vom Herrn Wohlwollen.
Wien, am 14. August 1817. /
NB. Die ursprüngliche dreistimmige Quintett-Partitur
ist den Un- / tergöttern als ein feierliches
Brandopfer dargebracht worden. [20]

III
305

Neue Zeitschrift für Musik XVI./22, 15. März 1842, S. 88b　　　　*[Vermischtes]*

* * * In Nr. 34. 35. 36. des Gesellschafters steht ein lan- / ger, aber recht unterhaltender, scherzhafter Artikel über <u>Liszt</u>'s / Concert in Berlin, von F. Bellegno. Die Aufregung durch / den Virtuosen scheint so groß, daß am Ende noch ganz Ber- / lin das Nervenfieber bekommen wird. — [5]

mittlerer Asterisk tief gestellt.

III
306

Allgemeine musikalische Zeitung XLIV/11, 16. März 1842, Sp. 230-231
[Winke für allerlei Leser]

VII.

Ein verdrucktes Wort entstellt bekanntlich leicht / den Sinn eines ganzen Satzes und gibt öfters zu Scher- / zen Veranlassung. Ein jeder aufmerksame Leser wird / auf solche lustige Druckfehler gestossen sein und es ge- / nügt aus Lipowsky's Musik-Lexikon einen Tonkünstler [5]/ anzuführen, der 1558 ein Lautenbuch herausgab und / 1774 starb, und aus der neuesten Zeit die *Organisten* – / statt Orangisten – zu bemerken, welche nach der Leipz. [230 // 231] Zeitung 1841, No. 266, Beil., als Parteimänner in den / letzten belgischen Unruhen öffentlich genannt wurden. [10]/ Dass aber ein so verdrehtes Wort, als ein *richtiges* in / mehreren Büchern Aufnahme findet, ja selbst zu einem / *Kunstwort* förmlich erhoben werden kann, ist gewiss / weit seltener. Und doch ist es der Fall mit dem *Calcu- / laturclavis*, der sich als Druckfehler – das Wort soll [15]/ heissen: Calcaturclavis (von Calcator, Treter, Balgtre- / ter) – auf der 41. Seite in Adlung's Musica mechanic. / organ. Berlin, 1768, eingeschlichen hatte. Diesen Cal- / culator, obgleich fern davon Rechnungen u. dergl. zu prü- / fen, nahm der wackere Schlimbach in sein Buch über [20]/ den Orgelbau ohne alle nähere Wortforschung auf und / beschrieb ihn so ausführlich, als er es verdiente. Erin- / nert man sich nun, wie viele Schriftsteller aus *Schlim- / bach's* Buch geschöpft haben, so lässt sich denken, dass / der Calculator von nun an als Kunstwort getrost aner- [25]/ kannt wurde. Lästig wäre es, die Schriften, in denen / sich das Wort findet, einzeln aufzuzählen; es ist genug / auf die drei Auflagen von *W. A. Müller's* Handbuch: / Die

Orgel, hinzuweisen, wo diese Wort auf den ersten /
Seiten ein halb Dutzend Mal erscheint. [30]

Die Schriften des Organisten Jakob Adlung (1699-1762), vor allem sein
zweibändiges Grundlagenbuch von 1768 „*Musica Mechanica
Organoedi. Das ist: Gründlicher Unterricht von der Struktur, Gebrauch
und Erhaltung, etc. der Orgeln, Clavicymbel, Clavichordien und anderer
Instrumente, in so fern einem Organisten von solchen Sachen etwas zu
wissen nöthig ist.*“ sind für die Deutung der Bach-zeit unentbehrlich. –
Georg Christian Friedrich Schlimbach (1760 [nach Einstein 1759]-1813)
gab 1801 das Buch ‚Über die Struktur, Erhaltung, Stimmung und
Prüfung der Orgel‘ heraus, das 1843 in 3. Auflage unter der
Herausgeberschaft von Konrad Ferdinand Becker erschien, der höchst
wahrscheinlich auch der Verfasser von Kapitel VII der ‚Winke‘ gewesen
ist. Schlimbach war Miterfinder der ‚Äoline‘, eines Instrumentes auf der
Grundlage von durchschlagenden Zun-gen, das als Vorläufer des
Harmoniums gilt. – Der Organist Wilhelm Adolph Müller (1793-1859)
gab seit 1822 ein Orgel-Lexikon ‚Das Wichtigste über die Einrichtung
und Beschaffenheit der Orgel‘ her-aus, das 1830 in 3. Auflage unter
dem Titel ‚Die Orgel, ihre Einrich-tung und Beschaffenheit sowohl, als
das zweckmäßige Spiel dersel-ben‘ erschien.

III
307

*Allgemeine Wiener Musik-Zeitung II/35, Dienstag 22. März 1842, S. 143b-144a
[Musikalischer Salon] [–]*

Andere Zeiten, andere Musik.

Bei den kostbaren Vorbereitungen zur Taufe des
Prinzen von / Wales wurde, wie billig, auch der Musik
gedacht. Ein englisches Jour- / nal erzählt uns, daß ein
Harmonie- oder Militärmusik-Orchester be- / stellt wurde,
welches die Bestimmung hatte, bei Aufzügen und Gela- /
gen besonders dazu gewählte und arrangirte Märsche
und Nationallie- [5]/ der auszuführen. Dieses Orchester
bestand aus 16 Clarinetten, 4 Flö- [143b // 144a] ten, 2
Hoboen, 5 Fagotten, 6 Waldhörnern, 3 Serpenth, 3

Ophiclei- / den, 6 Posaunen, 5 Trompeten und 2 kleinen Klappentrompeten.

Wie zu sehen, war die große Trommel ausgelassen, vielleicht weil / man das zarte Trommelfell des kleinen Prinzen schonen wollte, oder [10]/ der persönliche Geschmack der Königinn dem Lärmen der Schlaginstru- / mente abhold ist.

Die Organisirung dieses Orchesters führt uns zur Vergleichung / desselben mit dem Orchester einer Königinn, welche vor beinahe drei / Jahrhunderten auf eben dem Throne saß, welchen nun Königinn [10]/ Victoria einnimmt.

E l i s a b e t h, geboren 1533, gekrönt 1558 und gestorben 1603, / liebte die Musik sehr und besaß selbst ein bemerkenswerthes Talent in / dieser Kunst; sie spielte auf dem Spinett (oder Virginal, wie man / dieses Instrument später in England hieß) die schwierigsten Composi- [15]/ tionen der damaligen Epoche, welche von den berühmtesten Tonsetzern / ihres Reiches für sie geschrieben wurden. Ihre Capelle bestand aus 9 / Sängern, 6 Chorknaben, 16 Trompetern, mehreren Harfen- und Lau- / tenspielern, 2 Violin- und 8 Viola da Gamba-Spielern, 2 Flötenspie- / lern, 6 Posaunisten, 3 Spinettspielern und 3 Trommlern. [20]

Elisabeth hörte gerne Musik während der Mahlzeit; diese Tafel- / musik bestand aber gewöhnlich nur aus 12 Trompeten, 2 Paar Pauken, / einigen Zinken, Trommeln und Pfeifen.

Wenn es übrigens wahr ist, was einige Ärzte vorgeben, daß näm- / lich der Schall der Instrumente auf die Oberbauchgegend wirkt, so [25]/ mußte eine solche Tafelmusik den Verdauungsproceß ungeheuer befördern.

---

vergl. dazus eine frühere Quelle (*Neue Zeitschrift für Musik IV./1, 1. Januar 1836, S. 4b [–]*), s. *III/11*. Dort ist noch von ‚9 Minstrels‘ die Rede, die zur Kapelle von Königin Elisabeth I. gehörten. Unter Min-

strels sind ,Spielleute' zu verstehen. Der Name geht auf mittelalterlich (altprovenzalisch, altfranzösisch) ,Ménestrels' zurück, ein Sammelbegriff für ,fahrende Musikanten', die sozialgeschichtlich eine bedeuten-de Rolle gespielt haben. Sie waren nicht nur auf den Marktplätzen (dabei abwertend als Akrobaten und Jongleure), sondern auch bei der aristokratischen Oberschicht gefragt. Sie traten dabei in Gruppen auf und vermittelten nicht nur die ernste zeitgenössiche Musik, son-dern durch Rezitationen auch die zeitgenössische Literatur.

III
308

Caecilia XXII./85, [zwischen] November 1842 bis [vor] April 1843, S. 40-41
[Vermischtes]

Bannstrahl gegen eine besondre Art geistlicher Musik.

Die gemeinen Pfaffen führten in dieser Periode (1144 / -1417) ein ärgerliches und gottloses Leben. An eini- / gen Orten (der Mark Brandenburg) war es so hergebracht, / dass, wenn die Bauern des Sonn- und Festtags in der / Schenke tanzen wollten, der Pfaffe die Geige dazu spielte; 5/ es wurde aber verboten, wie Zeichen und Wunder gescha- / hen. Das Gewitter schlug 1203 **) um Pfingsten zu Osse-

---

*) . . . .

**) In dussem Jahre geschah ein Wunderteecken by Stendal, / in dem Dorppe geheten Ossemer, dar sat der Perner des midwe- [40 10// 41]

mer bei Stendal ein, und lähmte dem zum Tanz fiedelnden / Pfarrer die rechte Hand, vier und zwanzig Personen wur- / den erschlagen, und dennoch konnte diese eingeführte Ge- / wohnheit nicht eher völlig abgeschafft werden, als bis der / Pabst mit dem Bannstrahl dazu kam und diese Art von 15/ geistlicher Musik gänzlich verbot.

. . . . .

ckens in dem Pingxsten und veddelte synen Buren to dem danse / da
quam ein Donreschlach, unde schloch dem perner synen Arm / aff mit
dem Veddelbogen, und XXIV Lüde tod upp dem tyn. / (In Chronico
picturato Brunsvicens. ad h. a. p.) [20]

J. C. W. Mọ̈hsen's Gesch. d. Wissenschaften in der / Mark
Brandenburg. Berlin, 1781. 4 pag. 126.

Pfaffe = ursprünglich eine Ehrenbezeichnung für einen katholischen
Priester, seit 1500 zunehmend abwertend bis heute als Schimpfwort
benutzt.

III
309

Euterpe II/3, März 1842, S. 47   *[Mannichfaltiges]*

Eine geachtete englische medizinische
Zeitschrift erzählt fast Unglaubliches / von der
frühen Entwickelung der musikalischen Anlagen
eines Kindes. Louise / Winning wurde 1836 in
Kinsbridge in einer Familie geboren, die sich schon
in / mehreren Generationen durch ihre
musikalischen Anlagen ausgezeichnet hatte. / Als
das Kind 9 Monate alt war, liebte es schon die
Musik, und hörte sogleich [5]/ auf zu weinen, sobald
auf einem Instrumente gespielt wurde. Louise
sang, / ehe sie sprechen konnte, und ihre
Leidenschaft für den Gesang steigerte sich so, /
daß sie nur in einer musikalischen Atmosphäre
leben zu können schien. Sie / sang im Schlafe, und
1839 einmal eine ganz neue Melodie mehrmals, so
daß / sie ihr Vater aufschreiben konnte. Thalberg
spricht in einem Briefe vom [10]/ 2. December 1839
von dem völlig correcten und angenehmen
Gesange dieses / Kindes, und Moscheles sprach

sich ebenfalls mit Bewundrung über diese merk- / würdige Erscheinung aus. Am 3. August 1840 sang Luise vor der Königin, / und später dreimal öffentlich. Sie singt blos die Töne ohne die Worte, und / wiederholt die schwierigste italienische Arie, sobald sie dieselbe zweimal gehört [15]/ hat. Ihr Talent ist gänzlich ein natürliches, da sie durchaus keinen Unterricht / erhalten hat. Ihre Stimme umfaßt zwei Octaven. Es begreift sich, daß das / Kind in London das größte Aufsehen macht, und daß man sich fragt, was aus / diesem Genie werden, ob es sich später wohl durch Werke, eines Mozart und / Beethoven würdig, äußern werde. [20]

(Schlesische Zeitung No. 288. 1841)   J.

J. = Friedrich August [Leberecht] Jakob, s. III/225.

III
310

Allgemeine musikalische Zeitung XLIV/14, 6. April 1842, Sp. 292-293
[Nachrichten]

Berlin. Am 6. Februar gab *Fr. Liszt* das zehnte / und letzte Concert . . .

[291 // 292] . . . Am 18. Februar / war „dem Genius, dem Künstler von Geist und Gemüth, / dem Ehrenmanne von Gesinnung und Charakter, *Franz* [5]/ *Liszt*" (wie die Ueberschrift eines Gedichts von Dr. *Fr. / Förster* lautete), im *Jagor*'schen Saale von Kunstgenos- / sen und Kunstfreunden „in dankbarster Erinnerung an / schöne Stunden frohester Begeisterung" ein solennes / Festmal bereitet. Beim Eintritt des von dem könig- [10]/ lichen General-Intendanten Herrn Grafen *v. Redern* / zu seinem Platze geleiteten Ehrengastes, wo derselbe / zwischen diesem und dem Rektor der Universität, un- / fern

Meyerbeer und *Fel. Mendelssohn-Bartholdy* sass, / ertönte der Ungarische Marsch von Militärmusik zur Be- [15]/ grüssung des Gefeierten, welchem nach Verlesung eines / bezüglichen Gedichts ein donnerndes Vivat gebracht / wurde. Auch von den anwesenden Studirenden wurde / ein jubelnder Toast proklamirt, welchen *Liszt* auf das / Wohl der Jugend erwiderte. Die königl. Akademie der [292 [20]// 293] Künste hatte den ausgezeichneten Tonkünstler zu ihrem / ordentlichen Mitgliede erwählt, und die Gesellschaft des / Festmahls verehrte demselben ein reich vergoldetes Me- / daillon mit obiger Inschrift. Mehrere patriotische, künst- / lerische und Commerz-Lieder wurden von den anwesen- [25]/ den königl. Sängern vorgetragen, und wechselten mit / der Tafelmusik ab. *Liszt* brachte zuletzt, als Vermitt- / ler der kirchlichen und weltlichen Macht, auf die Kom- / ponisten des Paulus und der Hugenotten noch einen / eigenen Toast aus, welcher mit allgemeiner Zustimmung [30]/ aufgenommen wurde. Um nun die musikalischen Ver- / handlungen über *Liszt* zu schliessen, erwähnen wir an- / ticipirend gleich das von demselben am 2. März gege- / bene Abschiedsconcert im königl. Opernhause. . . . [293 // 294] . . .

Ohne Paganini Unrecht zu tun, hat kein Instrumentalkünstler im 19. Jahrhundert eine solche ans Irrationale grenzende dauerhafte Anerkennung gefunden wie Franz Liszt. Paganini wurde seines an He-xerei grenzenden Violinspiels konkurrenzlos bewundert; bei Liszt kamen zum unübertroffenen Klavierspiel und der Richtung weisen-den Neuartigkeit der Kompositionen des Künstlers wie der scharfsin-nigen Analysen des Schriftstellers die Charaktereigenschaften des Menschen hinzu: seine Wohltätigkeit, seine Uneigennützigkeit, seine Hilfsbereitschaft auch Kollegen gegenüber, die hinter seinem Rücken ungut über ihn sprachen (wie etwa Clara Schumann), seine Anerken-nungsbereitschaft fremder Leistungen, sein Einfühlungsvermögen und seine nie verletzende geistreiche Gesprächsbereitschaft. – Fried-rich Christoph Förster (1791-1868), während der Befreiungskriege gegen Napoleon Oberleutnant (Premierleutnant) bei den ‚Lützower Jägern‘, war mit

Goethe und insbesondere mit Hegel befreundet und als Dichter und Schriftsteller angesehen. Er lehrte zeitweise Kriegs-geschichte und war zuletzt Direktor des Berliner Münzkabinetts und des Ethnographischen Museums.

III
311

Allgemeine musikalische Zeitung XLIV/14, 6. April 1842, Sp. 300   *[Feuilleton]*

In dem bei Gelegenheit der Taufe des Prinzen von Wales zu / London gegebenen grossen Concert wurden lauter deutsche Musik- / stücke aufgeführt, und zwar folgende: Ouverture „Meeresstille / und glückliche Fahrt" von Mendelssohn-Bartholdy; – Sympho- / nie von Mozart; – Symphonie von Beethoven; – Ouverture zu [5]/ Faust von Lindpaintner; – Scherzo und Allegro aus der ersten / Symphonie von Mendelssohn-Bartholdy; – Festouverture von Marschner. – Bei der Taufhandlung selbst war das Hauptmusik- / stück das Hallelujah aus Händel's Messias.

Stärker als die anderen Musikblätter entwickelt die ‚Allgemeine musikalische Zeitung' unter Finks Redaktion eine eigene Art von National-stolz, der sich vor allem gegen Frankreich richtet, s. beispielsweise III/123.

III
312

Neue Zeitschrift für Musik XVI./31, 15. April 1842, S. 122b-124b   *[–]*

[122b /// 124a] . . .

Halsstarriger beharrte wohl Niemand auf seiner / Ueberzeugung, als Cherubini, namentlich gab er in Be- / treff der Harmonie nicht einmal die Erweiterung der be- / stehenden Regeln, geschweige die Möglichkeit einer

Modi- [5]/ fication derselben zu. Er hatte über diesen Gegenstand / oft sehr lebhafte Debatten mit dem Professor Reicha / und Choron, und als einst ein systematischer Theoretiker, / weniger bekannt als diese beiden Meister, dabei aber eben / so eisern in der wunderlichen Lehre von der musikalischen [10]/ Theologie, deren Schüler und zugleich Begründer er ist, / ihm beharrlich widersprach, so daß Cherubini seinen hart- / näckigen Widersacher nicht beseitigen konnte, rief er mit / überwallendem Zorne aus: „Gehen Sie fort von mir, / gehen Sie, sage ich, oder ich stürze mich zum Fen- [15]/ ster hinaus und Sie kommen in Verdacht des Mor- / des!"

Er hatte ein sehr caustisches Wesen an sich; seine / Unterhaltung war voll von beißenden Bemerkungen und / von Entgegnungen, die in ihrem Laconismus nur um so [20]/ stechender und verletzender waren.

So ging er eines Tages in die Cour des Menus- / Plaisirs zu der Zeit, wo gerade ein junger Componist / von meiner Bekanntschaft ein Concert gab. Jemand / wollte ihn mit in den Saal nöthigen, um die neue Sym- [25]/ phonie anzuhören, welche später zu so lebhaften musika- / lischen Erörterungen den Text geben sollte: „Lassen Sie / mich in Frieden!" sagte damals Cherubini, „ich mag / nicht wissen, wie man's nicht machen muß!"

Ein andres Mal hatte ich mich bei einer Wiederho- [30]/ lung der großen Missa solemnis von Beethoven gegen / die darin enthaltene Fuge in D-Dur mit einer Frei- / müthigkeit ausgesprochen, welche, wie ich glaube, durch / meine Bewunderung für den großen Tondichter zu ent- / schuldigen ist, als auf einmal ein ohne Zweifel und beson- [35]/ ders zu jener Zeit verdienter Pianist, der auch viel com- / ponirt hat, für den fugirten und antireligiösen Lärm / Beethoven's Partei nahm. Während des Streites tritt / Cherubini in den Saal, und ungeachtet ich zur Ruhe / winkte, setzte mein Gegner die Discussion so heftig fort, [40]/ daß er gerade Cherubini's Aufmerksamkeit erregte.

„Was [124a //124b] ist?" rief Cherubini, indem er sich lebhaft umdrehte. – / „Der Herr hier mag nichts von der Fuge wissen," er- / wiederte perfider Weise der Virtuos. – „Hm," sagte / Cherubini, „weil die Fuge nichts von ihm wissen 45/ mag!"

Cherubini war selbst gegen seine Schüler unbarm- / herzig, wenn sich ihm ein witziger Einfall darbot. Einer / seiner Schüler wollte eine neue Oper aufführen. Che- / rubini wohnte der Hauptprobe in einer Loge bei. Nach 50/ dem zweiten Acte trat der junge Componist voll Angst / in die Loge und hoffte vergebens auf einige freundliche / Worte, die man in solchen Fällen gar nöthig hat. / „Nun, verehrtester Meister!" sprach er endlich, „Sie / sagen mir gar nichts?" – „Was Teufel soll ich Dir 55/ denn sagen?" antwortete Cherubini, „ich habe Dir schon / zwei Stunden lang zugehört und Du sagst mir gar / nichts!" – Dies Wort war eben so unbarmherzig als / ungerecht; das Werk des Schülers fand übrigens großen / Beifall. – 60

H e c t o r   B e r l i o z.

Der Text bildet den Abschluss des (ausschließlich Cherubini gewid-meten) 27. Berichtes aus Paris von Hector Berlioz. – Der in Frank-reich lebende italienische Opern- und Kirchenmusikkomponist Luigi Cherubini (1760-1842) war zu seiner Zeit hoch angesehen und wurde von Beethoven als einer der größten dramatischen Komponisten überhaupt und auch von Haydn bewundert. Cherubini begründete die Schreckens- (Revolutions- oder Rettungs-) Oper (zu der auch Beet-hovens ‚Fidelio' zählt) und schrieb in einem strengen, aber, wie das die Zeitgenossen nannten, ‚edlen' Stil (den man auch Spontini und dem frühen Wagner (‚Rienzi') zuerkannte. Seit 1816 war Cherubini Professor für Komposition, seit 1822 Direktor des Pariser Konserva-toriums (Musikhochschule). – Anton Reicha (1770-1836) war ein ein-flußreicher Musiktheoretiker und erfolgreicher Instrumentalist und Komponist und seit 1818 Nachfolger von Méhul als Professor für Komposition am Pariser Konservatorium (Lehrer unter anderen der französischen Komponisten Berlioz, Gounod und César Franck). Reicha und Beeethoven verband eine lange Freundschaft. Reicha spielte im Bonner Hoforchester (1794 als Folge der kriegerischen Ereignisse aufgelöst) Flöte, Beethoven Bratsche. – Alexandre-Étien-ne Choron

(1771-1834) veröffentlichte 1810-1811 ein berühmt ge-wordenes französisches Musiklexikon und gründete eine eigene Aus-bildungsschule, aus der zahlreiche Berühmtheiten hervorgingen. – caustisch (kaustisch) = scharf im Sinne von ätzend. – Laconismus = Lakonismus = nüchtern (schmucklos, ohne Beiwerk) auf die Sache bezogenes Verhalten (Ausdrucks-weise; lakonisch = spartanisch).

III
313

Neue Zeitschrift für Musik XVI./31, 15. April 1842, S. 124b   *[Vermischtes]*

Das Rasirmesserquartett.

Joseph Haydn, da er zum erstenmale die Weltstadt Lon- / don besuchte, kehrte bei Bland, dem Musikverleger Nr. 45 in / High Holbornstraße, ein, der Nachstehendes von dem großen / Tonmeister zu erzählen pflegte: Als ich nach dem Festlande / schiffte, Haydn für die Concerte Salamon's zu werben, wurde [5]/ ich bei ihm eingeführt, als er eben im Begriffe war, sich den / Bart zu scheeren, gewiß keine der angenehmsten Lagen, selbst / wenn man gute Scheermesser besitzt; aber dem armen Haydn / fehlte sogar dieser Trost, was er tief fühlte und aussprach. / „Ach, Herr Bland, sagte er, wenn ich ein englisches Scheer- [10]/ messer hätte, wollte ich das beste Werk drum geben, das ich / je niederschrieb!" Ohne zu antworten lief ich unmittelbar / nach meinem Gasthofe und brachte mein bestes Scheermesser- / paar. Als ich dieses dem großen Manne darbot, legte er in / meine Hand die Handschrift eines seiner Quartette, das ich [15]/ später in Stich gab und nie anders als mein Scheermesser- / quartett nannte. (The musical world.)

Mit John Blands ‚Scheermesserquartett', heute ‚Rasirmesser-Quar-tett' (englisch: The Razor) ist Haydns Streichquartett in f-moll Op. 55

Nr.2 (Hob III:61) gemeint. Der Vorgang spielte sich im November 1789 in Esterházy während der normalen täglichen Rasur ab (Haydn trug keinen Bart). William Gardiner machte ihn in seinem Buch „*Mu-sic and Friends or Pleasant Recollections of a Dilettante*" von 1838 erstmals bekannt. – William Gardiner (1770-1853), im Hauptberuf Fa-brikbesitzer (Strumpfwaren), war ein englischer Komponist ohne Be-rufsstudium (Dilettant) mit zeitgenössisch geschätzten Neigungen zur Schriftstellerei, Philosophie und Astronomie. Als Erster Beethovens Musik in England bekannt gemacht zu haben, ist, auf Deutschland und Österreich bezogen, seine bedeutendste organisatorische Lei-stung gewesen. – John Bland ([1750]-[1840] war ein englischer Mu-sikverleger und Musikalienhändler. – Der Name des in Bonn gebore-nen und 1781 nach London gegangenen Geigers Johann Peter Salo-mon (nicht: Salamon, 1745-1815) hat vor allem als Konzertunterneh-mer Berühmtheit erlangt, weil er Haydns Aufenthalte in England und damit unmittelbar die Komposition der Londoner Symphonien Haydns veranlasste.

III
314

Neue Zeitschrift für Musik XVI./33, 22. April 1842, S. 132b

[Vermischtes]

* * * Ein englisches Blatt macht folgenden guten Puff: / Zwei Städte in Amerika thaten sich beide etwas darauf zu / Gute, daß sie der Geburtsort des tiefsten Basses, der jemals / gehört wurde. Beiderseits geschahen nun Herausforderungen / zu einem Baßstimm-Wettkampfe. Es wurden unparteiische [5]/ Richter aufgestellt, welche über die Tiefe der beiden Bässe ein / Urtheil fällen sollten. Es wurden eigends Stücke für de bei- / den Sänger geschrieben, welche auf ihre Mittel berechnet wa / ren. Das war ein Gebrumme, wie man es niemals gehört. / Der Sieg blieb lange Zeit unentschieden. Endlich machte der [10]/ Eine einen Gang in die Tiefe, welchen ihm der Andere nicht / nachsingen konnte, und Jener erhielt den Preis. Allein, trau- / riger Zufall! der

singende Baß stieg so tief hinunter, daß er / in die
höheren Lagen nicht mehr zurücksteigen konnte. –

mittlerer Asterisk tief gestellt. – Das Wort >Puff< hat zu dieser Zeit noch
ausschließlich die Bedeutung von Falschnachricht im Sinne von
Zeitungs-Ente.

III
315

Allgemeine Wiener Musik-Zeitung II/53-54, Dienstag-Donnerstag 3./5. Mai 1842,
S. 218b-220a   [–]

Aerztlicher Rückblick auf L. van Beethoven's letzte Lebensepoche.

Von weil. Andreas W a w r u ch,
Dr. Med. und k. k. ord. Professor der med. Praxis*).
Wien, den 20. Mai 1827.

Nach Mozart und Haydn sank nun auch der letzte
Triumvir / im Gebiete der Tonkunst Österreichs,
allgemein und tief betrauert, da- / hin. Da ein Mann,
dessen Muse die Welt hohe Achtung zollte, dessen /
Riesentalent und hoch gefeierter Name bis an die
äußersten Gränzen / der civilisirten Menschheit drang,
der Geschichte seiner Kunst fortan an- 5/ gehört; so
glaube ich mich einer heiligen Pflicht zu entledigen, wenn
/ ich als der ihn behandelnde Arzt einige
Merkwürdigkeiten aus seiner / Krankheitsperiode
aushebe, um sie seinen zahllosen Verehrern und Freun-
/ den darzulegen. Seltene Talente seiner Art sind
gemeiniglich bis zum / Hinscheiden an interessanten
Momenten reich, die Niemand besser als 10/ der
befreundete Arzt zu sammeln vermag. Dieser kurze
Aufsatz ist da- / her keine förmliche Krankheitsgeschichte
(denn was könnte eine solche den / Nichtkennern der
Kunst Anziehendes bieten?), wohl aber eine einfache /

Erzählung der Thatsachen in Bezug auf Beethoven's muthvolles / Dulden und fromme Ergebung, mit welcher er dem herannahenden [15]/ Ende entgegenblickte.

Ludwig van Beethoven versicherte, von seiner frühesten Jugend / an eine rüstige, dauerhafte, durch mancherlei erduldetes Ungemach ab- / gehärtete Gesundheit besessen zu haben, welche selbst durch die angestreng- / testen Lieblingsarbeiten, durch ein ausdauerndes tiefes Studium nicht [20]/ im geringsten erschüttert zu werden vermochte. Von jeher sagte die ein- / same nächtliche Stille seiner glühenden Phantasie am freundlichsten zu. / Er schrieb daher gewöhnlich bis um drei Uhr nach Mitternacht. Ein kurzer / Schlaf von 4-5 Stunden reichte vollkommen hin, ihn zu erquicken. / Nach genossenem Frühstücke saß er wieder bis zwei Uhr Nachmittags am [25]/ Schreibepulte.

Doch mit dem Eintritte ins 30. Lebensjahr stellten sich Hämor- / rhoidalleiden mit einem lästigen Klingen und Sausen in beiden Ohren / ein. / Bald wurde er schwerhörig, und obwohl er oft monatelange un- / getrübte Zwischenräume besaß, wuchs sein Übel endlich zur völligen [30]/ Taubheit an. Alle Versuche der Kunst blieben fruchtlos. Beinahe um / dieselbe Zeit empfand Beethoven, daß die Verdauung zu leiden / anfing; gestörte Eßlust brachte Unverdaulichkeit, lästiges Aufstoßen, / bald hartnäckige Verstopfung, bald oftmaliges Abweichen.

Nie gewohnt, an einen ärztlichen Rath ernstlich zu denken, fing [35]/ er an, geistige Getränke zu lieben, um die abnehmende Eßlust zu we- / cken, und der Schwäche des Magens durch starken Punsch und Gefro- / renes im Übermaß genossen, durch lange ermüdende Excursionen zu

---

*) Diese allen Verehrern des großen Todten hochinteressante Mit- / theilung ist der geachteten hiesigen „Wiener Zeitschrift"

des Hrn. [40]/ Witthauer entnommen, der sie mit folgender Anmerkung be- / gleitet:

„Der hier folgende Aufsatz ist erst vor Kurzem in dem Nachlasse / „des hochverdienten, allgemein betrauerten Professors Dr. W a w- / „r u ch aufgefunden und der Redaction dieser Blätter von der [45]/ „Witwe des Verstorbenen, durch gefällige Vermittelung des Hrn. / „A. F u ch s, zur Veröffentlichung anvertraut worden. Das eigen- / „händige Manuscript des Verfassers, dem beigefügten Datum zu- / „folge unmittelbar nach dem Tode des großen Tonmeisters nieder- / „geschrieben, ist, wie sich das von selbst versteht, unverändert ab- [50]/ „gedruckt worden und nur der Schluß weggeblieben, welcher, / „außer dem ohnehin schon bekannt gewordenen Obductionsberichte, / „lediglich streng medicinische, mithin dem Zwecke dieser Mitthei- / „lung fern liegende Bemerkungen enthält." [218b // 219a]

Fuße einigermaßen aufzuhelfen. Gerade diese Änderung seiner Lebens- [55]/ weise hatte ihn vor etwa sieben Jahren an den Rand des Grabes ge- / führt. Er bekam eine heftige Gedärmentzündung, die zwar der Kunst / wich, jedoch in der Folge oftmalige Gedärmleiden und Kolikschmerzen / veranlaßte, die auch zum Theile die spätere Entwicklung seiner tödli- / chen Krankheit begünstigen mußten.

Im Spätherbste des verflossenen Jahres (1826) entstand bei Beet- [60]/ hoven der unwiderstehliche Drang, seiner wankenden Gesundheit wegen / sich zur Erholung auf's Land zu begeben. Da er seiner vollständigen / Taubheit wegen jede Gesellschaft sorgfältig vermied, so war er unter / den ungünstigsten Umständen, Tage, ja Wochen lang sich selbst über- / lassen. Er schrieb oft mit seltener Ausdauer am Abhange eines Wald- [65]/ hügels an seinen Werken und lief dann nach beseitigter Arbeit, vom / Nachdenken noch glühend, und oft jeder Witterung trotzend, nicht sel- / ten selbst im rauhen

Schneegestöber stundenlang in den unwirthbarsten / Gegenden umher. Seine schon von Zeit zu Zeit ödematösen Füße fingen / an zu schwellen, und da er (seiner Betheuerung nach) jede Lebensbe- 70/ quemlichkeit, jede gemächliche Erquickung entbehren mußte, so nahm / sein Übel schnell überhand.

Beängstigt durch die traurige Aussicht in die düstere Zukunft, im / Erkrankungsfalle auf dem Lande hilflos zu seyn, sehnte er sich nach / Wien zurück und benützte nach seiner jovialen Aussage das elendeste 75/ Fuhrwerk des Teufels, einen Milchwagen, zur Heimkehr.

Der December war rauh, naßkalt und frostig, Beethoven's_ _/ Bekleidung nichts weniger als der unfreundlichen Jahreszeit angemessen, / und doch trieb ihn eine innere Unruhe, eine düstere Unglücksahnung / fort. Er war bemüßigt, in einem Dorfwirthshause zu übernachten, 80/ worin er außer dem elenden Obdache nur ein ungeheiztes Zimmer ohne / Winterfenster antraf. Gegen Mitternacht empfand er den ersten er- / schütternden Fieberfrost, einen trockenen, kurzen Husten von einem hef- / tigen Durste und Seitenstechen begleitet. Mit dem Eintritte der Fieber- / hitze trank er ein Paar Maß eiskalten Wassers und sehnte sich in sei- 85 / nem hilflosen Zustande nach dem ersten Lichtstrahl des Tages. Matt / und krank ließ er sich auf den Leiterwagen laden und langte endlich / kraftlos und erschöpft in Wien an.

Erst am dritten Tage wurde ich gerufen. Ich traf Beethoven / mit den bedenklichen Symptomen einer Lungenentzündung behaftet an; 90/ sein Gesicht glühte, er spuckte Blut, die Respiration drohte mit Er- / stickungsgefahr und der schmerzhafte Seitenstich gestattete nur eine quä- / lende Rückenlage. Ein streng entzündungswidriges Heilverfahren schaffte / bald die erwünschte Linderung; seine Natur siegte und befreite ihn durch / eine glückliche Krise von der augenscheinlichen Todesgefahr, so daß er [95]/ am fünften Tage sitzend im Stande war, mir sein bisher erlittenes Un- / gemach mit tiefer Rührung zu schildern. Am siebenten Tage fühlte er / sich erträglich wohl, daß er aufstehen, herumgehen, lesen und schrei- / ben konnte.

Doch am achten Tage erschrak ich nicht wenig. Beim Morgenbe- [100]/ suche fand ich ihn verstört, am ganzen Körper gelbsüchtig; ein Schreck- / barer Brechdurchfall drohte ihn die verflossene Nacht zu tödten. Ein hef- / tiger Zorn, ein tiefes Leiden über erlittenen Undank und unverdiente / Kränkung veranlaßte die mächtige Explosion. Zitternd und bebend / krümmte er sich vor Schmerzen, die in der Leber und in den Gedär- [105]/ men wütheten und seine bisher nur mäßig aufgedunsenen Füße waren / mächtig geschwollen.

Von diesem Zeitpuncte an entwickelte sich die Wassersucht; die / Urinaussonderung wurde sparsamer, die Leber bot deutliche Spuren von / harten Knoten, die Gelbsucht stieg. Ein liebevolles Zureden seiner [110]/ Freunde besänftige bald den drohenden Aufruhr und der Versöhnliche / vergaß jede ihm angethane Schmach. Doch rückte die Krankheit mit [219a // 219b] Riesenschritten vorwärts. Schon in der dritten Woche stellten sich nächt- / liche Erstickungszufälle ein; das enorme Volum der Wasseransammlung / forderte schnelle Hilfe und ich fand mich bemüssigt, den Bauchstich vor- [115]/ zuschlagen, um dadurch der plötzlichen Berstungsgefahr vorzubeugen. / Nach ein paar Augenblicken ernsten Nachsinnens willigte Beethoven / in die Operation ein, um so mehr, da der zur ärztlichen Berathschla- / gung erbetene Ritter v. Staudenheim dasselbe Mittel als uner- / läßlich dringend empfahl. Der Primarwundarzt des allgemeinen Kran- [120]/ kenhauses Mag. Chir. Hr. Seibert machte den Bauchstich mit der / ihm gewöhnlicher Kunstfertigkeit, so daß Beethoven beim Erbli- / cken des Wasserstromes mit einem freudigen Gefühle ausrief, der / Operateur komme ihm wie Moses vor, der mit seinen Stabe auf den / Felsen schlug und demselben Wasser entlockte. Die Erleichterung trat [125]/ bald ein. Die Flüssigkeit betrug 25 Pfund, doch der Nachfluß gewiß / fünfmal so viel.

Eine Unvorsichtigkeit, die den Wundverband des Nachts löste, ver- / muthlich um alles enthaltene Wasser schnell zu entfernen, hätte beinahe / die Freude des Besserbefindens ganz verleidet. Eine heftige rothlaufartige [130]/ Entzündung stellte sich ein und wies die ersten Brandspuren, doch das / sorgfältige Trockenhalten der Wundlippen setzte dem Übel bald Schran- / ken. Zum Glücke waren die folgenden drei Operationen ohne die ge- / ringsten Anstände.

Beethoven wußte nur zu gut, daß die Paracentese nur [135]/ ein Palliativmittel biete, und machte sich daher auf das erneuerte Stei- / gen des Wassers gefaßt, um so mehr, da die regnerische kalte Winters- / zeit die Wiederkehr des Übels begünstigen, und die Krankheitsursache, / die in verjährten Leberleiden, so wie in organischen Fehlern der Unter- / leibseingeweide ihren Sitz hatte, verstärken mußte. [140]

Merkwürdig bleibt es, daß Beethoven selbst nach glücklich vol- / lendeten Operationen fast keine Medicamente vertrug, wenn man die / leicht und sanft auflösenden davon ausnimmt. Die Eßlust nahm von Tag / zu Tag ab und die Kraft mußte durch den oftmaligen großen Säftever- / lust bedeutend schwinden. Daher kam Dr. Malfatti, der von nun [145]/ an mich mit seinem Rathe unterstützte und als langjähriger Freund / Beethoven's vorherrschende Neigung für geistige Getränke zu wür- / digen verstand, auf den Einfall, Punschgefrornes anzurathen. Ich muß / eingestehen, daß diese

Verordnung wenigsten ein paar Tage trefflich / wirkte. Beethoven fühlte sich durch das weingeisthältige Gefrorne ¹⁵⁰/ so mächtig erquickt, daß er gleich die erste Nacht ruhig durchschlief / und mächtig zu schwitzen anfing. Er wurde munter und oft voll witzi- / ger Einfälle und träumte sogar, sein begonnenes Oratorium: „Saul / und David" endigen zu können.

Doch dauerte, was vorauszusehen war, seine Freude nicht lan- ¹⁵⁵/ ge. Er fing an die Verordnung zu mißbrauchen und sprach dem Punsche / wacker zu. Das geistige Getränk verursachte bald einen heftigen Andrang / des Blutes nach dem Kopfe; er wurde soporös und röchelte gleich einem / im tiefen Rausche sich Befindenden, fing an irre zu reden und einige Mal / gesellte sich ein entzündlicher Halsschmerz , mit einer Heiserkeit, ja sogar mit ¹⁶⁰/ Stimmlosigkeit dazu. Er wurde stürmischer, und als nun von der Ver- / kühlung der Gedärme Kolik und Durchfall entstand, war es hoch an / der Zeit, ihm diese köstliche Labung zu entziehen.

Unter so bewandten Umständen bei einer rasch zunehmenden Ab- / magerung und einem bedeutenden Sinken der Lebenskraft verfloß der ¹⁶⁵/ Jänner, Februar und März. Beethoven prognosticirte sich in trüben / Stunden des Selbstgefühls nach der vierten Paracentese seine heran- / nahende Auflösung und er irrte nicht. Mein Trost vermochte ihn mehr / aufzurichten, und als ich ihm mit der herannahenden belebenden Früh- / lingswitterung Linderung seiner Leiden tröstend verhieß, entgegnete er ¹⁷⁰/ mir lächelnd: „Mein Tagwerk ist vollbracht; wenn hier noch ein Arzt [219b // 220a] helfen könnte, his name shall be called wonderful!" – Diese / betrübende Anspielung auf Händel's „Messias" ergriff mich so mäch- / tig, daß ich in meinem Innern die Wahrheit des Ausspruches mit tiefer / Rührung bestätigen mußte. ¹⁷⁵

Nun rückte der unglücksschwere Tag immer näher heran. Meine / schöne und oft so schwere Berufspflicht als Arzt hieß mich, den befreun- / deten Dulder auf den verhängnißvollen Tag aufmerksam zu machen, da- / mit er den Pflichten des Bürgers und der Religion Genüge leiste. Mit / der zartesten Schonung schrieb ich die mahnenden Zeilen auf ein Blatt [180]/ Papier (denn nur so machten wir von jeher uns einander verständlich). / Beethoven las das Geschriebene mit einer beispiellosen Fassung lang- / sam und sinnend, sein Gesicht glich dem eines Verklärten; er reichte mir / herzlich und ernst die Hand und sagte: „Lassen Sie den Herrn Pfarrer / rufen." Nun wurde er still und nachdenkend und nickte mir sein: „Ich [185]/ sehe Sie bald wieder," freundlich zu. Bald darauf verrichtete Beet- / hoven mit frommer Ergebung, die getrost in die Ewigkeit blickt, seine / Andacht und wandte sich zu den ihn umgebenden Freunden mit den / Worten: „Plaudite amici, finita est comoedia!

Nach einigen Stunden verlor er die Besinnung, fing an komatös [190]/ zu werden und zu röcheln. Am folgenden Morgen waren alle Sym- / ptome der herannahenden Auflösung da. Der 26. März war stürmisch, / trüb, ein Schneegestöber mit Donner und Blitz erhob sich gegen die / sechste Nachmittagsstunde. – Beethoven starb. – Würde ein rö- / mischer Augur aus dem zufälligen Aufruhr der Elemente nicht auf seine [195]/ Apotheose geschlossen haben?

Asterisk (Zeile [38]) leicht, Kommentartext (Zeilen [39-54]) noch etwas wieter nach rechts bündig eingerückt. – His name shall . . . = Sein Name wird heißen Wunder-barer; Plaudite amici . . . = Klatscht Beifall, Freunde, das Stück ist zu Ende. – Paracentese (Parazentese) = chirurgicher Entlastungs-Einchnitt. – Andreas Ignaz Wawruch (1782-1842) war zuletzt Professor der Medizin an der Wiener Universität und der Medizinischen Klinik für Wundärzte.

Allgemeine musikalische Zeitung XLIV/18, 4. Mai 1842, Sp. 381-382

[Feuilleton]

In Betreff der Paganini'schen Beerdigungsangelegenheit (s. d. / Bl. 1841, S. 1049) meldet die Berliner Allgemeine Kirchenzeitung / aus Rom: Paganini starb bekanntlich zu Nizza; er war bekannt / wegen seines unordentlichen Lebenswandels und seiner Irreligion; / von Erfüllung der österlichen Pflicht war keine Rede, und auf [5]/ dem Todtenbette wies er die Hilfe der Kirche zurück. Dies wurde / erwiesen durch eine Untersuchung, welche der Bischof von Nizza / auf Antrag der Testamentsvollstrecker vornehmen liess und in / Folge deren am 28. Juli 1840 eine förmliche Sentenz erfolgte, die / auch der Metropolitan, der Erzbischof von Genua, bestätigte. Zu [381 [10]// 382] bemerken ist, dass Paganini eingeschrieben war als Confrère et / protecteur bei der Confrèrie charitable de St. Jacques de la réu- / nion du Vendredi-saint; dabei stand er in solchem Rufe, dass der / Priester Garaccio sich nicht in sein Haus zu seinem Sohne wagte, / weil er fürchtete, von dem Vater übel empfangen zu werden. Der [15]/ Leichnam, welcher bis zur Bestätigung des Urthels noch über der / Erde stand, ist ausserhalb des Kirchhofs eingescharrt und der / Name Paganini's aus dem Parochialregister gestrichen worden.

Parochialregister = Pfarrgemeinderegister.

Allgemeine Wiener Musik-Zeitung II/65, Dienstag 31. Mai 1842, S. 268a-268b
[Miscellen]

Wirkung der Musik auf Thiere.

Von musikalischen Spinnen und Elephanten hat man schon gehört; / wer sollte aber wohl glauben, daß es musikalische Hühner gebe? Und [268a // 268b] doch scheint sich dieß durch folgende zuverlässige und buchstäblich richtige / Thatsache zu erweisen. Nahe beim Schlosse St. James in London / wohnt eine angesehene Familie, welche einiges Federvieh hält. Zu des [5]/ Referenten großer Verwunderung hörte er mehrmals, daß eines der / Hühner die hervorstechenden Töne der Musik, die auf der Parade ge- / spielt wurde, völlig rein in ihrem Singetone nachtra – trate. Dieß / machte ihn aufmerksam und er fand, daß diese äußerst feinhörige Henne / von allem Spielen und Singen, das sie hörte, die hervorstechendsten [10]/ Töne auf dieselbe Art rein nachahmte. Die Töne der Glocke, wenn / die Uhr die Stunde schlägt, das Krähen des Hahns selbst ahmt sie nach, / und zwar nicht als Krähen, sondern den Hauptton, in ihrer Tra-tra- / Singart. Sollte diese Bemerkung nicht Naturfreunde, deren Hühner / Spielen und Singen zu hören Gelegenheit haben, auf ähnliche Beob- [15]/ achtungen aufmerksam machen? An Pfauen hat ein Freund des Refe- / renten bemerkt, daß auch diese wenigstens sehr aufmerksam auf Musik / sind; denn sie kamen, so oft dessen Töchter sangen, unter die Fenster / derselben und blieben daselbst bis der Gesang aufhörte. Selbst das / roheste der Hausthiere, das Schwein, an dem man auch schon den fei- [20]/ nen Geruch eines Spürhundes bemerkt haben will, scheint Gefühl für / Musik zu haben. Eine Familie zu Hertfort hatte ein junges Schwein, / welches, sobald im

Unterzimmer gespielt und gesungen wurde, her- / beikam und blieb, bis die Musik aufhörte. Ein Pferd von der königli- / chen Leibgarde in London, welches ausgemustert worden und einem 25/ Emigranten zugefallen war, hörte eines Morgens, da dieser im Park / ritt, das Trompetensignal der Garde, und schloß sich, was auch der / Reiter dagegen versuchte, unaufhaltbar mit demselben an sein Regi- / ment an, zur großen Belustigung aller Anwesenden.

A. M. Z. 30

Das Thema ‚durchbrennendes Pferd' wurde von Karl May in seiner im Februar 1878 in der Zeitschrift ‚Frohe Stunden' erschienenen Geschichte „Husarenstreiche. Ein Schwank aus dem Jugendleben des alten ‚Marschall Vorwärts'" aufgegriffen und 1927 in einer veränder-ten Zweitausgabe unter dem Titel „Der Glücksschimmel" in Band 47 (‚Professor Vitzliputzli') der Gesammelten Werke neu veröffentlicht. Ein ausgedienter Husarenwachtmeister bekommt ein ausgemuster-tes Kavalleriepferd geschenkt, das sich, als es Armeesignale hört, mit dem neuen Besitzer auf dem Rücken unhaltbar der vorüber galoppie-renden Schwadron anschließt und am Ende in einem Teich landet.

III
318

Allgemeine Wiener Musik-Zeitung II/66, Donnerstag 2. Juni 1842, S. 272b
[Musikalischer Salon] [Miscellen]

Wirkung der Musik auf einen Taubgebornen, welcher / das Gehör erlangt hatte.

Magendie führt in seiner Physiologie*) einige Beispiele von / Menschen an, welche das Gehör in einem Alter erhalten haben, wo / sie von ihren Empfindungen Rechenschaft ablegen konnten; bei allen / bildete sich die Stimme kurze Zeit nachdem sie das Gehör erhalten / hatten. Ein solcher Fall ereignete sich vor längeren Jahren in Paris 5/ Ein taubstummer junger Mensch von 15 Jahren wurde, vermittelst / durch eine Öffnung im

Trommelfelle gemachter Einspritzungen in die / Paukenhöhle, von der Taubheit geheilt. Zuerst vernahm der junge / Taube den Schall der benachbarten Glocken, und wurde in diesem / Augenblicke heftig erschüttert, er bekam sogar Kopfschmerzen und Schwin- [10]/ del; am andern Tage vernahm er den Schall der Klingel des Zim- / mers; zwanzig Tage darauf erkannte er die Stimme von Personen, / welche mit ihm sprachen; da war seine Freude gränzenlos, er konnte / nicht satt werden, sprechen zu hören. „Seine Augen," sagt der Pro- / fessor Percy, „suchten die Sprache bis auf die Lippen." Bald ent- [15]/ wickelte sich seine Stimme; anfangs bildete er nur unbestimmte Laute; / kurz darauf konnte er einige Worte stammeln, er sprach sie aber schlecht / und wie ein Kind aus; es dauerte einige Zeit, ehe der Knabe etwas / zusammengesetzte und mehrere Mitlaute enthaltende Worte aussprechen / lernte. Man ließ ihn, ohne daß er darauf vorbereitet war, eine Dreh- [20]/ orgel hören, auf der Stelle sah man ihn zittern, blaß werden und nahe / daran in Ohnmacht zu fallen, sodann in eine Freude ausbrechen, wie / sie ein lebhaftes ungekanntes Vergnügen gewährt; seine hochgefärbten / Wangen, seine blitzenden Augen, sein schnelles Athmen, sein rascher / Puls verkündeten eine Art von Wahnsinn, Trunkenheit und Glück. [25]

Man hätte gewiß noch mehrere auffallende Erscheinungen an die- / sem jungen Menschen bemerkt, wenn ihn nicht eine Krankheit den phi- / losophischen Ärzten, welche ihn beobachteten, entrissen hätte.

A. M. Z.

---

*) F. M a g e n d i e Grundriß der Physiologie, aus dem Franzö- [30]/ sischen übersetzt von Dr. H e u s i n g e r. Eisenach 1820.

Allgemeine Wiener Musik-Zeitung II/67, Samstag 4. Juni 1842, S. 276b
[Musikalischer Salon] [Miscellen]

D a s   a u f r i c h t i g e   B e k e n n t n i ß.

Einem Dorfcantor fiel ein, wie er das Kirchmeßfest und dabei / auch seine Wenigkeit durch Aufführung einer neuen großen Kirchenmusik / vor seiner Gemeinde einmal recht verherrlichen könnte. Telemann, / der bekannte fruchtbare Kirchencomponist in dem benachbarten Gotha, / sollte sie ihm componiren, seine Confratres aus der Nähe mit ihren Ad- [5]/ juvanten sollten zur Ausführung helfen. Hoffnungsvoll wanderte er zu / Telemann und trug ihm sein Anliegen dringend vor. Telemann / kannte den Cantor und die ganze Confraternität als armselige Schächer / und machte Ausflüchte; aber umsonst: der Cantor wurde immer unge- / stümer und war nicht abzuweisen. Telemann, den diese Zudringlich- [10]/ keit halb verdroß und halb belustigte, fragte endlich nach dem Texte zu / dieser Cantate. „Den" meinte der Cantor „möchte Telemann nur / selbst wählen, einen Bibelspruch oder was er sonst Passendes fände." / Telemann sagte nun zu, hieß den hocherfreuten Cantor die Probe / bestellen, und versprach, sich selbst dazu mit einigen Bekannten einzu- [15]/ finden. Am Morgen des Festes stellte sich Telemann richtig zur / Probe ein; die Stimmen wurden aufgelegt; zum Text hatte Tele- / mann den Spruch gewählt: „Wir können nichts wider den Herrn re- / den" und ihn als Fuge gesetzt. „Nun," flüsterte Telemann seinen / Bekannten zu, „sollen diese Käuze ihre Sünde beichten; die Fuge fing [20]/ an und aus allen Kehlen erscholl es um die Wette in Mißtönen, wie / Jammergeschrei: „Wir, – wir, – wir können nichts, – nichts, – / wir nichts, – wir können nichts – wir können nichts – ," bis / die ganze Confraternität, welche lange, ohne Schlimmes zu ahnen, / herzhaft losgeschrieen hatte, durch Telemann's und seiner Ge- 25/ fährten unmäßiges Gelächter aus dem Traume geweckt, nun verblüfft, / und der arme Cantor ganz zermalmt, dastanden. „Das macht sich frei- / lich nicht gut, ihr Herren," sagte Telemann, und zog jedoch, um / den zerknirschten Cantor zu trösten, ein anderes kleines Musikstück her- / vor, welches er dann mit seinen Bekannten in der Kirche aufführte. 30

Die Anekdote ist ohne Quellennennung unter Anpassung an die österreichische Orhographie von 1841 (ß statt ss) wörtlich der ‚Allgemeinen musikalischen Zeitung' von 1821 (unter der Überschrift ‚Anekdote': AmZ XXIII/13, 26. März. 1821, Sp. 213-214) nachgeschrie-ben, s. II/87, vor allem auch den Kommentar.

III
320

Allgemeine musikalische Zeitung XLIV/23, 8. Juni 1842, Sp. 469   *[Feuilleton]*

Paganini's Begräbnissprocess (s. d. Bl., S. 381) ist in Rom / höchsten Orts dahin entschieden worden, dass die geistliche Be- / hörde an Ort und Stelle die ganze Untersuchung revidiren soll, / indem die Familie Beweise vorbringt, dass Paganini als Christ ge- / storben und ein Begräbniss in geweihter Erde verdiene. 5

III
321 / 322 / 323

Allgemeine Wiener Musik-Zeitung II/69-70, Donnerstag-Samstag 9./11. Juni 1842, S. 288a-288b   *[Miscellen]*

Carl der Große als Tonkünstler.

Carl der Große war ein vorzüglicher Kenner der Musik. Er / machte eine Sammlung von alten gallischen

Liedern, die hauptsächlich / kriegerischen Inhalts waren, und die Heldenthaten der französischen / Monarchen erzählten. Diese Lieder wußte er auswendig. Er war selbst / Tonkünstler und unterhielt Musikschulen zu Paris; in der Kirche sang er 5/ immer seine Stimme im Choral, und ermahnte andere Fürsten dasselbe / zu thun. Er ließ auch seinen Töchtern im Gesange Unterricht ertheilen.

_____ [322]

Der entrüstete Musiker.

Der berühmte Hogarth verfertigte ein Bild mit der Aufschriftt / „The enraged Musician.“ Der große italienische Violinist Castrucci / (der 1714 nach England kam) mußte ihm hiezu das Bild geben. Ho- / garth ließ nämlich dessen Wohnung auf der Straße mit allen lärmenden / Instrumenten, die nur aufzubieten waren, besetzen und benützte, wäh- [288a 5// 288b] rend ihr Getöse den Viruosen voll Unmuth ans Fenster trieb, den / günstigen Augenblick, im Hause gegenüber sein leidenschaftliches Gesicht / abzuzeichnen.

_____ [322]

Ungewöhnliche Todtenfeier.

Das Leichenbegängnis eines Züricher Studenten, der durch / die Voreiligkeit eines Nachtwächters das Leben verlor, ist nicht nur mit / ungewöhnlicher Theilnahme an der Universität, Professoren wie Stu- / denten, gefeiert worden, sondern auch die ganze Anordnung der Be- / stattung war eine ungewöhnliche und geistreiche. Der Correspondent der 5/ Allgemeinen Zeitung schließt seinen Bericht, wie folgt: „Erschütternd / und nicht zu beschreiben war der Eindruck, den ein deutsches nicht-geist- / liches Lied, das aber hier die Stelle des besten geistlichen vertreten / konnte und über die Maßen gut und passend von den Cameraden des / Gestorbenen gewählt war, hervorbrachte, ein Lied B. Uhland's: [10]/ „Ich hatt' einen Cameraden," dem das Hauff'sche „Morgenroth" / folgte, was ebenfalls einen ergreifenden Eindruck machte. Beide Lieder / haben nie einen größeren Triumph gefeiert!"

III
324

Allgemeine musikalische Zeitung XLIV/24, 15. Juni 1842, Sp. 473-474
[Winke für allerlei Leser] [Kopfartikel]

XIII.

[473 // 474] . . . Als *Iffland* und *Schmid* Miene machten, den Besuch zu / enden, rief Haydn: „Ich sollte Ihnen doch etwas vor- / spielen! Wollen Sie etwas von mir hören?" War es / zwar der lebhafteste Wunsch der Besuchenden, so wag- / ten sie ihn doch nicht auszusprechen. *Haydn* sah sich [5]/ nach dem Instrumente um, stand auf und reichte dem / Bedienten den Arm. „Ich kann freilich wenig mehr. / Sie sollen eine Komposition hören, die ich gesetzt habe, / als eben die französische Armee auf Wien vordrang. / Das Lied heisst: Gott erhalte Franz, den Kaiser!" Er [10]/ spielte hierauf die Melodie ganz durch, und zwar mit / unerklärbarem Ausdruck und inniger Haltung. Nach En- / digung des Liedes blieb er noch einige Augenblicke vor / dem Instrumente, legte beide Hände darauf und sagte / mit dem Tone eines ehrwürdigen Patriarchen: „Ich [15]/ spiele dieses Lied an jedem Morgen, und oft habe ich / Trost und Erhebung daraus genommen in den Tagen / der Unruhe. – Ich kann auch nicht anders, ich muss / es alle Tage einmal spielen. – Mir ist herzlich wohl, / wenn ich es spiele, und noch eine Weile nachher." – [20]

C. F. B.

Rubrikenausschnitt Nr. XIII. – Der Besuch Ifflands (zusammen mit dem Theaterdirektor Schmid) bei Haydn ereignete sich am 7. Sep-tember 1808; Haydn ist am 31. Mai 1809 verstorben. – August Wil-helm Iffland (1759-1814), Schauspieler etc. – Die Kaiserhymne auf ein Gedicht des österreichischen Lyrikers Lorenz Leopold Haschka (1749-1827) entstand 1796/97 (Hob XXVIa:43) und wurde später mit einem von Hoffmann von Fallersleben (1798-1874) 1841 umgeänder-ten Text zur deutschen Nationalhymne. – Kaiser Franz II. legte 1806 in der Auseinandersetzung mit Napoleon die Krone als Kaiser des ‚Heiligen Römischen Reiches Deutscher Nation' nieder und begrün-dete als Kaiser Franz I. das österreichische Kaisertum. – C. F. B. = Carl Ferdinand Becker.

III
325

Allgemeine musikalische Zeitung XLIV/24, 15. Juni 1842, Sp. 475-478
[Winke für allerlei Leser] [Kopfartikel]

XV.

Unter die musikalischen Schriftsteller, welche sich an / dem Ende des 17. Jahrhunderts in Deutschland rühm- / lich auszeichneten, muss insbesondere *Johann Beer*, Con- / certmeister in Weissenfels, geb. 1652, gest. 1700, ge- / zählt werden. Seine sämmtlichen literarischen Arbeiten 5/ deuten einen wissenschaftlich gebildeten Mann an, der / auch zugleich tüchtig in der Theorie und Praxis der / Tonkunst erfahren ist. Selten trat jedoch *Beer* als Leh- / rer der Kunst hervor, so befähigt er auch dazu war, und / nur ein theoretisches Werk liegt uns von seiner Hand 10/ im Manuscripte vor. Der starke aus 45 Kapiteln beste- / hende Quartband, geschrieben um das Jahr 1696, führt / den fast possierlichen Titel: „Schola-Phonologica, sive: / Tractatus doctrinalis de Compositione harmonica, das ist: / Ausführliche Lehrstücke, welche zu der musikalischen 15/ Komposition nöthig erfordert werden, also verfasset, dass [475 // 476] erstlich davon in genere, hernach in specie gehandelt, /

und durch klare Exempel tractirt und glehret wird, wie /
nicht allein der einfache, sondern auch der gedoppelte /
Contrapunkt verfertiget, und sonst in der Composition, [20]/
nach heutiger Capell-Arth solle verfahren werden, durch /
und durch mit gewissen Principiis und Grundregeln ver- /
sehen, und Absonderlich den angehenden Scholaren
zum / besten beschrieben und zusammen getragen von
Johann / Beern, Hochfürstl. Sächs. Weissenfelsischen
Concert- [25]/ Meistern." Fast einzig war seine Feder zum
Kampf / gegen die „Verächter der Musik" gespitzt. Mit
einem / Eifer rückte er gegen diese zu Felde, der uns
ehren- / werth erscheint und erfreuen muss, da sich eine
warme / Verehrung und Liebe zu der Tonkunst nicht
verkennen [30]/ lässt. Aber die Form, in der er seinem
Aerger und / Grimm Luft macht, kann jetzt nur ein
herzliches La- / chen erregen. Ein Pröbchen seines
derben humoristischen / Styls mag hier folgen, um
zugleich zu zeigen, wie lite- / rarische Streitigkeiten
geführt wurden. [35]

Der Rektor *Vockerodt* zu Gotha, ein wackerer /
Philolog, aber gleichgiltig gegen alle Künste, schrieb /
1696 ein kleines Schulprogramm, worin er des Cali- /
gula, Claudius und Nero übertriebene Liebe zu den Kün-
/ sten und besonders der Musik rügt und seine Schüler
[40]/ warnt, lieber gar nicht, als eine Kunst unmässig zu ge-
/ niessen. Dies war hinreichend, unsern *Beer* in Harnisch
/ zu bringen, und bald war eine Gegenschrift fertig, die /
aber immer noch in einem gewissen anständigen Tone /
abgefasst ist. Sie führt den Titel: „Ursus murmurat, [45]/
das ist klar und deutlicher Beweiss, welcher gestalten /
Herr Gottfried Vockerod, Rector des Gymnasii illustris /
zu Gotha, in seinem den 10. Augusti des abgewichenen /
1696. Jahres herausgegebenen (nunmehr verteutscht
bei- / gefügten) Programmate, der Musik, und per
consequens [50]/ denen von derselben dependirenden zu

viel gethan. Alles / nach denen Principiis der Philosophiae, mit gesunden / Vernunfft-Schlüssen in die Form gezogen, und ohne ge- / doppelten Contrapunct erweisslich abgelehnt, auch zu / besserer Untersuchung der Sache jedermänniglich vor Au- 55/ gen gelegt durch Johann Beeren, Hoch-Fürstl. Sächs. / Weissenf. Concert-Meister, von St. Georgen aus Ober- / Oesterreich." *Vockerodt* fand sich durch diesen Angriff / an seiner Ehre gekränkt, gab in einer Schrift von 176 / enggedruckten Seiten eine höchst gelehrte Antwort und 60/ fügte ihr auch das von der theologischen Fakultät zu / Giessen eingeholte Gutachten über sein Programm mit / bei. Jetzt kam *Beer* in höchste Aufregung, und mit Bli- / tzesschnelle entwarf er einen kleinen Quartanten, worin / er sich gänzlich gehen lässt, alle Achtung bei Seite setzt 65/ und den armen Gelehrten wahrhaft misshandelt. Schon / der Titel verräth den erzürnten Schriftsteller. Er heisst: / „Ursus vulpinatur. List wieder List, oder musikalische / Fuchs-Jagd, darinnen Gottfried Vockerodens, des Gym- / nasii illustris zu Gotha Rectors, seiner wider Herrn D. 70/ Wentzeln, Herrn Lorbern und wider mich, den Autho- / rem dieser Schrift, ausgegangenen Apologie, der Balg / abgejagt, ausgestreifft, auch ohne eintzige Vulpinationi- / rung oder Fuchsschwäntzerei, tapffer ausgegärbt und in / einem wunderlichen Traum – Gesicht vorgestellet wird 75/ durch Johann Beern, Hochf. S. Weissenfelsischen Con- [476 // 477] cert-Meistern und Cammer-Musicum, gebohren zu Sanct / Geörgen im Land ob der Ennss. Weissenfels (1697)." / Noch mehr aber eine jede Seite des Buches selbst. Für / unsern Zweck mag ein Theil der Vorrede genügen. 80/ „Ich jage! Was aber jage ich vor ein Wildpret? Soll / ich jagen einen Hirsch? zu was nützet mir dieses Wild? / mein Messer ist mit Schild-Kröten-Schalen belegt, zu / was soll mir dann seine Krone? ich bin auch noch mun- / ter auf den Füssen, zu was sollen mir dessen Läuffe? [85]/ ich trage nicht gern schwere Hosen, zu was soll mir / sein Leder? mein Bank-Küssen ist mit Eichenen Pflaum- / Federn gefüllt, zu was dienen mir die Haare? Ich mag / demnach meine Mühe nicht gern den Winden opfern, / wie ihrer etliche, die sichs sauer werden lassen solche [90]/ Thiere zu fangen, andere aber sehr süsse, solche auf / zu essen. Soll ich denn jagen einen Wolff? nein: und / warum das? Wolffgang und Wolff ist denen Oesterrei- / chern einerlei, mag also nicht jagen den Wolff, indem / Sanct Wolffgang, vier Meile Weges von mir so sehr [95]/ mit Wallfahrthen verehret wird. Soll ich jagen einen / Luchs? O! ich fürchte mich vor den Lux- Brüdern, will / lieber mit Feder-Fechtern zu thun haben. Soll ich ja- / gen einen Dachs? O! ihr Fett macht graue Haare und / solche können niemals ohne Sorgen getragen werden. [100]/ Soll ich dann jagen einen Esel? O! dieser hat auf der / Mühle gar hochgeöhrte Freundschaft, ich muss alda mein / Korn mahlen lassen, sie möchten meiner Malter die Ader / ritzen und Wicken vor Weitzen zurück senden. Soll ich / jagen einen Bacher? einen Eber? ein Schwein? durch- [105]/ aus nicht. Denn ich bin kein Feind, sondern ein Lieb- / haber der Bacheracher, so verwundere ich auch die vor- / treffliche Wissenschaft und experienz in Musicis Herrn / Ebers, denen Weinhauern bin ich auch nicht ungünstig / und das Schwein mag ich darum nicht verfolgen, weil [110]/ ich kein Jüde bin. Soll ich denn jagen einen Hasen? / O! wie würde ich von dessen Freunden hin und wie- / der verfolget werden, denn seine Gesippschaft hat auch / über dem rothen Meer kein Ende, und wo das teutsche / Gebieth aufhöret, da gehen die Hasen erst recht an. [115]/ Soll ich denn jagen einen Bähr? O! wie würde man / mich auslachen, wenn ich in mein eigenes Gedärme die / Klauen setze, und mir selbst mein Eingeweide zerlä- /

sterte? Soll ich jagen eine wilde Katze? nein, ich möchte / den ungewisshaften Kürschnern Gelegenheit an die Hand [120]/ geben, deren Balg vor ein Marterfell zu verkauffen. / Was soll ich denn endlich jagen? O! nun entsinne ich / mich, einen *Fuchs*, einen Fuchs will ich jagen." Dass / nun die Jagd beginnt und Vockerodt der geängstigte Fuchs / selbst ist, lässt sich denken. Aus hundert Schlupfwin- [125]/ keln, in welche sich der arme Rektor verbirgt, wird er / vertrieben und endlich unterliegt er dem Geschick. Er / kann nicht mehr seinem grimmigen Feind entgehen und / muss sich ergeben. Mit einem Spottlied in der alten Weise / des Petrus Dresdensis wird er zu Grabe gesungen: [130]/

> „Vockerod, o Vockerod,
> Nonne hoc es Schimpff und Spott,
> Das ihr in principiis,
> Also strauchelt musicis." u. s. w.

In solcher derben, unerschrockenen Weise verthei- [135]/ digte *Beer* seine holde Musica gegen den stumpfsin- [477 // 478] nigen Philologen. Man kann ihm deshalb nicht gram / sein. Er meinte es bieder und ehrlich, deshalb liebte ihn / auch sein Herzog Johann Georg, und gestattet, dass [140]/ ihm das Buch zugeeignet werde. Wohl hatte dieser Fürst / manchmal über ein gewisses rohes Wesen seines Con- / certmeisters zu klagen und rief nicht selten: „*Beer* ist / ein recht grober Kerl!" Mit Ruhe stand er dann da, / vor dem gebietenden Herrn, und entgegnete mit fester [145]/ Stimme: „Das bin ich heute nicht geworden, Durchlaucht."

Ueber unsers *Beers*: „Bellum musicum oder musi- / calischer Krieg, in welchem umbständlich erzehlet wird, wie / die Königin Compositio nebst ihrer Tochter Harmonia / mit denen Hümpern und Stümpern zerfallen u. s. w." – und [150]/ seine „Musikalische Discurse durch die Principia der Philo- / sophie deducirt" – späterhin einiges Nähere.   *C. F. B.*

(Wird gelegentlich fortgesetzt.)

Rubrikenausschnitt Nr. XV. – C. F. B. = Carl Ferdinand Becker.

III
326

Allgemeine Wiener Musik-Zeitung II/74, Dienstag 21. Juni 1842, S. 304b
[Miscellen]

Avis aux Enthousiastes.

Das Journal des Débats läßt sich aus Brescia schreiben, daß / dort eine Altistinn: Dlle Elise Fouché aus Aix in der Provence ge- / boren und Eleve des Mailänder Conservatoriums, in ihrem ersten De- / but als Arsace in Rossini's „Semiramide" so Furore gemacht habe, / daß, nachdem das Publicum alle Beifallsbezeigungen, als „Brava, 5/ Viva, Bouquets, Kränze etc. etc. erschöpft hatte, es zu einem neuen, in / der Theaterwelt bisher unbekannten Mittel seine Zuflucht nahm: es / ließ nämlich eine Anzahl weißer Tauben los, die, nachdem sie eine / Weile im Proscenium herumgeflattert, sich endlich auf die Bühne / setzten. – Zuverlässigen Erkundigungen jedoch, die wir eingezogen, 10/ zufolge soll das ein gar alter Spaß in mehreren Städten Italiens / seyn.

Ign. L e w i n s k y.

Der König von Preußen und Meyerbeer.

Der Humorist von M. G. Saphir theilt uns in Nr. 133 eine / Neuigkeit mit, welche wenn sie sich als wahr erweist, von der Munificenz des / Königs von Preußen und von seiner Liebe zur Kunst (die sich am deut- / lichsten in der auszeichnenden Achtung kund gibt, womit er die Künstler / behandelt) einen erhabenen Beweis liefert; so wie sie nicht minder ein [5]/ nachahmungswürdiges Beispiel gibt von der Uneigennützigkeit des gefeier- / ten Tondichters der „Hugenotten" und von seiner Bereitwilligkeit die Kunst / durch selbstgebrachte Opfer zu fördern. Wir geben diese Mittheilung unsern / Leser hier wörtlich bekannt: Meyerbeer hatte früher die Anstellung / als General-Musikdirector ausgeschlagen. Der König wünschte es aber [10]/ und wollte dem Compositeur der „Hugenotten" bei dem Mahle, welches / er den Rittern des neuen Ordens „pour le mérite" gab, einen er- / neuten Antrag machen. Ein Augenübel verhinderte aber Meyerbeer, / dieser Tafel beizuwohnen. Der König lud ihn daher acht Tage später / zu einer Privatsaison ein, und hatte die Aufmerksamkeit, so lang es [15]/ Tag war, das Sonnenlicht durch blaue Vorhänge, und Abends das / Lampenlicht durch blaue Gläser mildern zu lassen. Der König frug den / Compositeur, ob er die Stelle eines General-Musikdirectors nicht an- / nehmen wollte, und stellte ihm zugleich die Aussicht, den größten Theil / des Jahres in Paris zubringen zu können. Meyerbeer nahm das [20]/ Anerbieten mit der Bedingung an, daß er nur vier Monate die Ber- [336a // 336b] liner Oper zu dirigiren brauche. Der König war zufrieden, und fügte / scherzend hinzu:

„Somit erlaube ich mir, Ihnen für jeden Monat / 1000 Thaler zu geben." – „Wenn Ew. Majestät zu erlauben geru- / hen, so wage ich es einen andern Vorschlag zu machen. Mit den 4000 25/ Thalern könnte man eine Primadonna bezahlen, welche die Oper sehr / benöthigt, und die zu engagieren ich über mich nehme." Der König ge- / nehmigte den Vorschlag.

> Meyerbeers finanzielle Großzügigkeit war europaweit bekannt und wurde auch immer wieder gebührend herausgestellt.

[328]

Ein rührendes Beispiel von Selbsterkenntniß gibt der „Pirata," / indem er erzählt, daß man in London für Rubini's Succès fürchtete, / weil dort schon die neueste italienische Schule en vogue sey. (Leider.) / Aber setzt der Pirata hinzu: „il bello è sempre bello, ed è ben / raro il caso, che la scuola nuova vince sulla vecchia." 5/ Man beginnt also auch in Italien einzusehen, daß ein forcirtes Her- / ausschreien der Töne und einige leidenschaftliche Bewegungen nicht den / wahren Sänger ausmachen, und daß, wenn auf diesem Wege wei- / ter gegangen wird, man in Italien, der Wiege der Tonkunst, bald / nichts mehr im Stande seyn wird, zu singen als eben nur – Wiegen- 10/ lieder.   L – s k y.

> il bello . . . = Schönheit ist immer Schönheit, und es kommt sehr sel-ten vor, dass die neue Schule die alte besiegt. – L – s k y. = Ignaz Lewinsky.

---

[329]

Herr S ch m i tz aus eigener Machtvollkommenheit V e r e i n s o b e r c l a s s i k e r.

In   M a i n z   ist nach dem Frankfurter Conversationsblatte ein Ver- / ein für c l a s s i s ch e Musik unter der Leitung eines Herrn S ch m i t z /

zusammengetreten. Eröffnet wurde dieser Verein mit einer Ouverture / - etwa von Mozart oder Beethoven? Nein, von Hrn. S ch m i t z / selbst. Dieß ist nicht nur classisch, sondern auch sogar etwas r o m a n- [5]/ t i s ch.   L – s k y.

L – s k y. = Ignaz Lewinsky.

[330]
_____

B a z z i n i – Ü b e r s ch w ä n g e l i s m u s.

Über B a z z i n i's Concert im Pesther deutschen Theater schreibt ein / dortiger enthusiastischer Berichterstatter: Das war ein Singen, Hüpfen, / Springen, Tanzen auf den Saiten, ein Lachen und ein Weinen, ein / Jauchzen und ein Klagen (wo?), daß Alles zum Mitempfinden mit / unwiderstehlicher Macht hingerissen wurde. – Das muß schön gewesen [5]/ seyn! – Ich möchte auch einmal ein singendes, hüpfendes, springendes, / tanzendes, lachendes, weinendes, jauchzendes und klagendes Publicum / sehen; ein Künstler aber, der solche Effecte herauszubringen im Stande / ist, verdient mehr als einen Ehrensäbel, ihm gebührt zum Mindesten / eine vierundzwanzigpfündige Ehrenkanone!

L – s k y. [10]

Der italienische Komponist und Violinist Antonio Bazzini (1818-1897) war seit 1873 Professor für Komposition am Mailänder Konservatori-um und seit 1882 dessen Leiter. Zu seinen Schülern zählen Pietro Mascagni und Giacomo Puccini. Neben weiteren auch historischen Leistungen komponierte er eines der virtuosesten Stücke der Geigen-literatur seiner Zeit (La Ronde des Lutins, Op. 25 = Tanz der Kobol-de). – Vierundzwanzigpfünder = Kaliber 20,4. – L – s k y. = Ignaz Le-winsky.

III
331

Neue Zeitschrift für Musik XVII./4, 12. Juli 1842, S. 16b   [Vermischtes]

* * * Das Journal des Debats erzählt, Liszt sei mit / einem österreichischen Paß in Paris angekommen, in dem sein / Signalement sich auf die Worte beschränkte: Celebritate sua / sat notus (durch seine Berühmtheit hinlänglich bekannt). –

---

mittlerer Asterisk tief gestellt.

III
332

Allgemeine Wiener Musik-Zeitung II/83, Dienstag 12. Juli 1842, S. 340b
[Miscelle]

Probatum est.

In Laibach gab unlängst, wie die „Carniolia" berichtet, ein Herr / P. Singer ein Physharmonika-Concert, in welchem er eben im / Vortrage eines Andante von Beethoven begriffen war, als er / sothanes Andante unterbrach und – einen Walzer daraus machte. / Die Conversation in einer Gegend des Concertsaales war nämlich wie- [5]/ der so laut und anhaltend, daß Hr. Singer, da er aus Achtung für / die Schweigenden seinen Sitz nicht verlassen wollte, den Versuch wagte, / ob es nicht der siegreichen Gewalt eines Hopsers gelingen möchte, / Aufmerksamkeit für sein Spiel und Ruhe für die Musikfreunde zu / erobern; aber Wunder! auch der Hopser half nicht, die Leutchens dis- [10]/ currirten fort. – Ich weiß Herrn Singer ein besseres Mittel; wenn / sein Publicum während eines Vortrags wieder zu schwätzen anfängt, / so lese Hr. Singer einige der neuesten Balladen oder lyrischen Ge- / dichte vor, und wenn die

Leute dabei nicht einschlafen, so ist überhaupt / jede menschliche Hilfe vergebens.   L – s k y. ¹⁵

Probatum est = Es hilft sicher. – sothan (sotan) = derartig, solch, hier im Sinne von ‚das‘, ‚selbiges‘. – discurriren (diskurrieren) = angeregt sprechen, hier im Sinne von ‚laut schwätzen‘. – L – s k y. = Ignaz Lewinsky.

III
333

Allgemeine musikalische Zeitung XLIV/28, 13. Juli 1842, Sp. 565
[Ankündigungen]

Leipzig. Eine Cremoneser Geige von ausgezeichnet starkem / Tone ist hier in der Musikalienhandlung von Breitkopf u. *Härtel* / zum Verkauf niedergelegt worden. *Diese Geige ist auch historisch / merkwürdig; denn sie war das Eigenthum des Prinzen Louis Fer- / dinand von Preussen, der im Jahre 1806 in dem Kriege Preussens* ⁵/ *mit Frankreich in der Schlacht bei Saalfeld fiel.* Er hatte für diese / Geige 200 Stück Louisd'or gegeben und führte sie überall mit / sich, weil er sich von ihr nicht trennen konnte. Er drückte ihr / auf beiden Seiten der Schnecke sein Siegel auf, um sie vor jeder / möglichen Vertauschung auch in Zukunft zu sichern; beide Siegel ¹⁰/ sind noch unversehrt. Den Abend vor der Schlacht, gleichsam / ahnend, dass er aus derselben nicht zurückkehren würde, übergab / er diese Geige seinem Begleiter, dem Musiklehrer Avé Lallemant, / mit den Worten: „Diese Geige bleibt Ihr Eigenthum, wenn ich / aus der Schlacht nicht zurückkehre." Aus dem Nachlasse des ¹⁵/ Herrn Avé Lallemant wurde sie vor 18 Jahren sehr theuer erstan- / den und sie soll nun zur Förderung eines sehr wohlthätigen Zwe- / ckes verkauft werden.

Der Neffe Friedrichs des Großen und spätere Generalleutnant Prinz Louis Ferdinand von Preußen (1772-1806) genoss als Komponist wie als Interpret hohes Ansehen. Beethoven schätzte ihn und widmete ihm das 1803 uraufgeführte 3. Klavierkonzert in c-moll Op. 37. Es gibt eine Vermutung, des Prinzen Förderer, Fürst Franz Joseph Ma-ximilian von Lobkowitz, könnte Beethoven nach Louis Ferdinands Tod zur Abfassung des endgültigen Titels der ‚Eroika' angeregt ha-ben und die Widmung „komponiert, um das Andenken eines großen Mannes zu feiern" bezöge sich auf den Freiheitshelden Louis Ferdi-nand.

III
334

Allgemeine Wiener Musik-Zeitung II/86, Dienstag 19. Juli 1842, S. 352b
[Miscellen]

Ein interessantes Seitenstück zu der, durch den „Humoristen" neu- / lich gebrachten Ausschließung der Juden von den Logen eines Theaters, / ist die Ausschließung derselben von einer Berliner Liedertafel. Die „Ro- / sen" meinten hiezu: Da in Deutschland die Juden nirgend für stimm- / fähig gelten, so können sie natürlich auch nicht Mitglieder von Lieder- [5]/ tafeln seyn. Sie sind aber allerdings stimmfähig, dieß beweisen einige / der ausgezeichnetsten Sänger und Sängerinnen dieser Nation. − n s k −

− n s k − = Ignaz Lewinsky (im Original kein Platz für ein >y<.

III
335

Allgemeine Wiener Musik-Zeitung II/86, Dienstag 19. Juli 1842, S. 352b
[Notizen]

Der, einst bei der Pariser komischen Oper angestellte so berühmte / Elleviou ist kürzlich in Paris gestorben. Da seine Hinterbliebenen / die Unvorsichtigkeit begingen, auf den Einladungen zum Leichenbegäng- / nisse Elleviou's sämmtliche Titel als: Ritter der Ehrenlegion, Mit- / glied des Generalrathes des Rhonedepartementes [etc.] zu setzen und bloß ⁵/ den eines Künstlers, der ihn am meisten ehrte, wegzulassen, so weigerten / sich seine Collegen, dem Leichenbegängnisse eines großen Herrn zu fol- / gen, so gerne sie ihrem ehemaligen Cameraden die letzte Ehre erwie- / sen hätten.

> [etc.] = als (tironisches) Sigel. – zu Elleviou s. I/161.

III
336

Allgemeine Wiener Musik-Zeitung II/87, Donnerstag 21. Juli 1842, S. 356b
[Notizen]

Kurz vor der Abreise des Königs von Preußen (nach Petersburg) / wurde Spontini zu Sr. Maj. beschieden, welcher ihm auf sehr / huldvolle Weise Lebewohl sagte, und, indem er dem Künstler die Hand / drückte, sprach: „Ich denk', wir wollen gute Freunde bleiben." Diese / Worte sollen den Künstler, welcher sich in der letzten Zeit durch manche ⁵/ Zurücksetzung *) gekränkt fühlte, sehr erfreuet und aufgeheitrrt haben.

(Nürnb. Corresp.)

*) Die er sich aber, unbeschadet seiner sonstigen großen Vorzüge, / verdientermaßen selbst zuzog.   Die Red.

III
337

Curiosum.
Der musikalische Staat.
(Aus der Zeitschrift: Rosen, für die gebildete Welt. 1838, No. 55).

Mozart, König;

Händel, Oberhaupt der Geistlichkeit;

Gluck, erster Minister;

Mehul, des Ministers erster Sekretair;

Haydn, Staatskanzler und Geheimderath des
         Königs; [5]

Beethoven, Generalissimus;

Cherubini, Ober-Vorsteher des Schulwesens, der
         Akademien und / Universitäten;

Seb. Bach, Oberpräsident des höchsten
         Gerichtshofs, in seinem Gefolge /
         alle Advokaten. [10]

Spontini, General der Artillerie;

Spohr, Direktor der Königl. Kammermusik;

Peer, Oberaufseher der Königl. Kunstsammlung;

M. v. Weber, Intendant der deutschen Opern;

Rossini, Hofzuckerbäcker.   W. S. [15]

Dieser Text findet sich zum erstenmal 1835 in der ‚Allgemeinen musi-kalischen Zeitung' im Rahmen einer kleinen Erzählung unter dem Ti-tel „Ein romantisches Potpourri" (AmZ XXXVII/46, 18. November 1835, Sp. 761-73, Textausschnitt Sp. 762), s. III/9. Der Ausschnitt wurde 1838 ohne Quellennennung von der ‚Hamburger musikali-schen Zeitung' (–/13, 28. März 1838, Sp. 102; s. III/69) wiedergege-ben und wanderte über Robert Hellers seit 1838 in Leipzig er-scheinende belletristische Zeitschrift ‚Rosen. Eine Zeitschrift für die gebildete Welt' in die Juli-Nummer 1842 der ‚Euterpe'. Robert Heller (1812-1871), später Redakteur in Hamburg, war im Umfeld des ‚Jun-gen Deutschland' ein angesehener Schriftsteller und Musikkritiker und einer der ersten, die für Brahms eintraten.

Allgemeine musikalische Zeitung XLIV/31, 3. August 1842, Sp. 601-603
[Winke für allerlei Leser] [Kopfartikel]

XVI.

. . . [601 // 602] . . . In einem spätern Jahrgang derselben Zeitschrift, vom / Jahr 1746, ist ein Bericht aus *Dresden* aufbewahrt, der / zugleich anschaulich beweist, welche Liebe *Friedrich / der Grosse* zur Tonkunst hegte. An der Wahrheit der / Nachricht lässt sich nicht zweifeln. „Seine Königl. Ma- ⁵/ jestät in Preussen waren nach gehaltener Schlacht bei / Kesselsdorf nur in Dresden eingezogen, als Sie durch / einen Generaladjutanten dem Herrn Capellmeister Hasse / anbefehlen lassen, zu veranstalten, dass folgenden Abend / seine neuverfertigte Oper *Arminio*, auf dem königlichen [602 ¹⁰// 603] Schauplatz, völlig und mit allen Verzierungen, Ballets / und was überhaupt dazu gehörig, öffentlich könnte auf- / geführt werden, welches auch zu gesetzter Zeit, als / den 19. December 1745 geschehen. Die Oper wurde / nur einmal gespielet und Ihro Majestät, der König von ¹⁵/ Preussen, bezeigten einen allergnädigsten Gefallen, so- / wohl über die Composition, als die Aufführung überhaupt, / insonderheit über die Frau *Faustine* (Hasse). Sie be- / merkten unter andern die Gleichheit des Orchesters, und / man kann wohl sagen, dass ohngeachtet der damaligen ²⁰/ allgemeinen Bestürzung und Verwirrung in Köpfen, doch / alles auf's Beste ohne den geringsten Fehler vorbeige- / gangen. So lange Höchstgedachte Majestät sich in Dres- / den befanden, nämlich vom 18. bis 27. December, so / haben Sie gleich von dem ersten Abend an bis zu dem ²⁵/ letzten, alle Abende Cammermusik allergnädigst anbe- / fehlen lassen, auch die Personen, so dabei singen sol- / len, Selbsten bezeichnet, unter denen jedesmal die Frau

/ *Faustina* und Herr *Bindi* (Castrat) wegen seiner schö- / nen Stimme, die übrigen aber theils weniger, theils gar [30]/ nicht gerufen worden. Das Accompagnement bestand / nur in vier Violinen. Das allermerkwürdigste dabei war, / dass Ihre Majestät bei gedachter Cammermusik jedesmal / Selbst mit einem, zwei und meistentheils drei Solis auf / der Querflöte, so Sie Selbst componirt, auch mit einem [35]/ Original, davon Herr Hassen, der die Gnade gehabt, / Ihro Majestät auf dem Clavicimbel zu accompagniren, / mitgespielet haben, zu der ganzen Capelle allergrössten / Verwunderung, wegen der grossen Einsicht, so Höchst- / dieselben in die Musik und sonderlich im Adagio zu spie- [40]/ len besitzen. Wegen der Abspielung konnte man sich, / in Ansehung der damaligen Umstände, da Ihro Majestät / den Kopf mit so vielen Kriegs- und Friedensdingen an- / gefüllt gehabt, nicht genugsam über die Ruhe des Ge- / müths unter dem Spielen bei der Musik und über die [45]/ gute Ordnung im Vortrage verwundern. Ein Berliner / Tonkünstler (Quanz), der unter des Königs Gefolge mit / war, versicherte, dass Ihro Majestät zwei bis dreihun- / dert Solos, auf die Querflöte, so Sie alle selbsten ge- / sezt, mit sich führten, damit Sie beständig Abwechslung [50]/ hätten. Den 25. Dec. liessen der König nach der ge- / wöhnlichen Cammermusik, durch den Herrn Baron von / Knobelsdorf, der zugleich die Direction über die Musik / hat, dem Herrn Capellm. Hassen einen kostbaren Ring / und der Musik tausend Thaler zum Geschenk überrei- [55]/ chen. Den 26. war die letzte Musik und dabei mussten / sich auch verschiedene Instrumentisten allein hören las- / sen. Den 27. früh morgens war der Aufbruch Ihro Ma- / jestät. Wer siehet nicht, dass Ihro Majestät gross im / Kriege, gross im Frieden, gross im Regieren, gross in [60]/ Wissenschaften und auch gross in der Musik sind. Es / lebe *Friedrich der Grosse!*"   C. F. B.

In einem spätern Jahrgang . . . = gemeint ist Lorenz Mizlers ‚Neu er-
öffnete Musikalische Bibliothek ‘, deren 1. Band 1739 erschien. Mizler
(1711-1778) war ein zeitweise höher als sein Lehrer Johann Sebasti-an
Bach geschätzter Musiker, eigentlich aber ein philosophisch ge-prägter
Frühaufklärer und Schriftsteller, der 1743 nach Polen ging und dort
auch (in Warschau) starb. – Die von Leopold von Anhalt-Dessau
gewonnene Schlacht von Kesselsdorf (15. Dezember 1745) entschied
den 2. Schlesischen Krieg zu Gunsten Preußens. – Hasse war
Kapellmeister in Dresden. – zu Hasse s. I/203. – C. F. B. = Carl
Ferdinand Becker.

III
339

Neue Zeitschrift für Musik XVII./11, 5. August 1842, S. 46b

[Vermischtes]

* * * Die „Europa“ berichtet aus Genua etwas unglaub-
/ lich. Miß Novello, die dort Furore machte, sei nach einer
/ Theatervorstellung von zwei italienischen Fürsten
incognito in / einer Portchaise nach Haus, oder vielmehr
in einen Saal ge- / tragen worden, wo sich die Sache
aufgeklärt, und eine Gesell- ⁵/ schaft der ersten Nobile's
sie zu einem glänzenden Souper er- / wartet hätte. –

mittlerer Asterisk tief gestellt. – Portchaise = Sänfte. – zu Clara Novello
s. III/76.

III
340

Neue Zeitschrift für Musik XVII./12, 9. August 1842, S. 52b　　　*[Vermischtes]*

* * * Ein Recensent macht in Nr. 87. der Wiener mus. /
Zeitung ein komisches Versehen. Er zeigt Variazioni die
Bra- / vura von Friedr. Dion. Weber, dem verdienten jetzt
wohl / über 70 Jahre alten Director des Prager
Conservatoriums / an und lobt sie als etwas sehr

Gediegenes. Die Bravour- [5]/ variationen sind aber gar nicht von ihm, sondern von Fräul. / Elisabeth Barth. Der Recensent hatte den Titel nicht / ordentlich gelesen. –

---

mittlerer Asterisk tief gestellt.

III
341 / 342

Allgemeine Wiener Musik-Zeitung II/99, Donnerstag [19]*. August 1842, S. 404a-408b   *[Miscellen]*

Die Namen der deutschen Darsteller, die sich während der letzten / Saison in London befanden, sind für ein englisches Organ so schwer, / auszusprechen, daß man sie meist englisch (parodistisch) zugerichtet hat, / und so hört man statt Staudigl, Heinefetter, Döring, De- / rossi, Fräulein Gned die – Umwandlungen in Stewed Eagle, [5]/ Hen Feather, Door Ring, Dear Assy, For hauling Ned u. s. w.

(Abendzeitung.)

. . . . .

[342]

Musikalisches Messer.

Dieses merkwürdige Denkmal des Geschmackes der Vorzeit an der / Tonkunst, wird in einer Sammlung verschiedener französischer Alter- / thümer im Louvre aufbewahrt. Die Klinge des Messers ist Stahl, und / auf derselben der Tischsegen oder das Gebet vor dem Essen eingegraben: / Quae sumpturi sumus benedicat trinus et unus. Amen; – [5]/ deutsch etwa also lautend: „Was wir speisen werden, möge der Drei- / einige segnen. Amen." Dabei befindet sich die Musik-Composition, je- / doch blos der Baß, so daß es eine

Parthie von vier oder fünf Messern ge- / wesen zu seyn scheint, auf deren jedem eine andere Stimme war, um / den Gesang zu vervollständigen. [304a ^{10}// 304b]

Nach dem Charakter des Schlüssels und der quadratischen Noten, / und dem ganzen Ansehen der Verzierungen, mit denen die Arbeit ge- / schmückt ist, glauben wir, daß dieses Messer in der letzten Hälfte des / XVI. Jahrhunderts dürfte verfertigt worden seyn, zu welcher Zeit die / Liebe zur Tonkunst so verbreitet und das praktische Studium derselben ^{15}/ so allgemein war, daß Jedermann, der für gebildet gelten oder eine / gute Erziehung erhalten haben wollte, irgend ein Instrument zu spielen / verstand, oder doch seinen Part in einem Madrigal oder einer sonstigen / musikalischen Composition auszufüllen vermochte. Dieses nicht zu können / würde dem Menschen die Makel der Unwissenheit, die Anschuldigung einer ^{20}/ unverzeihlichen Vernachlässigung der geselligen Eigenschaften zugezogen / haben. Die besprochene Reliquie ist eine beachtenswerthe Bestätigung / dieser Thatsache und der großen Verbreitung, welche jener Geschmack / erreicht hatte. Schließlich bemerken wir noch, daß die Verzierungen der / Klinge, und zwar die erhöhten Theile der Arbeit, eingelegtes Gold ^{25}/ sind. Der Griff ist Elfenbein, und die Arabesken darauf sind von be- / sonderer Schönheit.   M. D. C.

Das Datum 19. August ist verdruckt und muss 18. August heißen. Der 19. August 1842 war ein Freitag. Die Zeitung erschien jeweils am Dienstag, Donnerstag und Samstag. Sollte sie tatsächlich ausnahms- weise am 19. August erschienen sein, so ist die Wochentagsangabe unrichtig.

III
343

Allgemeine Wiener Musik-Zeitung II/103, Samstag 27. August 1842, S. 420b
[Miscelle]

In der Beurtheilung der Mortimer'schen Schrift: „der Choral- / gesang zur Zeit der Reformation" in einer französischen Zeitschrift / schlich sich ein lächerlicher Druckfehler ein. Es heißt nämlich: Herr / Mortimer rühmt den Choralgesang der alten mährischen Brüder / und der heutigen Hottentoten (et des Hottentos actuels) [5]/ soll heißen: - der heutigen Herrenhuther. –

III
344 / 345

Allgemeine Wiener Musik-Zeitung II/109, Samstag 10. September 1842, S. 444a-444b
[Notizen]

Durch das Vicariat ist die Instrumentalmusik in Rom bei dem / Gottesdienst in den hiesigen Kirchen verboten; wenn sie künftig auf / Ansuchen ausnahmsweise noch bewilligt wird, sind doch mehrere / Instrumente davon namhaft ausgeschlossen.

vergl. III/347.

[444a // 444b [345]]

Der bekannte Pater M a t h e w, Stifter der Mäßigkeitsvereine in / Irrland, hat den berühmten Volkssinglehrer Mainzer zu London nach / Irland eingeladen, um dort durch Verbreitung des Volksgesanges auf / die Veredlung der Sitten zu wirken.

346

Allgemeine Wiener Musik-Zeitung II/112, Samstag 17. September 1842, S. 456b
[Notizen]

Marsch-Classicität und Marsch! Classicität.

Der Begriff von Classicitiät wird heutzutage immer vager und / unsicherer, so daß es bald nothwendig seyn wird, für die Sache selbst / einen neuen bezeichnenderen Ausdruck zu erfinden. So ist z. B. Scholz / schon seit mehreren Jahren „classisch," wogegen wir nichts einwen- / den wollen; so veranstaltete vor einigen Monaten Jemand einen Aus- ⁵/ verkauf von „classischen Schinken," gegen welchen Spaß wir auch / keine pedantische Reclamation erheben wollen, doch lesen wir seit eini- / gen Tagen die Annonce einer Gasthaus-Festivität, in welcher verspro- / chen wird, daß folgende classische Tonstücke zur Aufführung ge- / bracht werden sollen, nämlich: „Beethoven's Schlacht von Vitto- ¹⁰/ ria, und ein Marsch!! nach Motiven der Oper „Linda di Chamou- / nix," und hier müssen wir den Mißbrauch dieses Wortes ernstlich rügen, / da der Ausdruck hier auch ernst gemeint ist." Man kann zu dieser / Marsch-Classicität nichts sagen, als: – Marsch! Classicität.

– s k y. ¹⁵

– s k y. – = Ignaz Lewinsky.

347

Neue Zeitschrift für Musik XVII./22, 20. September 1842, S. 102b [Vermischtes]

Nach einem Erlaß des Vicariats in R o m ist von / jetzt an alle Instrumentalmusik aus den Kirchen ausgeschlossen. / Der Correspondent, der das Factum in d. A. Ztg. mittheilt, / bemerkt dazu, daß man gescheidter gethan, die Kirchenmusik, / wie sie seither in Itaien ausgeübt lieber gleich ganz aus der ⁵/ Kirche zu verbannen.

> vergl. III/344 und Vorwort zu III.

III
348 / 349 / 350 / 351

Allgemeine Wiener Musik-Zeitung II/113, Dienstag 20. September 1842, S. 460a-460b   *[Miscellen]*

Eben war man in einer namhaften Stadt beschäftigt, den ersten / Satz eines Musikwerkes mit vollem Orchester zu probiren. Das Ding / schritt munter und flugs seinem Ziele zu, doch nicht ohne beträchtli- / ches Wanken. Wohl mochte dem lebhaften Musikdirector mit jedem / vorwärts eilenden Tacte die Überzeugung immer mehr sich aufdringen, ⁵/ er werde alles Tactwedelns ungeachtet den vielräderigen Musikwagen / vor dem Umsturze nicht retten können. Denn, noch vor dem Schlusse / des Satzes schnitt er durch einige gewaltige Bst, Bst, dem Ton-Cha- / rivari die Lebenskraft ab, und apostrophirte die Mitglieder seines Or- / chesters mit den Worten: „Meine Herren, so geht das nicht: Sie müs- ¹⁰/ sen genauer Acht geben, namentlich die Hornisten, deren Instrumente / noch dazu um einen halben Ton zu hoch stehen." – „Nein, lieber Herr / Musik-Director," replicirten diese, „wir waren um einen halben Ton / zu tief." – Mit den Worten: „oder zu tief" gab jener, ganz zufrie- / dengestellt, den kleinen Irrthum zu, und schien nicht zu begreifen, ¹⁵/ warum das ganze Orchester lachte. –

Wer erinnert sich hierbei nicht jener Auseinandersetzung der großen / Schwierigkeit, das Violinspiel zu erlernen! – „Du kannst nicht glau- / ben, Herr Bruder," sagte einer, der eben ohne Erfolg sich abmühte, / die Geige zu spielen, zu dem Dilettanten eines andern Instrumentes, [20]/ „wie infam es sogleich klingt, wenn man mit dem Finger auf der / „Saite nur um einen halben Zoll zu kurz oder zu weit greift." –

——————— [349]

Einige Bemerkungen Friedrich II. über Musik.

Es war die Rede vom Canon. „Viele Musikanten," sagte der / König, „wissen nichts davon, und die es recht verstehen, thun so ge- / lehrt damit, als wenn unser Einem das überhohe Dinge wären. Mich / aber freut's immer, wenn ich finde, daß sich auch der Verstand mit [460a // 460b] der Musik zu schaffen macht. Wenn eine schöne Musik auch gelehrt [5]/ klingt, das ist mir so angenehm, als wenn ich bei Tische klug reden / höre. –

[———] [350]

In einem Adagio, das der König blies, kam eine Stelle zweimal / vor, die mit der großen Sexte beziffert war, an deren Stelle Fasch / auf dem Clavier eine andere Intervalle griff. Als die Stelle das zwei- [10]/ temal vorkam, rief der König kurz vorher: „Die große Sexte!" – / „Wie Ew. Majestät befehlen!" sagte Fasch, und schlug die Sexte / derb an. Als das Stück aus war, fragte der König:

Glaubt Er, daß die Sexte falsch ist?

Ja, Ihro Majestät. [15]

Wenn's aber der Componist nun haben will?

So bleibt sie doch falsch.

Monsieur Quanz aber sagt, daß die Sexte hier stehen könnte?

Herr Quanz kann Recht haben, ich halte mich an die Sexte, / und diese ist falsch. [20]

Nu nu! schloß der König. Es ist doch keine verlorne Schlacht!

[————————] [351]

Fasch sprach einst mit dem größten Lobe von Graụ's Pas- / sionsmusik: Der Tod Jesu. „Ja, sagte der König, „das ist seine beste / Oper! Wenn er länger gelebt hätte, würde er's immer besser gemacht / haben. Sein „Te Deum" hat mir damals in meiner Lage sehr gut 25/ gefallen, obgleich es mitunter auch sehr lustig darin hergeht. Selbst / die Freude muß in der Kirche einen Ernst behalten, / der dem geheimnißvollsten Wesen zukommt."

A. M. Z.

Die Anekdote ist unter Anpassung an die österreichische Orhogra-phie von 1842 wörtlich der ‚Allgemeinen musikalischen Zeitung' von 1829 (unter deckungsgleicher Überschrift, AmZ XXXI/13, 1. April 1829, Sp. 216-217) entnommen; dabei wurden die im Orginal ge-trennt wiedergegebenen (drei) Texte der Vorlage im Nachdruck zu einem einzigen zusammengezogen, s. II/244-246.

III
352

Allgemeine Wiener Musik-Zeitung II/116, Dienstag 27. September 1842, S. 472a

[Miscelle]

In der Reisebeschreibung des Capitains J. Puresey in den / Jahren 1804 und 1805 von Manchao nach Canton wird erzählt: Die / Einwohner der bedeutenden Stadt Husch-can, die so glücklich ist, / daß sie sogar keine Bettler hat, ergötzen sich mit der eigentlichen Un- / terhaltung, singende Pfeile abzuschießen. Die Pfeile sind eigens dazu 5/ eingerichtet, etwa 5 Fuß lang; oben ist eine hohle und durchbohrte / Kugel angebracht. Schießt man nun diese von dem nur dafür benutzten / gemeinschaftlichen Bogen senkrecht in die Höhe, so geben sie einen / merkwürdigen Ton von sich, der beim Aufsteigen immer schwächer und / beim Fallen wieder zunehmend stärker wird. Mit diesem Tonspiele ver- [10]/ treibt man sich dort nicht selten die Zeit. Gegen Ihre Musik gehalten, / mag ihnen das musikalische Vergnügen allerdings anmuthig genug / vorkommen. Ergötzen sich doch Thüringens Knaben auf ähnliche Weise / mit ihren singenden oder brummenden Nonnen, einer Art großer, / hohler Kreisel; und das Pfeifen der Flintenkugeln war ja Carl XII. [15]/ auch das schönste Tonspiel.

Die Anekdote ist ohne Quellennennung unter Anpassung an die österreichische Orhographie von 1842 wörtlich der ‚Allgemeinen musikalischen Zeitung‘ von 1828 (unter der Überschrift ‚Die singenden Pfeile‘, AmZ XXXIII/30, 23. Juli 1828, Sp. 500) nachgeschrieben, s. II/237. – im Original heißt es >J. Purefey<, nicht >J. Puresey< (die Buchstaben >f< und >langes s< sind in der im 19. Jahrhundert üblichen Fraktur-Druckschrift leicht zu verwechseln).

III
353

Allgemeine Wiener Musik-Zeitung II/118, Samstag 1. Oktober 1842, S. 480b
[Miscellen]

Überstandene Gefahr.

Als Mad. Damoreau den Cyclus ihrer Concerte in Baden- / Baden vollendet hatte, besuchte sie mit dem Violin-Virtuosen Artot / und einigen Curgästen die merkwürdige alte Veste Baden. Nachdem / man die Thürme und Zinnen, und was von Gemächern noch erhalten / ist, besichtigt hatte, stieg man, dem beredten Führer folgend, auch [5]/ in die unterirdischen Gänge und Hallen hinab. Hier schloß Jemand aus / der Gesellschaft, der zufällig der letzte war, hinter sich eine Thüre, die, /

aus einer einzigen Steinmasse bestehend, dennoch auf starken Angeln / leicht sich bewegte. Wie groß war aber die Bestürzung der Gesellschaft, / da der erschrockene Cicerone erklärte, die Thür sey nur von außen zu [10]/ öffnen, und es wäre nicht so bald zu hoffen, daß Jemand käme. Un- / ter zeitweiligen Ausbrüchen der Ungeduld, unter abwechselnden gegen- / seitigen Vorwürfen und Tröstungen verschlichen bleierne Stunden einer / tödtlichen Angst, und schon war das letzte Licht dem Erlöschen nahe, / als, nach vollen 4 Stunden, durch die bange Stille ein Geräusch [15]/ von außen hörbar wurde, die Klinke knarrte, die Pforte sich auf- / schloß, und der Schloßvogt mit einigen englischen Reisenden eintretend, / die Gefangenen des 19. Jahrhunderts aus dem mittelalterlichen Ver- / ließ befreite.

Die von Manuel Garcia entdeckte französische Primadonna der Rossini- und Auber-Zeit Laure Cinti-Damoreau, (1801-1863) zählt zu den ersten berühmten Koloratur-Sopranistinnen der französischen Oper. Das Fach wurde aus Italien übernommen. Damoreau, die ein bekümmertes Privatleben führte, betätigte sich seit 1833 außerdem am Pariser Konservatorium als bedeutende Gesangslehrerin und bildete etliche zu Ruhm gelangte Sängerinnen aus. Sie hinterließ mehrere gesangspädagogische Abhandlungen zur Belcanto-Technik. – Der belgische Geiger Alexandre-Joseph Artôt (1815-1845) unternahm viele erfolgreiche Auslandsreisen. Zusammen mit der Koloratursopranistin Damoreau zählt er zu den ersten europäischen Künstlern, die sich der Strapazen einer Nord-Amerika-Konzertreise unterzogen. Artôt starb früh an einer sogenannten ‚chronisch obstruktiven Lungener-krankung‘ (COPD). – Cicerone = Fremdenführer.

III
354

Allgemeine Wiener Musik-Zeitung II/119, Dienstag 4. Oktober 1842, S. 484a-484b
[Miscellen]

Die Leipziger allgemeine musikalische Zeitung hat vor längerer / Zeit eine sehr treffende und berücksichtigungswürdige Bemerkung über den / Gebrauch des Wortes „cello" bekannt gegeben, die hier schon deß- / halb einen Platz haben mag, weil wir gerade in der neueren Zeit / mehr als jemals auf dieses Wort in musikalischen Zeitungsartikeln [5]/ stoßen.

„Wir wissen nicht, warum so Viele schreiben und drucken lassen: / „Hr. X. spielt ganz wundervoll das Cello." Was ist das für ein In- / stument? Es ist gerade nicht mehr und nicht weniger gesagt, als / wenn Jemand referiren wollte: Hr. X spielt ganz wundervoll das Chen [10]/ oder das Lein. Eins ist im Grunde so lächerlich, als das Andere. Cello / ist die Verkleinerung von Violone (Großbaßgeige), so daß Violloncello / Kleinbaßgeige bedeutet, Eben so ist Violino das Diminutiv von Viola. / – Man gewöhnt sich aber an Alles in der Welt, und wer nicht will, / muß es am Ende schon leiden. Haben sich doch die Franzosen längst [15]/ an den Ausdruck Violon gewöhnt in der Bedeutung einer Violine, [484a // 484b] so daß jetzt auch Männer selbst vom Fache sogar in anderen Sprachen / nichts Anderes darunter verstehen wollen! Nun nach Belieben: ein / Wort ist kein Pfeil."

III

355

Allgemeine Wiener Musik-Zeitung II/119, Dienstag 4. Oktober 1842, S. 484b
[Miscellen]

In dem Garten eines Hrn. Bridi bei Roveredo befindet sich eine / einsame melancholische Grotte, worin ein Denkmal „Mozart's / Manen heilig" errichtet ist. In demselben sind folgende Worte ein- / gegraben: „Herrscher der Seele durch melodische Denk- / kraft." [5]

III
356

Allgemeine Wiener Musik-Zeitung II/122, Dienstag 11. Oktober 1842, S. 496b
[Miscelle]

Der Bruder des Componisten Donizetti, welcher Musikdirec- / tor des Sultans in Constantinopel war und noch ist, erzählt eine / spaßhafte Anekdote von dem Sultan Mahmud. Derselbe fand gro- / ßes Wohlgefallen an der Militärmusik, welche Donizetti leitete, / und besonders gefielen ihm die Blasinstrumente. Eines Tages fragte [5]/ er Donizetti namentlich nach dem Manne, welcher in den „langen / Trichter blase," womit er das Fagott meinte, dessen Töne ihm beson- / ders zusagten. Donizetti antwortet, der Mann heiße Malbos, / sey ein Ägypter, zeichne sich aus auf seinem Instrumente, singe im / Nothfalle recht gut Tenor, und spiele in Constantinopel am besten [10]/ Clavier. Der Sultan hörte mit Vergnügen das gute Zeugniß seines / Lieblings an, der ihm auch noch deßhalb gefiel, weil er ein riesenhafter / Mensch war, und sagte endlich, er würde etwas für den Mann thun. / Schon am nächsten Tage erschien Malbos nicht zur Probe, und / Donizetti, der sich nach ihm erkundigte, erfuhr, daß Mahmud, [15]/ um dem Manne seine Gunst zu bezeugen, den ersten Fagottisten auf / der Stelle – zum Cavallerie-Capitän ernannt und befohlen habe, / daß er sich sogleich nach Adrianopel aufmache, wo das Regiment, dem / er zugetheilt worden war, in Garnison lag.

Allgemeine Wiener Musik-Zeitung II/123, Donnerstag 13. Oktober 1842, S. 500a-
500b   [Miscelle]

In der Schilderung der vorzüglichsten Pariser Sänger
und Sän- / gerinnen lesen wir über Duprez, den
berühmten Tenoristen: An / den Tagen, an welchen
Duprez zu singen hat, nimmt er in seiner / Wohnung
durchaus keinen Besuch an; er macht den Tag über ein /
paar Rouladen, versucht einige Töne, ißt spätestens um
4 Uhr zu ^{5}/ Mittag, und begibt sich sodann sogleich in's
Theater, wo er in seiner / schön eingerichteten Loge
Siesta hält. An den Wänden dieser Loge / hängen die
Portraits der berühmtesten Componisten. Ein weicher, /
schwellender Divan nimmt ihn auf; seine Füße betreten
einen herrli- / chen Teppich, und ein zierliches Pianoforte
scheint ihn zum Präludiren ^{10}/ einzuladen. Allmälig kleidet
er sich an, schminkt sich vor dem theuren / Spiegel, und
versucht noch einige Rouladen und Kunststückchen, die,
/ wie er weiß, die Wirkung auf das Publicum nie
verfehlen. Während / der Zwischenacte empfängt er
seinen kleinen Hof und die Schmeicheleien, [500a //
500b] die man ihm von allen Seiten darbringt; unterdeß
genießt er, um ^{15}/ sich zu stärken, meistetwas, z. B.
Geflügelbrust [etc.] Er ist verheirathet, / Familienvater,
Wähler, Geschworner und Corporal in der National- /
garde. –   (Modezeit)

Den später so gefeierten französischen Operntenor Gilbert-Louis Duprez (1806-1896) bestimmte Donizetti in Italien für die Uraufführungs-
rolle des Edgardo in seiner Oper , Lucia di Lammermoor'. Von 1837 bis
1847 war Duprez Erster Tenor an der Pariser Oper. Hier sang er unter
anderen die Titelrolle bei der Uraufführung der Oper ,Benvenu-to Cellini'
von Hector Berlioz, den Fernand in Donizettis ,La favorite', die
Titelpartie in desselben Oper ,Dom Sébastien' und den Gaston in
Verdis ,Jérusalem'. Nach dem stimmbedingten Rückzug vom Theater
wurde er Gesangslehrer und gründete 1853 mit Erfolg seine eigene

Gesangsschule. – meistetwas = zwischen >t< und >e< steht ein Fehl-
zeichen (Fisch). – [etc.] = als (tironisches) Sigel.

III
358

Allgemeine Wiener Musik-Zeitung II/124, Samstag 15. Oktober 1842, S. 504b
[Notizen]

Das Vicariat zu R̲o̲m̲ hat die Verordnung gegeben,
daß es / in Zukunft verboten sey, in den Kirchen des
päpstlichen Staates an- / dere musikalische Instrumente
als: Orgel, Fagott und Trompete ein- / zuführen; und es
findet nur bei außerordentlichen Feierlichkeiten die /
Erlaubniß S̲t̲att, Saiteninstrumente zu gebrauchen. [5]

zum Thema s. III/344, 347, 358.

III
359 / 360 / 361 / 362 / 363

Allgemeine Wiener Musik-Zeitung II/127, Samstag 22. Oktober 1842, S. 515b-
516a   *[Miscellen]*

Jemand quälte einen Capellmeister, der seiner derben
Antworten / wegen bekannt war, fortwährend mit der
Versicherung: „er habe eine / gar so schöne Stimme und
wisse nur nicht, ob er zum Theater gehen solle / oder
nicht." Einst als er wieder den Capellmeister mit seinen
Zweifels- / fragen bestürmte, antwortete dieser ganz
ärgerlich: „Entweder haben [5]/ Sie eine schöne Stimme
oder nicht. Im ersten Falle verdienen Sie / Prügel, wenn
Sie nicht zum Theater gehen, im zweiten Falle verdie- /
nen Sie sie um so eher, w̲e̲nn Sie gehen; aber auf jeden
Fall werden / Sie einsehen: daß Sie prügelnswerth sind.
−s k y.

Ein Muster−Publicum.

Ein Publicum, welches allen übrigen Publicümern als Muster / dienen könnte und welches eine wünschenswerthere Acquisition für jedes / Theater wäre, als jeder Mime, jeder Sänger und alle theuern Tänzerinnen / beider Hemisphären, ist das − der Bierhalle. Kaum war ich eingetre- / ten und hatte in dem immensen Saale und im noch immenseren Tabaks- [5]/ qualm ein Plätzchen gefunden, als Lanner seine neueste Walzer- / schöpfung: „die Schönbrunner" betitelt, zu spielen begann. Das Publi- / cum hörte kaum die zwei bis drei ersten Tacte der neuen Walzer, als / es in ein unendliches Beifallsgejubel ausbrach, ohne noch zu / wissen, ob denn auch der neue Walzer schön sey oder [10]/ nicht, und so wurde jede der fünf Nummern mit einer Applaussalve / empfangen, so daß man erst bei der Wiederholung etwas von der Mu- / sik hörte. Lanner mußte die „Schönbrunner" vier Mal wiederholen. / − Ob nun auch diese Walzerparthie den ihnen gewordenen Beifall / verdient oder nicht? ist eine Frage, die ich nicht beantworten mag, [15]/ aber wenn ich einmal eine Oper schreibe, so gehe ich den Tag vor der / Aufführung in die Bierhalle, und vertheile 1500 Freibillete und schlafe / dann ohne Sorgen, indem ich nur die fremden Theater bedauern werde, / die sich solch ein musik-enthusiastisches Publicum nicht gleich einem / Künstler verschreiben können. −sky. [20]

Vor längerer Zeit soll in Bordeaux Beethoven's „Sympho- / nia heroica" aufgeführt, und von dem

Publicum – ausgepfif- / fen worden seyn. Während dieses Actes erhob sich eine Stimme, / welche laut ausrief: „Großer Beethoven, warum hast du nicht / lieber Indigo verkauft." – Wir halten trotz dieses vorwurfsvollen 5/ Ausrufes kein Publicum, und also auch das von Bordeaux nicht für so / vandalisch, daß es sein Mißfallen über ein Meisterwerk Beethoven's / geäußert haben konnte, und glauben, daß dieses sicher nur der Auffüh- / rung gegolten haben konnte.

[362]

Was heißt: ours philantropique auf Deutsch?

Unsere Leser werden lächelnd ausrufen: „menschenfreundlicher Bär," / aber weit gefehlt; ein „inconnu" hat in der „Biographie des con- / temporains" die geistreiche Entdeckung gemacht, daß der deutsche Name / Mayerbeer im Französischen ours philantropique heiße. Er sagt / nämlich: der genannte Componist hieß früher: Meyer-Liebmann- 5/ Ber. Nun sey Meyer eine Art deutscher Vornamen (hört! hört!) / eben so unübersetzbar, als z. B. Wolfgang; Liebmann aber wäre / mit dem Worte philantropique synonym, daher auch der Componist, [515b // 516a] um der fatalen Deutung zu entgehen, den Namen Liebmann ganz / weglasse. Dieser geistvollen Bemerkung habe ich eine nicht min- 10/ der geistreiche entgegenzustellen, ich habe nämlich durch jahrelanges / Studium, und keine Mühe und Kosten scheuend herausgebracht, daß / der Name des französischen Compositeurs: Boieldieu auf deutsch / (dem Klange nach) heißen würde: Trink den Gott!! Ist doch / gewiß noch großartiger, als der philantropische Bär. –sky. 15

---

inconnu = unbekannt, Unbekannter. – –sky = Ignaz Lewinsky.

· · · · ·

Drei junge Leute saßen im Kaffehhause. Einer von ihnen entfernte / sich, um ins Theater zu gehen, wo man die Oper: „die Belagerung / von Korinth" gab. Nach einer Weile kehrte er, der keinen Platz im / Theater gefunden hatte, wieder in's Kaffehhaus zurück, wo seine bei- / den Freunde noch gegenwärtig waren, deren einer ihn fragte, weßhalb [5]/ er nicht im Opernhause geblieben sey. Der Gefragte erwiederte scherz- / weise: non omnibus licet adire ad Corinthum. Jedoch der Frager / verstand kein Latein, und wandte sich daher an den dritten Freund um / Auskunft über die Phrase, welche jener solgleich ganz ernsthaft folgen- / dermaßen übersetzte: „Nach Korinth darf kein Omnibus fahren." [10]

–s k y.

Die Belagerung von Korinth, original Le siège de Corinthe, Oper von Gioacchino Rossini (1826). – non omnibus . . . = Nicht jedem ist es erlaubt (möglich), Korinth zu besuchen. – –s k y = Ignaz Lewinsky.

III
364

Neue Zeitschrift für Musik XVII./34, 25. Oktober 1842, S. 142b [Vermischtes]

* * * Berlioz soll in einer seiner Compositionen bei / einer Stelle in der Violoncellostimme die Bemerkung eindrucken / haben lassen: „man möge hier nichts corrigiren, die Stelle / sei ganz in der Ordnung". Dazu bemerkte Jemand, es wäre / wünschenswerth, in manchen Compositionen auf die umgekehrte [5]/ Bitte zu treffen. –

mittlerer Asterisk tief gestellt.

III
365

Allgemeine Wiener Musik-Zeitung II/130, Samstag 29. Oktober 1842, S. 528a
[Miscelle]

Phil. Friedr. Bödecker, Organist in Stuttgart, hinterließ einen / Unterricht im Generalbasse, den sein Sohn und Nachfolger, Philipp / Jacob, zum Drucke beförderte, unter dem Titel: „Manuductio nova / methodico-practica. Stuttgart 1701. Darin ist die Zueignungs- / schrift gerichtet, an Gott den Vater, als die Prime oder Grundstimme; 5/ an Gott den Sohn, als die Quinte oder vollkommenste Concordanz, / an den heiligen Geist, als die Tertie, so von der Prima ausgeht im / Aufsteigen und von der Quinte im Absteigen.   (M. Z.)

> Der Text ist (mit einigen zeitbedingten orthographischen Angleichun-
> gen und Beibehaltung des Namensfehlers Bödecker statt Böddecker)
> wörtlich der ‚Allgemeinen musikalischen Zeitung‘ von 1836 („*Musikali-
> sche Wunderlichkeiten*") entnommen (AmZ XXXVIII/12, 23. März 1836,
> Sp. 190-191. – zur Originalvorlage und zu Böddecker s. III/15.

III
366

*Allgemeine Wiener Musik-Zeitung II/135, Samstag 10. November 1842, S. 544a-
544b*   *[Miscelle]*

F r a n z   C l e m e n t.

– In einer Privatgesellschaft / eingeladen, wurde er einmal ersucht, ein Mozart'sches Quartett / vorzutragen. Er setzte sich zum Pult, allein kaum hatte er ein paar / Tacte gespielt, so fiel sein Part durch eine Bewegung mit der Violine / zu Boden; der hinter ihm stehende Diener hob ihn schnell auf und 5/ legte ihn, jedoch umgekehrt auf's Pult. Clement ließ sich da- / durch nicht beirren und das ganze Stück beendete, und als die Mit- / spielenden und Einige von den Gästen, dieß gewahrend, ihre Verwun- / derung laut äußerten, meinte er, daß dieß wohl keine Sache von Be- / lang wäre, um darüber so viel Aufsehens zu machen; zum Beweise [10]/ spielte er nun den Mittelsatz und das letzte Stück des Quartetts gleich- / falls vom umgekehrten Notenblatte. – . . . . . [544a // 544b] . . . . .

Der österreichische Geiger, Pianist, Komponist und Dirigent Franz Joseph Clement (1780-1842) zählt zu den herausragenden und auch historisch bedeutendsten Künstlerpersönlichkeiten des Jahrhunderts. Beethovens Violinkonzert war ein Auftragswerk Clements, das er so gut wie ohne Probe uraufführte, weil Beethoven zu spät fertig wurde. Nur aus dem Gedächtnis verfaßte er Klavierauszüge zu Haydns Schöpfung und einer Oper (Faniska) Cherubinis. Seine Virtuosität grenzte an Hexerei. So spielte er Sonaten auf einer einzigen Violin-saite und umgekehrter Violine. Unter Carl Maria v. Weber in Prag war er zeitweise Orchesterdirektor.

III
367

Allgemeine Wiener Musik-Zeitung II/140, Dienstag 22. November 1842, S. 563a-563b
[–]

Eine Episode aus dem Leben eines müßigen Kopfes!

In Nr. 276 der „allgemeinen Wiener Theaterzei- / tung" befindet sich ein Aufsatz, überschrieben: „Eine Episode aus / dem Leben Pär's." Derselbe stand ursprünglich schon vor vier Mo- / naten im Mailänder „Pirata" und enthält so viele psychologische / und historische Unrichtigkeiten, daß er unmöglich eine Episode aus [5]/ Pär's Leben, wohl aber nur aus irgend einem müßigen Gehirne ent- / sprungen seyn kann. Pär konnte wohl für einen Augenblick, aber / auch nicht länger, so verblüfft seyn, sich eines Plagiats be- / schuldigen zu lassen, welches er nicht begangen, und sich wie eine / feige Memme auf das Land zurückzuziehen, um auch nicht eine Sylbe [10]/ zu seiner Rechtfertigung und zur Aufklärung eines so groben Be- / truges zu sagen. Und sollte von einer gewählten und zahlreichen Ge- / sellschaft, die zum Überfluß großentheils aus Tonkunstnotabilitäten be- / stand, auch nicht ein Einziger einen nur flüchtigen Blick in die fal- / sche Partitur geworfen, und also sogleich den Betrug entdeckt haben? [15]/ Auch scheint der Verfasser nicht zu wissen, daß im Jahre 1802 (allwo / sich die Geschichte in Mailand zugetragen haben soll) ein junger / italienischer Tonkünstler nicht im Style vom Jahre 1762 geschrie- / ben haben könnte, ohne Gefahr zu laufen, gleich nach den ersten paar / Tacten über seine Roccoco-Musik ausgelacht zu werden? Wem ist es [20]/ unbekannt, welch' einen gewaltigen Umschwung der musikalische Styl in / diesem Zeitraume von 40 Jahren machte, und daß also mit Partituren [563a // 563b] von verschiedenen Zeiträumen gar keine Verwechslung vorgehen konnte? / Übrigens war Pär im Jahre 1802 kein junger hoffnungsvoller Ton- / künstler mehr, sondern ein schon anerkannter Componist, der [25]/ sich mit seiner „Camilla" einen großen Ruf verschafft hatte (im / Jahre 1799). Um aber das gänzlich Unwahre dieser Lügenchronik ganz / herauszustellen, sei schließlich noch angeführt: daß Pär im Jaher / 1802 gar nicht in Mailand war, sondern in Wien seine Opera / Buffa: „la donna cambiante, overo il Calzolajo" aufführen ließ, [30]/ worauf er zu Ostern desselben Jahres nach Dresden reiste, allwo er / sich mehrere Jahre aufhielt; zum Überflusse war Pär im Jahre 1798 / schon verheirathet, konnte sich also im Jahre 1802 um kein Mädchen / mehr bewerben. Leicht ließen sich noch mehrere Gründe anführen, / aber der ganze Vorfall sieht so romanhaft aus und trägt schon den [35]/

Stempel der Unwahrscheinlichkeit an der Stirne, daß man ihn nur auf- / merksam durchlesen darf, um seine Gehaltlosigkeit augenblicklich ein- / zusehen; dessenungeachtet wäre ein Stillschweigen von hier aus nicht / nur ein Fehler, er könnte auch für Zustimmung ausgelegt werden. Es / ist daher unsere Pflicht, die Unwahrheit aufzudecken wo sie uns begeg- [40]/ net, und nach Kräften zu verhindern, daß nicht erdichtete Anekdoten / und fabelhafte Berichte in die Kunstgeschichte eines großen Künstlers / eingeschmuggelt werden.   – s k y.

– s k y = Ignaz Lewinsky. – Der italienische Komponist Ferdinando Paer (nicht Pär, wohl mit Trema Pa-er gesprochen, 1771-1839) war nach Stationen in Wien und Dresden zuletzt Kapellmeister in Paris.

III
368

Neue Zeitschrift für Musik XVII./45, 2. Dezember 1842, S. 186b
[Vermischtes]

* * * Die Redaction bekam vor Kurzem von einem / jungen Componisten eine Sonate f. Pfte u. Violine im Manu- / script zugeschickt, der ein Zeddel mit folgenden Worten beilag: / Inhalt der Sonate. 1stes Stück: Versuch ob es mir / gelingt, einige Themata's für diese zwei Instrumente zu com- [5]/ poniren und durchzuführen. 2tes Stück: Klage über das Miß- / lingen dieses Versuches. 3tes Stück: Uebermuth, veranlaßt / durch den Gedanken, daß dieser Versuch ganz vortrefflich ge- / lungen ist. 4tes Stück: Antrag an die Baronesse von B., / ob sie die Dedication dieses Versuches annimmt – sie über- [10]/ legt – sie zürnt über die Kühnheit meines Antrages – dann / aber nimmt sie dieselbe freundlich an. Freudige Aufregung / darüber. Mittelsatz. Elegie über so manche vergeb- / liche Bemühung und oftmaliges Verkennen des Künstlers. – Schluß. – [15]

mittlerer Asterisk tief gestellt. – Nachdruck mit Quellennennung in ‚Allgemeine Wiener Musik-Zeitung' 1842 (AWM-Z II/157, 31. Dezem-ber 1842, S. 632a, S.186b), s. III/370.

III
369

Allgemeine Wiener Musik-Zeitung II/151, Samstag 17. Dezember 1842, S.605a
[Miscelle]

Bekehrung der Wilden durch Musik.

Der portugiesische Priester Nolrega, einer der Apostel Brasi- / liens, ausgezeichnet durch Humanität wie durch Reinheit seines Wan- / dels, hielt in diesem Lande eine Schule, wo er die Kinder der Einge- / bornen, gemeinschaftlich mit den Waisen von Portugiesen und Mestizen, / unterrichtete. Nebst dem Hauptgegenstande, nämlich der Religion, er- [5]/ lernten die jungen Zöglinge vorzüglich die verschiedenen Kirchenge- / sänge, und nebstbei auch Lesen, Schreiben und Rechnen. Nicht / selten führte er in andächtigem Zuge und unter dem rührenden Vor- / trage der einfach feierlichen Hymnen die kleine Schaar nach der Stadt / und die Wirkung auf die umwohnenden noch unbekehrten Landbewoh- [10]/ ner war unglaublich. Wenn er nach weiter entlegenen Orten auszog, / das Evangelium zu verkünden, pflegte er vier oder fünf dieser Sän- / ger mit sich zu nehmen, die dann bei jedem Einzuge in ein Dorf ihre / heiligen Lieder anstimmten. Auch bei diesem christlichen Orpheus be- / wies die Tonkunst ihre alte, unwiderstehlich anerkannte Kraft, sie öff- [15]/ nete seinen Worten die Herzen und die Gemüther der Wilden, und / gern und leicht erlernten sie die Melodien und Sangweisen, / in welche er den

Glauben, das Gebet des Herrn und die wichtigsten / Lehren des Christenthums gebracht hatte; ja die kleinen Tupis (so / hießen die dortigen Eingebornen) liefen nicht selten hinweg aus dem [20]/ Vaterhause, um dem freundlichen frommen Lehrer zu folgen.

(Southey's Geschichte von Brasilien.)

Die „*History of the Brazils*" des englischen Dichters (seit 1813 Hof-dichter) und Geschichsschreibers Robert Southey (1774-1843) er-schien 1810-1819.

III
370

Allgemeine Wiener Musik-Zeitung II/151, Samstag 17. Dezember 1842, S.608a
[Miscelle]

Das Beiblatt „Prag" der Zeitschrift „Ost und West" bringt aus / Leitmeritz folgende, das Nationale der berühmten Sängerinn Agnes / Schebest betreffende Notiz:

„Vor zwanzig und etlichen Jahren wurde die Garnisons- / schule zu Theresienstadt von einem Soldatenmädchen besucht, dessen [5]/ Talent für Musik und gute Anlage für den Gesang dem damaligen / Lehrer und Cantor an der Garnisonskirche, Johann Langer, auf- / fielen. Der Mann nahm das Mädchen unentgeltlich in seinen Unterricht, / und als er die gelehrige Schülerinn genügend vorbereitet glaubte, / sandte er sie, deren Ältern nichts für sie thun konnten – der Vater [10]/ diente als Unterofficier im Mineurcorps und die Mutter suchte die / Lage der Familie durch Wäschereinigen und einen kleinen Obstkram / zu verbessern – auf seine eigenen Kosten zu seinem, bei der Dresdner / Hofcapelle angestellten Schwager, Miksch, welcher für die weitere / Ausbildung der jungen Gesangskünstlerinn und nachmals für ihre Un- [15]/ terbringung bei dem dortigen Hoftheater, thätig war. Von Dresden / ging die Sängerinn nach Wien, später nach Gratz, Pesth, Italien, / von da nach dem nördlichen Deutschland, Rußland [etc.] und gegenwärtig / ist sie die Gemalinn des Dr. Strauß zu Sontheim.

Die Künsterlinn, von welcher hier die Rede, heißt: - Agnes [20]/ Schebest – nach dem Theresienstädter Taufbuche: Schebesta.

Agnes Schebest (1813-1870) zählt zu den bedeutendsten und erfolgreichsten Bühnensängerinnen (Mezzosopran) ihrer Zeit und wirkte an allen führenden Opernhäusern Deutschlands. Nachdem sie 1842 den (berühmten) Theologen David Friedrich Strauß geheiratet hatte und mit ihm nach Karlsruhe gezogen war, beendete sie ihre Theaterlauf-bahn. Die Ehe verlief unglücklich und wurde nach einigen Jahren geschieden. Sie kehrte nicht mehr auf die Bühne zurück, sondern blieb als Gesangslehrerin in Karlsruhe. – [etc.] als (tironisches) Sigel.

III
371

Allgemeine Wiener Musik-Zeitung II/157, Samstag 31. Dezember 1842, S. 632a
[Miscelle]

Die „neue Zeitschrift für Musik in Leipzig" theilt folgendes, der / Redaction dieser Zeitschrift vor Kurzem von einem jungen Componisten / mit einer Sonate für Pianoforte und Violine im Manuscript eingesen- / dete Schreiben mit: Inhalt der Sonate. 1. Stück: Versuch, ob / es mir gelingt, einige Themata's für diese zwei Instrumente zu com- [5]/ poniren und durchzuführen. 2. Stück: Klage über das Mißlingen / dieses Versuches. 3. Stück: Übermuth, veranlaßt durch den Gedanken, / daß dieser Versuch ganz vortrefflich gelungen ist. 4. Stück: Antrag / an die Baronesse von B . . ., ob sie die Dedication dieses Versuches / annimmt – sie überlegt -

sie zürnt über die Kühnheit meines An- [10]/ trages – dann aber nimmt sie dieselbe freundlich an. Freudige Aufre- / gung darüber. Mittelsatz. Elegie über so manche vergebliche Bemühun- / gen und oftmaliges Verkennen des Künstlers. Schluß. –

Originalvorlage ‚Neue Zeitschrift für Musik' XVII./ 45, 2. Dezember 1842, S.186b, s. III/368.

Register

Vw = Vorwort

349

351